想起と忘却のかたち

記憶のメディア文化研究

浜井祐三子:編
Hamai Yumiko

三元社

目　次

想起と忘却のかたち
記憶のメディア文化研究

序　章
記憶のメディア文化研究に向けて
浜井 祐三子
1

はじめに　1／1.「記憶」とは何か？　2／2.「記憶」と「歴史」　7／3. 記憶の「かたち」——メディア文化と記憶　12／4. 本書の各論とテーマ　16

第 1 部
ナショナルな記憶のゆくえ

第 1 章
「想起の空間」としての「慰安婦」少女像
玄 武岩
26

はじめに　26／1. 少女像をめぐる記憶のポリティクス　27／2. モニュメントとしての少女像　30／3. 表象をめぐる確執——『帝国の慰安婦』の少女像批判を問う　34／4. モニュメントの拡散と表象の拡張　40／5. カノン化する少女像　44／6. 東アジアのトランスナショナルな「想起の空間」　47／おわりに　50

第 2 章
記憶は誰のものか？
多文化社会イギリスにおける「記憶」と「歴史」
浜井 祐三子
56

はじめに　56／1. 新たな「国民の物語」？　60／2. 記憶の「戦争」——2つの大戦と黒人系(ブラック)およびアジア系マイノリティ　63／3.「歴史を作る」——現代イギリスに見るエスニック・コミュニティ・ヒストリーの試み　71／おわりに　78

第 3 章
創造される記憶としてのニュージーランドネス
パケハのアイデンティティとノスタルジアとしてのキーウィアナ

原田 真見

84

はじめに 84／1. パケハとマオリ——歴史的概略 86／2. パケハの罪悪感と権利意識——二文化主義政策以降 90／3. パケハの揺らぎ——1980年代以降の経済政策 94／4. 文化的アイデンティティとしての「キーウィアナ」——再び過去へ 96／おわりに 106

第 2 部
記憶を表すかたち

第 4 章
スペイン独立戦争の記憶と表象
ゴヤ《1808年5月2日》と《5月3日》を中心に

増田 哲子

114

はじめに 114／1.「独立戦争」と「1808年5月2日」という出来事の神話化 118／2. 出来事の視覚化・結晶化——ゴヤの《5月2日》および《5月3日》とエンギダノスの版画 122／3.《5月2日》と《5月3日》の同時代的な評価と受容 129／4. 神話にふさわしい表現を求めて——19世紀の歴史画における「5月2日」のイメージ 135／おわりに——「記憶」にふさわしい「かたち」をめぐって 147

第 5 章
「呼びかけと応答」
日系カナダ人アーティスト、シンディ・モチズキの
アート・アニメーションにおける「記憶」の表現

西村 龍一・西村 美幸

154

はじめに 154／1. モチヅキの経歴とパウエル祭 155／2.『忘却と盲人』158／3.「呼びかけと応答」としての記憶 162／4.『宵之春』のメッセージ 165／5.「日本に人種的起源を有するすべての者」 168／6. ロトスコープ——ドキュメントとその知覚 171／おわりに——1927, 1942, そして1988 177

第 6 章
ネット空間上の集合的記憶
転換期中国における「80後」の集団的ノスタルジア

周 倩
185

はじめに 185／1. 中国の「80後」という世代 186／2. 集団的ノスタルジアと「80後」 188／3. 集合的記憶とインターネット 192／4.「80後」の集団的ノスタルジアの特徴と内容構成 194／5.「80後」の集合的記憶のテーマ 199／6.「80後」の集合的記憶の形成要因 206／おわりに——集合的記憶におけるメディアの役割 212

第 3 部
忘却を超えて

第 7 章
死者の記憶が生きていたころ
吉田満と戦後

渡辺 浩平
218

はじめに 218／1. 新生日本のいとぐち 219／2. 期待の次元と回想の次元 223／3. 死者の身代わりとして生きる 227／4. 戦後が人間の顔をしていた時代 234／おわりに 241

第 8 章
日本人妻と日本語族を日本語でつなぐ
台北のキリスト教系デイケアセンター玉蘭荘の事例から
藤野 陽平
246

はじめに 246／1. 台湾における言語とエスニシティ、そして、それに絡み取られる宗教 247／2. 玉蘭荘とそこに集う人々 249／3.「台湾のゆるやかな日本空間」——日本でも台湾でもなく 259／おわりに——日本語による記憶の場を産み出したキリスト教的文脈 264

第 9 章
「社会の記憶」とメディア
「セウォル号」をめぐる韓国社会の「記憶闘争」
金 成玟
269

はじめに 269／1.「社会の記憶」をめぐる闘争 271／2. 沈没するジャーナリズム 274／3. Podcast文化の台頭と定着 279／4.「セウォル号」とPodcast 284／おわりに 289

特別寄稿論文
アジア太平洋戦争における日本軍と連合国軍の「慰安婦」
テッサ・モーリス＝スズキ（日本語訳協力：浜井 祐三子）
293

はじめに——問われないままの問い 293／1. 史料の問題 295／2. 広範な地域における「慰安所」ネットワーク 298／3. 前線における生活と状況 301／4. 徴用と移送の問題 304／5. 連合国軍と「慰安婦」 308／おわりに——別の未来を目指して 312

あとがき 317

編著者紹介 320

序　章

記憶のメディア文化研究に向けて

浜井 祐三子

はじめに

　本書の目的は、過去を想起する営み、およびその営みによって構築される「記憶」を表象するかたち（＝媒介）としてのメディア文化に着目し、その社会的な役割について考察を加えることにある。
　「記憶」は今や人文・社会科学のキーワードの一つとして重要なものになりつつあり、その動きを「メモリー（記憶）・ブーム」と呼ぶことさえある。まず重要なことは、この「メモリー・ブーム」が実に学際的な、つまり、様々な学問分野を横断する動きであるということだ（そのせいか、かつての「言語論的転回（linguistic turn）」になぞらえて、「記憶への転回（turn to memory）」という言葉を用いる研究者もいる）。もともと個人の記憶のプロセスに関心を向けてきた心理学や、過去への関心という点で記憶というものに関わらざるを得ない歴史学だけでなく、社会学、人類学、文学、カルチュラル・スタディーズ、メディア研究など様々な分野の研究者が、今や、現象として、また概念としての「記憶」に強い関心を向けるようになっている[1]。
　この学術的関心の盛り上がりをもって、「記憶研究（Memory Studies）」という、一つの学際的研究分野が成立しつつあると言うこともできるかもしれない。一言で言えば、「記憶研究」は、個人や社会集団、ないしは社

会そのものが何を、どのように、またどうして記憶するか（そして同時に忘却するか）を対象とする研究分野である[2]。実際、現在では「記憶研究」を専門に扱う学術誌が存在し、欧米を中心に大学等に「記憶研究」を看板に掲げる学部や研究センターも現れている。多くの論文はもちろん、様々な研究プロジェクト、シンポジウムやワークショップ、また学術的出版のシリーズ等にも「記憶」というキーワードが頻繁に使用される。まさに「記憶」への関心は一つのブームを形成している。

ただし、様々な学問分野を横断し、関心を集める分野であるか故に、「記憶研究」における「記憶」の概念については、一致した見解が形成されにくいことがしばしば指摘される[3]。本書は、「記憶」とメディア文化の関係について、様々な学問領域の研究者が、それぞれ得意とする関心領域においてアプローチしようとする試みであり、ほぼ必然的に、「記憶研究」が持つのと同じ、学際性に伴う強み、同時に弱点を共有することになる。各分野において展開されつつある「記憶」の理論化について、網羅的な概観をこの短い序論において提供することは編者の能力を超えており、また実際、ここで各論考において用いられる「記憶」に明確な、統一された定義を与えることも不可能である。しかしこの本を読み進んでいただく方への、せめてもの道標（みちしるべ）として、各論の紹介に入る前に、「記憶」、およびその「メディア（ないしはメディア文化）」との関わりについて、大まかではあるが議論の枠組みを考えることで、次章以降において展開される多様なアプローチの中にも、一定のつながりを見いだしていきたい。

1.「記憶」とは何か？

先に述べた通り、「記憶」は近年、社会・人文科学において注目を集める概念である。特に、過去数十年においては、社会や社会集団における「記憶」のあり方を問う「集合的記憶（collective memory）」（論者によっては「文化的記憶（cultural memory）」や「社会的記憶（social memory）」という名称

を好む者もいる）への着目が、先述のメモリー・ブームとさえ呼ばれる現象を牽引している。それは一体なぜなのだろうか？

　安川晴基はその点について、3つの要因を指摘する。一つ目は、近年の「歴史の変遷」と彼が呼ぶところの、いわば現代の時代背景であり、例えば、冷戦構造の崩壊とエスノ・ナショナリズムの高揚を背景に、民族や国民などの集団的行為主体においてアイデンティティを構築するための資源としての「伝統」が再発見されたこと、脱植民地化と移民の流入を背景として、「多元的な想起の文化」、つまりマイノリティの歴史像が多声的に入り交じる状況が出現しつつあること、加えて、第二次世界大戦を直接「経験記憶」として体験した世代が徐々にこの世を去ることによって、その記憶がいかに「制度的記憶」へと移行すべきかについての議論が高まりつつあることなどを挙げている。二つ目は過去を表象するメディア、「記憶産業」の盛況である。一つ目の時代的な状況とほぼ呼応するかのように、映画やドラマ、ドキュメンタリー、展覧会などの「メディア」において過去のイメージが描き出され、その表象が私たちの過去を想像する方法に大きな影響を及ぼす。三つ目は、歴史理論においてもポストモダニズム的な影響の下、「大きな物語の終焉」が生じ、普遍的で客観的な「集合的単数」の歴史を疑問視し、複数の想起の主体を前提とする「複数形の歴史」の存在が認められつつあることを挙げる。こういった背景のもとに生じたのが、「個人や集団が過去を構築し、表象し、専有する諸々の形式」への関心であったと安川は指摘する[4]。ではそこで、なぜ「記憶」という概念が用いられるか、についても、それは「記憶」という概念によって、「過去の選択的な再構成」という観点に目を向けることが可能になるからだと述べる[5]。

　「記憶」が「選択的な過去の再構成」であることを端的に理解する上で、私たちが日々の体験から実感を持って理解できるのは個人における記憶という営みの作用であろう。もちろん、一人の人間における脳（脳細胞、具体的には海馬や大脳皮質の働き）にあたるものを持たない社会集団の記憶と、

序　章　記憶のメディア文化研究に向けて　　3

個人の記憶に単純なアナロジーを見いだそうとする行為は単純かつ危険でもあることは承知の上で、ここではまず、そこから話を始めてみたい。
　私たちは日々、一瞬一瞬において様々なものを知覚し、またそのうちのごく一部の情報のみを記憶に残す。見方を変えれば、膨大な知覚情報のうち、実際、その多くを忘却することで、私たちは日々の記憶を形成し得ているのだ。しかも、それを想起する時、脳内に留めおかれていた過去の事実（少なくとも私たちが知覚しえた事実）がそっくりそのまま脳内の引き出しから引っ張り出され、まるで撮り蓄えられたフィルム映像のように再生されて出てくるようなイメージもここでは不適切であることにも薄々気がついている。つまり、記憶とは、過去を想起する（remembering）行為であるが、同時により多くのことを忘却する（forgetting）行為でもある。また、記憶は決して安定的でもなく、その想起を行う時点におけるその人が置かれた立ち位置を反映して形成される。記憶とは、過去の時点において得られた知覚情報に基づいているとはいえ、常に現在において過去を再構成する行為にすぎないのだ。
　もう少し、個人の記憶に関する省察を続けてみよう。次に考えてみたいのは、個人にとっての記憶と、その個人のアイデンティティ（＝自己同一性）との間の深い関わりである。昨日の私と今日の私が同一の「私」という存在であり、だから私はこのような人間である、と私が考える意識の基盤は、何よりもまず、記憶にあるように思われる。記憶喪失の人間が口にする「ここはどこ？　私は誰？」という古典的な決まり文句（クリシェ）は、記憶の喪失が、イコール自己同一性喪失の危機を意味する（と少なくともそう広く考えられている）からに他ならない。古くは哲学者のジョン・ロックが記憶こそが意識の連続性、人格の同一性の基盤であると述べており、哲学においてはそれに対する一連の批判も存在したこともよく知られているが[6]、実際、日々の私達の記憶の営みにおいて、個人の記憶を私が「私」であること（＝自己同一性）の意識と結びつける考え方自体は、さほど違和感を引き起こさない。

以上に述べたような、記憶の選択的構築性と、アイデンティティとの深い関わりは、集団的記憶について考える際の出発点としても有効である。
　まず、社会集団もまた、そこで生じた膨大な数の出来事を、そしてまたその集団の中に存在する様々な人々のその出来事に関する過去の知識やイメージを、全て「社会集団の記憶」として留めることはできない。つまり、社会集団においても、過去が想起される時、それはやはり、現在に足場を置いた過去の事実を選択的に再構成する営みにならざるをえない。
　同様に、個々人がアイデンティティの基盤を個人の記憶に求めるが如く、様々な社会集団はその存在の根拠の基盤をその社会集団の過去の「物語」、つまり「記憶」の共有に求める。そのことを、近代の「国民（ネーション）」という「想像の共同体」において論じてみせたのは、エリック・ホブズボウムの「伝統の創造論」やベネディクト・アンダーソンの「想像の共同体論」に代表されるような近代構築主義の観点に立ったナショナリズム研究であった[7]。これらの論者は、「ナショナル・ヒストリー」や「ナショナルな伝統」を共有するという意識、過去をその意識において解釈する枠組みこそが、国民という「想像の共同体」を「着々と歴史を下降し（あるいは上昇し）動いていく堅固な共同体と観念［させる］」のだと論じた[8]。
　近年の出来事は、さらにその下位に存在するような、様々なレヴェルの集団においても、「記憶」の共有が集団のアイデンティティを支えることの実例を示す。先の安川の指摘にあった通り、冷戦構造の崩壊とその中で顕著になったエスノ・ナショナリズムの高揚は、それを担った社会集団にとって「過去」（その社会集団が共有する過去／歴史／伝統）が政治的資源となりうることを再認識させた。また、先住民族による権利の主張や移民の流入によって「多文化社会」と呼ばれるようになったかつての「国民国家」では、均質であろうとする「国民の記憶」に対して、マイノリティ集団の記憶が承認を求め、多元的な過去の想起を要求するようになった。これらは、「記憶」が様々なレヴェルで社会集団のアイデンティティを担うことの例であるとも言えるし、また、どんな共同体においても、その内部に数

限りない記憶の相克、闘争が存在することに私たちの関心を向けさせる実例でもある。

ところで、ここで私はまず（記憶の性質をわかりやすく提示するためのアナロジーを提供する材料として）「個人の記憶」を一人の人間の中で完結する営みのように述べたが、脳科学や心理学において「個人の記憶」の営みを考える場合とは違い、人文・社会科学において「個人の記憶」を「集団の記憶」つまり「集合的記憶」と比較／対置させる場合は、また違う考慮が必要になるだろう。そこには単純なアナロジーではなく、集団の構成員としての「個人」が持つ「記憶」と「集合的記憶」との間にはどのような関係が生じるのかを考える必要がある。

この点に関して、「集合的／社会的記憶」への学術的関心の生みの親とも言える社会学者モーリス・アルヴァックスは、その著書である『集合的記憶』の中で、一つの見解を示しているように思われる。アルヴァックスは集団が個人の集合体である以上、集合的記憶を論じる際に、「想起する」個々人の存在を無視できないと指摘した。しかしながら同時に、人間が社会的存在である限りにおいて、個人的記憶と我々が考えるものも、その個人が所属する社会環境（社会集団）によって提供される観念やロジックといったものによって再認され、再構成されるのだと論じたのである。またそれは裏を返せば、そのような観念やロジック、言い換えれば「記憶の社会的枠組み」の共有こそが、そのような枠組みを通して再認される過去に対するイメージ（＝記憶）の共有を促し、共同体としての独自性と連続性の意識、すなわち共同体のアイデンティティの維持につながるということを示す[9]（よって、先ほどから言及している記憶の共有とは、煎じ詰めれば、この「枠組み」の共有だとさえ言えるかもしれない）。

このように、「記憶」の作用、特に集合的／社会的／文化的記憶の作用について考えることは、社会集団の形成とそのアイデンティティの維持という問題に深く関わっている。そして、社会集団／共同体の境界（「私たち」と「あの人たち」の間に引かれる境界線）やアイデンティティは決して所

与不変のものではなく、常に再生産と再構築のプロセスを経るものであるから、記憶の共有を助ける社会的枠組みそのものが常に再生産と再構築のプロセスを経ることになる。よって、「記憶」をめぐる人文／社会科学的研究においては、その関心はしばしば、何か実体的なものとして存在する「記憶」そのものというよりは、個人が、また集団が「想起する」、そして同時に「忘却する」という行為、動的なプロセスとその社会的作用に向けられる。

2.「記憶」と「歴史」

　次に、「記憶」(集合的／社会的／文化的記憶)と、いわゆる「歴史」との間にはどのような関係が存在するといえるかについて考えてみたい。実際、本論文集においても、「歴史」、またそれに対する社会の認識が問題にされることは多くあるのだが、そこに「記憶」という概念が持ち込まれることは、何を意味するのだろうか。そもそも、「記憶」と「歴史」は、何が異なり、また何が重なり合うのか。

　前節に述べたように、「記憶」を常に現在に足場を置く、過去の（しばしば選択的かつ時に恣意的な）再構成と見るならば、「歴史」、特に学問としての「歴史学」——過去の「真実」のあり様を実証的に提示しようとする学術的営み——とは峻別しようとする見方がまず生じる。

　例えば、先に名前を出したアルヴァックスは（彼の活躍した20世紀初頭という時代に合致した見方であったと言えるかもしれないが）記憶と歴史を鋭く対置させ、「記憶」を主観的な社会的構築物として、それに対して「歴史」を客観的、科学的に立証されうる事実として扱った。歴史家が客観的かつ公平であろうと努め、歴史が「人類の普遍的記憶として姿を現している」のに対し、集合的記憶が空間的・時間的に有限な集団に支えられている限りにおいて「普遍的記憶というものは存在しない」と言い切る時、彼にとって「記憶」と「歴史」は区別され、対置されるべきものである[10]。

しかし、現代の、歴史に関わる研究者、特にポストモダニズムの洗礼を受けた研究者たちにとって、「記憶」と「歴史」をそのように明確に区別することは確実に難しくなってきている。そもそも、客観的な事実、普遍的な真実としての「(単数形の) 歴史 (History)」を明らかにすることが歴史学の使命であると言い切ることそのものがもはや難しい。歴史は今や普遍的な単数形の歴史 (History) ではなく、多様な複数形の歴史 (histories) として考えられる。そして、「歴史的真実」(真実もまた truths と複数形で書かれるべきものであろう) に歴史学者がアプローチしようとする上で用いる手順そのものについても、歴史学者もまた、過去を選択的に提示し、そこに主観的な解釈を加える存在ではないのか、と常に自らに問いかけざるをえない。科学的客観性の高みに自らの安全な居場所を特権的に確保することはもはや困難なのだ。
　そのような時代において、「記憶」と「歴史」は、過去の恣意的な再構成であり、ともに社会的な構築物である、その点において何ら変わるところはない、少なくともその二つを鋭く対置させることにあまり意味は無いという見方も生じるであろう。そのような見方に対して、特に歴史学者からは様々な対処がみられる。その一つとして、学術的営みとしての歴史学は、「記憶」という概念を取り込み、過去への認識のあり方そのものを歴史学の対象とみなすようになったことが挙げられよう。
　例えば、アルヴァックスとともに「集合的記憶」への学術的関心の生みの親であり、その理論的な基盤に貢献した歴史学者にピエール・ノラがいる。ノラは「記憶の場」という概念を打ち出した「記憶と歴史のはざまに」[11]において、近代を、近代以前の生きた (集団の) 記憶が歴史によって取って代わられる時代であると位置づけた。その意味で、彼もまた「記憶」と「歴史」を区別したのだが、その方法はアルヴァックスとは少し異なっている。まずノラは、これまでの歴史学を「完全ですきのない過去を再構成する作業として発展してきた」、煎じ詰めればそこで紡がれてきた歴史とは「記憶にほかならなかった」と断じた。つまり、19世紀に歴史

学が「科学」としての実証的な基盤を成立させたことも、実は国民(ネーション)などの社会集団の記憶の基盤を拡充することであったということになる。そこでノラは、現代の「歴史」、特に学問としての「歴史学」は「史学史」、つまり歴史記述の歴史学、という新しい段階に入ったのだと宣言する[12]。

　ここで言う「史学史」的な新たな関心は、歴史学が「過去」そのもの(だけ)ではなく、「過去へのまなざし」を歴史的検証の対象として据えたことを意味する。同様に、歴史学者ピーター・バークは(彼は「歴史」を「社会的記憶」として位置づけたが)、これからの歴史学が関心を向けるべき分野として、「想起の社会史(social history of remembering)」という言葉を用いた。なぜなら、「社会的記憶」が個人的な記憶と同様に選択的であるなら、そこに「選択の原理を見いだし、それが場所、集団、時代によってどう異なるかに注目する必要がある」からである[13]。つまりそれは、ノラの提起する「記憶の場」の歴史のように、「記憶の場」としての歴史学者も含めて[14]、記憶の組織のされ方とその変遷に目を向けることである。

　このような歴史学の関心の変容においても、前節で述べた「想起」と「忘却」の動的なプロセスに目を向けることの重要性は改めて確認されよう。社会や共同体においては、通常、さらにその中に複数の記憶、ないしは記憶の枠組みが存在する(バークはスタンリー・フィッシュの「解釈の共同体」になぞらえて、複数の「記憶の共同体」が存在する、と述べた)。その複数の共同体の記憶の間に、またその共同体の記憶の中にも数限りない記憶の相克、排除や抑圧が常に生じている。ここでは、特定の「記憶」、つまり想起と忘却による過去の再構成のあり方が、そこで意味を持つ共同体のアイデンティティの基盤を形作る「公共の記憶(public memory)」[15]と、それを支える社会的枠組みとして、また時に「歴史」として(「正しい歴史」＝「正史」として、国民国家においては「国民の歴史」＝「国史」として)提示され、広く認知に至る過程に目を向けることが重要なのである。また、この論文集の文脈で言えば、特定の記憶のあり方が広く社会に認知され、「共有される」過程において、メディア(この定義については次節で述べるが)が果た

す役割を考えることの重要性もここで確認される。ある特定の記憶をになう「かたち」が問題にされるのだ。

「記憶」に対する歴史学からのもう一つのアプローチは「記憶を歴史の資料とみなす」ことにあり、それは例えば、従来の歴史学において特権的地位を誇った文書資料との対比において、個人によって口述という形で語られる「記憶」、オーラル・ヒストリー史料の重要性を認識するという形を取る[16]。その他、日記や書簡、自叙伝や回顧録などの「エゴ・ドキュメント」も含め、個人の語り(パーソナル・ナラティヴ)へと着目することは、歴史の「真実 (truths)」、その多様なあり様を明らかにする助けとなる歴史資料の有意義かつ刺激的な拡大を意味するだけでなく、社会を構成する個々人の「過去」との複雑なつながりにも目を向けさせることになるだろう。私たちは、様々な社会集団の一員として複合的なアイデンティティを有する、つまりナショナルなアイデンティティ、階層、ジェンダー、セクシュアリティなどの多様なアイデンティティの層の上で私たちは社会における「自己」の立ち位置を決定し続ける存在であり、過去の体験に関する記憶を語る個人も同様に、その時点で置かれた立場から過去を再構成し、証言を紡ぎ出しているのだ。

繰り返しになるが、「記憶」と「歴史」を峻別し鋭く対置させることは今や困難である。しかし、それを完全に同一視するばかりか、究極的には、歴史をただの主観的・恣意的に構成された過去の語りにすぎず、だから全て信用に価しないものとみなすとか、また逆に、様々な立場において主張される複数の「歴史的真実」は全て平等に正しいと考えることもまた、極端な議論であることにも注意したい。歴史（＝過去に対するまなざし）の複数性を認識し、そこに生じた過去が想起される営みに対する感覚を鋭くすることと、極端な歴史相対主義に陥って、例えば、ホロコーストはなかったと主張する「歴史修正主義者」たちが圧倒的な歴史的根拠の存在を、端（はな）からなかったものとして扱おうとすることを黙認することはまた別問題であると思われるからだ。

「記憶」と「歴史」をただ対極的に捉えるのではなく、過去との私たち

の文化的な繋がりの形式として、弁別しつつも、その関係性について整理しようとする試みもある。本書の特別寄稿者でもあるテッサ・モーリス＝スズキによる「一体化としての歴史」と「解釈としての歴史」もその一例であるが[17]、ここでは最後に、アライダ・アスマンの「機能的記憶」と「蓄積的記憶」の議論を紹介しておきたい[18]。

　アスマンは、社会の集合的記憶（アライダ・アスマンとヤン・アスマンが呼ぶところの「文化的記憶」）の中に、「機能的記憶」と「蓄積的記憶」という二つの様態の記憶と、その間に存在する流動的な境界線を想定することで、この歴史と記憶の対置的二項対立を乗り越えようとした。この定義において、この二つの記憶は対立するものではなく、相補い合い、相互に生産的な関係を取り結ぶものである。アスマンによれば、「機能的記憶」とはいわゆる「住まわれた記憶」であり、特定の集団（例えば国民や民族）とのつながりを持ち、その価値に拘束されている。それに対して、蓄積的記憶は「住まわれざる記憶」としての「セカンド・オーダーの記憶」であり、現時点では意味構築から切り離された「使用されず融合されていない思い出の量（かさ）」とされる。そして、歴史という学問や、制度としての博物館やアーカイブは、そのような価値に拘束されない「諸々の記憶」を収容するという役割を担う[19]。その二つの様態の記憶の相互作用において、「歴史研究は、意味と価値付けを記憶に負」い、同時に、「記憶は、その検証と訂正を歴史研究に負う」という相互依存的な関係が成立する[20]。

　本論文集では、様々な局面での、「歴史」と「記憶」の複雑な関係性が示される。論者によってその立ち位置も様々であるが、各論者が歴史学者や「歴史」の社会的な意味づけに関心を払う人々によって論じられてきた「記憶」の社会的な営みに関心を置いていることは共通しており、また、そこに関心を向けるにあたり、次節に述べるような、メディア文化の機能を一つの焦点としていくことになる。

3. 記憶の「かたち」
メディア文化と記憶

　私たちが、記憶とメディアというこの二つの言葉、ないしは概念の結びつきによってまず思い浮かべるのは、先述の安川の指摘にもあった、「記憶産業」としてのメディアかもしれない。

　例えば、第二次世界大戦終結から70年を数えた2015年、日本で起きたことを思い浮かべてほしい。戦後70年を記念し、終戦の「記憶」を扱ったドラマ、ドキュメンタリー、映画などが次々とテレビ局、映画会社によって作られ、そしてそれが広く社会において消費された。かつてメディア研究者の佐藤卓己が『八月十五日の神話——終戦記念日のメディア学』で指摘したことを繰り返すまでもなく、終戦の「国民的記憶」はメディアによって絶えず表象され、その表象のあり方に私たちは少なからず影響を受けてきた[21]。そして、戦争を直接記憶する世代が老いを重ね、やがて社会に存在しなくなることがさほど遠くない将来として予想されることで、その影響力は今後さらに大きなものになることも、容易に想像されるだろう。

　前節でアライダ・アスマンによる「文化的記憶」を構成し、互いに補い合いながら存在する「機能的記憶」と「蓄積的記憶」という概念を紹介したが、この議論の前段階として、ヤン・アスマンによる「文化的記憶」の定義もここで説明しておきたい。ヤン・アスマンは集合的記憶に「コミュニケーション記憶」と「文化的記憶」という二つの異なる様態を見いだした。「コミュニケーション記憶」は、個人がコミュニケーションと相互行為を通して同時代人と共有しうる記憶、と定義される。社会の「短期記憶」としての「コミュニケーション記憶」に対して、「長期記憶」として作用するのが「文化的記憶」である。「文化的記憶」はメディアに依拠し、メディアによって形作られる。なぜなら、長期記憶として世代を超える継承を前提とするため、「物質的メディアによって客体化され、記号体系に

よってコード化され」なくてはならないからである[22]。

　さらに言えば、世代間に限らず、個別の、閉じた有機的記憶を持つ個人が、先述のアルヴァックスらが述べた「記憶の社会的枠組み」を通じて記憶を共有する、ないしは共有された記憶として特定の記憶の形式を選び取る、ということは、結局のところ、このメディアによる記憶の客体化というものを通してしか、なしえないものであるかもしれない。

　しかしその際、メディアという言葉によって指し示されるものは、先述の「記憶産業」としてのメディア、として指し示された時にイメージしたような、テレビ、映画などの狭義のマスメディアやジャーナリズムなどのみではない。例えば、集合的記憶とメディアの関わりについて論じた伏木啓は、この記憶の客体化を「記憶の外部／外在化」と呼び、そこでのメディアの定義として彼は、「記憶の外在化を可能とするシステムや物質を総称して」、ここでメディアと呼ぶことができると述べている[23]。

　実際、記憶研究においては、「メディア」の概念もかなり恣意的に、また非常に多くの異なるレヴェルのものを含む形で用いられている（中には、その恣意性に対し批判的な議論も存在する[24]）。本書のような学際的アプローチを取る際においても、それもまた避けがたいことである。少し具体的なイメージを得るために、ピーター・バークによる「社会的記憶」を伝達するメディアの多様性を考える上で、特に注目すべき5つに分類された「メディアの要素」を以下に列挙してみる。

① 口述の伝統
② 文字によって書かれた記録
③ 図像（イメージ）
④ 技術や儀式など身体的行為
⑤ 空間[25]

　以下、バーク自身の説明も部分的に踏まえつつ、それが具体的にどのよ

うなメディアないしはメディアを構成する要素となるのかを改めて考えてみたい。

　まず、①と②はともに言語的要素による表象のメディアであるが、口述か文字かという違いを持つ。①の口述には、例えば、伝統的民族集団における口承文化や、家族内での口伝えでの記憶の伝承などが含まれるであろうか。バークはオーラル・ヒストリー史料などもここに含まれると述べている。従来は、特に市井の人々が紡ぐ記憶証言などに対して、歴史資料として、公的な文書史料と比べてその信憑性を疑うような評価があった。しかし公的な文書史料も、一般の人々の記憶証言も等しく過去の「表象」であり、書く、また語るという行為を通した過去の再構成であると考えると、そのような評価は妥当ではない。どちらも、その過去の表象がどのような立場から、またどのような状況で行われたものであるかを吟味した上で、歴史の「複雑な真実（truths）」を明らかにする材料として重視することが必要となる。

　②の文字による記述は、過去を記述し、表象するメディアとして、近代以降は特に最も重視されてきた要素ではなかったか。年代記、歴史書、新聞や雑誌、歴史小説など例を挙げればきりがなく、文字は再構成された過去を表現する主要な手段であったと言える。ただし、かつては文字を書き記し、読むこと自体が特権的行為であったことも忘れてはならない。特に、標準化された言語によって書かれた過去の表象が、多くの人の目に触れ、理解され、世俗的で空虚な時間軸に沿って共通の歴史体験を有する社会集団（例えば国民（ネーション））の存在を喚起できるようになったのは、アンダーソンの言う「出版資本主義」によるものであるかもしれない[26]。

　③は図像（イメージ）であるが、絵画、彫刻、写真、映像など図像によって表象される過去は、先述の「記憶産業」の例を引き合いに出すまでもなく、現代社会においては特に、過去のまさに「イメージ」を表象する媒体として、欠くべからざるものとなっている。かつては、絵画や彫刻などがその役割を果たした。現在では写真、映像などの影響力が新聞、テレビ、

映画などのいわゆる「マスメディア」の隆盛によって大きく拡大している。写真や映像が「現実をありのままに写（映）し取る」と考えられがちであるが、それも特定の視点からの過去の「表象」にすぎないことをここで確認すべきなのは言うまでもない。また、バークはここに墓石のような「記念碑」、彫像、メダル、様々な「記念品」など物質的なものも含める、としている。図像、物質的な過去の「よすが」は、①や②の言語による過去の表象とともに、しばしば博物館やアーカイブ、図書館などに収蔵され、また時に展示（ディスプレイ）される。例えば、博物館は記憶の表象を蓄積する装置であり、その管理を行う制度であると同時に、それ自体が過去を再構成する上で重要なメディアとなるということであろうか。

④、⑤を「メディア」として捉えることに違和感を持つ読者もいるかもしれないが、「メディア」とはそもそも「媒介」であり、上記の通り、ここでは「記憶の外在化を可能にするシステムや物質」は全てメディアと捉えてみよう。

④は身体的行為、例えば職人から弟子に技能（スキル）が伝えられるように、記憶は身体的行為を通じて伝達される、とバークは述べている。近年、このカテゴリーに含まれるものとしては儀礼的行為、特にいわゆる「コメモレーション（記念／顕彰行為）」の儀礼とそのパフォーマティブな身体性への注目が高い。戦没者追悼式典における黙祷などは社会的慣習として行われ、記憶を媒介する身体的行為としてわかりやすい例であろう。最近では、ポール・コナトンが『社会はいかに記憶するか』において、記憶（＝社会的慣習）の伝達、維持における記念式典と身体の実践の役割について強調したことなどが、さらにこの要素への注目を促している[27]。

⑤についてバークは集合的記憶の枠としての空間に注目したアルヴァックスの議論に言及しつつ、記憶が空間、そしてその空間における配置に依拠することを指摘する（ブラジルの先住民族であるボロロ族を改宗させるにあたり、宣教師たちが彼らを移住させ、住居の配置を円形から線形へと変えたというレヴィ・ストロースの記した逸話が例として挙げられている）。先述のアライ

ダ・アスマンらも記憶のメディアとしての「空間」に着目している[28]。特定の社会集団にとっての過去の居住地や、都市空間の他にも、何か社会のトラウマとなるような出来事と関連づけられる場所（アウシュビッツ収容所跡や9.11のグラウンド・ゼロなどが代表例であろうか）など、様々な過去の「意味」を担わされた場所は実は多く存在する。

　以上のような分類はあまりに広範な「メディア（を構成する要素）」の定義であると思われるかもしれないが、私たちが記憶とメディア文化の関係について考える際には、マスメディアなどの狭義の「メディア」ではなく、このような広範で多様なメディアの役割を考える必要があるだろう。

　また、様々な異なるメディアはそれぞれ、その形態、特質、構造によって、伝達される記憶の「かたち」に一定程度の制約、そして時に新たな可能性を与える。実際、本論文集でも数編がその点に触れているが、例えばそこでは、現代の発展するメディア環境による「記憶」の変質について考えることも重要になるであろう。近年、発展めざましい新たなテクノロジー（特にデジタルメディアとインターネット）は「想起」のあり方を根本的に変えることになるのであろうか。これまでなされた理論的検証の例を挙げれば、例えば伏木は、テクスト、映画、テレビ、ニューメディアにおいてそれぞれ自己とメディアとの間にどのような間主観的関係が形成されるかを検証し、その中で、文字テクストが線形的な時間軸に沿った物語の生成機能を持つのに対して、映画、テレビがそれぞれ、そのような文字テクストの持つ線形的な物語性を変質させ、また解体してきたこと、そしてニューメディアは、膨大な情報を非線形的に蓄積するデータベース（東浩紀の言う「大きな非物語」としてのデータベース的記憶）という、新たな「集合的記憶」の形態を生むのではないかと論じている[29]。

4. 本書の各論とテーマ

　では最後に、本書の構成に沿って、各章で扱われるテーマについて紹介

してみたい。

　メディアによって表象される過去のイメージを通して「過去」が現在において持つ意味を探るとともに、記憶に「かたち」を与えるメディアの機能と役割について考えることが本書の目的となる。またそれは、必然的に、その、特定の「記憶のかたち」を産み出した社会的コンテクストに目を向けることにもつながる。

　第1部「ナショナルな記憶のゆくえ」には、記憶の論争、特に国民（ネーション）という、おそらくこれまでの「集合的記憶」を扱った研究の中で最も焦点となることが多かった社会集団の記憶に関する（またその間に生じる）論争に関わる論考を収めた。ナショナルな記憶とその構築のプロセスが持つ力は未だ大きく、主要な記憶の闘争の場であり続けている。また、ノラが言うところの「聖性」を剥奪された、現代の「国民の記憶」は果たして今どこに向かおうとしているのかをこの3編の論考によって考えてみたい。

　第1章「『想起の空間』としての『慰安婦』少女像」（玄武岩）は日韓関係において、未だ記憶闘争の火種となっている「慰安婦」問題に、「想起の空間」としての「慰安婦」少女像モニュメントという切り口からアプローチする。ナショナルな記憶の対立として解決の糸口の見えないこの問題に対し、少女像によって象徴される、戦時性暴力や国家権力の暴走への市民的抵抗という普遍的メッセージをトランスナショナルな記憶として共有していくことで、解決していくことができるかを問いかけている。

　第2章「記憶は誰のものか？――多文化社会イギリスにおける記憶と歴史」（浜井祐三子）は、現代イギリス社会における「多文化社会」としての社会の自己表象と「国民の記憶」をめぐって生じる動きと論争を題材に、多文化社会における記憶の闘争を扱っている。グローバル化によって生じる人の移動は、多様性を孕む社会をより一層際立たせ、従来の均質なナショナル・ヒストリーのあり方に変化を生じさせようとしている。またそこで、市民が主体的に「歴史を作る」作業に関わることの意味が問われて

いる。

　第3章「創造される記憶としてのニュージーランドネス——パケハのアイデンティティとノスタルジアとしてのキーウィアナ」（原田真見）は同様に多文化社会における記憶の闘争を扱っているが、ここでは、入植者としての「パケハ」と先住民マオリ、そして近年ではアジアからの新移民を抱えるニュージーランドが舞台となる。個人的な、ノスタルジックな記憶が書籍やモノを通して大衆の共通記憶として受容される過程を具体的な事例とともに追う。そこに生じる「包摂」と「排除」の作用は、植民地（移民）国家として成立したニュージーランドのナショナルなアイデンティティ構築の複雑な様相を示している。

　第2部「記憶を表すかたち」には、記憶を表象するメディアの多様なかたち（ここでは絵画、アニメーション、デジタルメディア）に関心を向けさせる3論文を収めた。テーマ的には、第1部や第3部とも共通するトピックが扱われているが、前節に述べた、各々のメディアの持つ特質や構造と、そこに表象される過去のイメージについて考える上で、示唆的であると思われるものをここに特に集めている。

　第4章「スペイン独立戦争の記憶と表象——ゴヤ《1808年5月2日》と《5月3日》を中心に」（増田哲子）は、国民国家としてのアイデンティティ構築の過程において神話化された「独立戦争」をめぐる絵画という視覚表象の分析を通じて、歴史の複数性、記憶の多声性に目を向けさせる「記憶」の概念と、そこに具体的な形を与える視覚イメージの役割に目を向ける。同時に共同体（ここではナショナルな共同体）の自己解釈のフレームにおいて作用する記憶のプロセスを描き出す。

　第5章「『呼びかけと応答』——日系カナダ人アーティスト、シンディ・モチズキのアート・アニメーションにおける『記憶』の表現」（西村龍一・西村美幸）はカナダで活躍する日系カナダ人のアーティストによって創作されたアート・アニメーションを取り上げる。記憶を過去からの「呼びかけと応答」として捉えるという切り口は、モチズキのアニメーションに潜

む他者性、記憶のノイズ、ルーツとしての「日本」(過去)からの呼びかけに応答する日系アジア人の記憶と現在を鮮やかに浮かび上がらせている。

第6章「ネット空間上の集合的記憶——転換期中国における『80後(バーリンホウ)』の集団的ノスタルジア」(周倩)は目まぐるしい経済的発展を遂げる中国における、若者世代の集団意識を支えるインターネット空間における集団的記憶の形成に焦点を当てた研究である。文字、音声、図像、動画のような多様な表現形式を利用し、また伝達速度や伝達範囲においてもこれまでのメディアとは異なるインターネットという空間が彼らの自己イメージ形成にどのような役割を果たすかが明らかにされる。

第3部のテーマは「忘却を超えて」とした。先に述べた通り、記憶は「想起」と「忘却」の作用であるが、忘却に抗する形で、想起という選択を個々人が選び取り、過去の体験のある「かたち」を抱きしめていく過程を見ることも、記憶の営みを考える上で必要であろう。ここでは、集団の中で「記憶」する個人というものにも焦点がより当てられる。なぜなら、集合的記憶とは、その集団を構成する(同時に「記憶」の主体としての)個人の記憶の営みを無視して議論できるものではないからだ。

第7章「死者の記憶が生きていたころ——吉田満と戦後」(渡辺浩平)は『戦艦大和ノ最期』の作者として知られる吉田満を取り上げ、戦場に散った同世代(戦中派)の「死者たちの記憶」を継ぐために創作の筆を執った吉田とその著作、戦後日本社会の戦争の「記憶」との向き合い方に対して、彼が感じていた苛立ちに焦点を当てる。全論考の中で、おそらく最も個人の記憶というものに正面から向き合った論考となっており、それが故に、記憶の実体性(アクチュアリティ)に光を当てている。

第8章「日本人妻と日本語族を日本語でつなぐ——台北のキリスト教系デイケアセンター玉蘭荘の事例から」(藤野陽平)は台北市のキリスト教系デイケアセンターにおいて、日本人妻と日本語族の人々によって再構築される「記憶」に目を向ける。日本による植民地支配の体験、戦争とその後の混乱が産んだ「日本(統治)の記憶」というものを通じて緩やかにつな

がる人々とその空間、またそこで繰り返されるアクティヴィティを通しての記憶の再編成の様相が、聞き取りと観察によって明らかにされる。

　第9章「『社会の記憶』とメディア——セウォル号をめぐる韓国社会の『記憶闘争』」(金成玟)は韓国で2014年に起きたフェリー沈没事故をめぐる記憶のかたちを題材とする。直近の過去であっても、そこに集団的記憶喪失状態を促すような政治的な力が働いた場合に生じる記憶闘争の様相と、そのような力に抗し、「セウォル号事件」という長い記憶を作り出し残そうとする、インターネット空間上の、Podcastを用いた市民による情報共有・連帯の動きが分析されている。

　最後に、特別寄稿論文として、「アジア太平洋戦争における日本軍と連合国軍の『慰安婦』」(テッサ・モーリス＝スズキ)を所収した（ここにこの論文が寄せられた経緯については後述する）。本論は、「慰安婦」をめぐる歴史を、連合国側に残された証言史料を中心に検証し、これまであまり顧みられることのなかった観点から明らかにしようとする試みである。歴史を明らかにする上でのパズルのピースとして口述史料に文書史料と同等の価値を認め、これまで埋もれていた個人の記憶証言を掘り起こすことで、そこに国家間の「記憶」の闘争としての「慰安婦」問題を乗り越える糸口を探ろうとする。

　本書の最初と最後に、「慰安婦」をめぐる「記憶の政治（ポリティクス）」に関わる論文が2つ、軸をなすように配置されたことは偶然ではない。現代の日本社会において、戦争の「記憶」にいかに向き合い、歴史の真実を、その複雑な真実のかたちをいかに受け止めるかはまさに喫緊の課題であり、「慰安婦」をめぐる記憶の闘争はまさにその中心に位置するものの一つであるからだ。その他の論文のうち数編にも、様々な（国や時代さえ異なる）戦争の「記憶」が通奏低音のように主要な要素として取り上げられていることも、「記憶」を考える上での戦争というテーマの重要性を再確認させる。それ以外にも、便宜的に3部に分ける構成としたが、必ずしもその構成の枠に縛られることなく、個々の論文がそれぞれ他の論文とリンクする部分も存在す

る。

　最後になったが、本書が成立した経緯について少し述べさせていただきたい。

　本書は、北海道大学メディア・コミュニケーション研究院において、メディア文化論分野、広報・ジャーナリズム論分野、国際地域文化論分野、多元教育論分野の4分野で研究を行う、14人の研究者によって進められた共同研究の成果の一部を記録するものとして企画された。執筆者は、特別寄稿者であるテッサ・モーリス＝スズキ氏（オーストラリア国立大学特別栄誉教授）を除いて、その共同研究に参加した研究者で、北海道大学大学院メディア・コミュニケーション研究院に所属し、普段は、北海道大学の大学院研究科の一つである、国際広報メディア・観光学院で研究や教育に従事している者である。

　国際広報メディア・観光学院が主眼とする研究分野の一つが、メディア文化研究であり、その分野で研究を行う研究者の多くが主に現代社会におけるメディア文化の役割に関心を向けている。ただし、元々、足場を置く学問分野が歴史学、社会学、人類学、メディア研究と多様であり、また専門とする地域もアジア、オセアニア、ヨーロッパなど多様であることから、共同研究を始めるにあたって、まず何か共通の関心を設定するところから始めなければならなかった。

　当初、「トランスナショナルな公共圏におけるメディア文化とアイデンティティ」とテーマ設定されたその共同研究の1年目の終わり（2012年3月21日）に、今回特別寄稿をいただいたテッサ・モーリス＝スズキ教授を北海道大学にお迎えし、国際シンポジウム「記憶としての戦争、文化としての平和」を主催した。シンポジウムでは東アジアにおける「さきの戦争」に関わる記憶と、その記憶をめぐる和解というテーマが取り上げられ、そこに刺激を受ける形で、「記憶」が共同研究の中核テーマとして設定されることとなった。

その後も学内外から様々な分野の研究者や社会における「記憶」の問題と関わる実務家の方などをお招きし、講演会や研究会を重ね、2015年2月21日にはシンポジウム「闘争する記憶、生産する記憶——記憶、メディア、アイデンティティ」を開催した。その成果である同名のプロシーディングスをもとに、そこにさらに数編の論文を加える形で編まれたのが本書である。本書の編集段階の最後に、2016年に本研究院を再び、今度は客員教授として訪れていたテッサ・モーリス＝スズキ教授に特別寄稿という形で参加していただけることになったことは、望外の喜びであった。

　「記憶」の概念に関しては、未だ明確な定義が存在しないことを「記憶研究」の大きな問題点であるとする指摘が存在することは冒頭にも述べた。近年の「メモリー・ブーム」において、きちんと概念定義されないまま、記憶研究の膨大な蓄積が行われつつあることを「記憶のインフレーション」であるとする批判も戒めとして忘れてはならないが、しかし同時に、あえて「記憶」に厳密な概念定義を行わず、より広範な関心からアプローチすることで見えてくるものも存在すると考えたい。同時に、ここでカバーできなかったものがまだ多く残されていることも忘れてはいない。「記憶とは何か？」「記憶が形成される過程におけるメディア文化の役割とは何か？」を今後も問い続けることで、本書が、また私たちのこれからの研究が、「記憶研究」に、また「記憶」を通して「過去」と向き合う社会において、何か少しでも役立つものを提供できれば嬉しく思う。

註

1　欧米での学術的関心の高まりを受けてのことであるが、日本においても、歴史認識問題への社会的関心をもその背景とする形で、様々な分野における「記憶」への関心が過去20年ほどの間、コンスタントに雑誌の特集号や、しばしば共同研究の成果として編まれた書籍という形で示されてきた。以下に引用参考文献として挙げるものも含め、ここに（ほんの）数例を挙げる。阿部安成他編『記憶のかたち：コメモレイションの文化史』、柏書房、

1999年；森村敏己編『視角表象と集合的記憶：歴史・現在・戦争』、旬報社、2006年；野上元・小林多寿子編著『歴史と向きあう社会学：資料・表象・経験』、ミネルヴァ書房、2015年など。雑誌の特集号もこれまで複数あるが、直近のものとしては、最近の記憶研究、特に戦争の記憶をめぐる研究の現状を的確にまとめた粟津賢太「〈研究動向〉慰霊・追悼研究の現在」を所収する『思想』の特集「想起の文化：戦争の記憶を問い直す」(岩波書店、2015年8月、1096号) がある。

2   Andrew Hoskins, et al., 'Editorial', *Memory Studies*, Vol. 1, No. 1, 2008, p. 5-7.
3   Henry L. Roediger and James V. Wertsch, 'Creating a New Discipline of Memory Studies', *Memory Studies*, Vol. 1, No. 1, 2008, p. 9-22. は「記憶研究」が様々な分野における (multidisciplinary) な発展を見ながらも、真に学際的な (interdisciplinary) な分野として成立するためには理論的、方法論的なアプローチにおいてより統一されたシステマティックなものが必要となると指摘している。
4   安川晴基「文化的記憶のコンセプトについて」、アライダ・アスマン (安川晴基訳)『想起の空間』、水声社、2007年、558-560頁。
5   安川「文化的記憶のコンセプトについて」、560頁。
6   Henry E. Allison, 'Locke's Theory of Personal Identity: A Re-Examination', *Journal of the History of Ideas*, Vol. 27, No. 1, 1966, pp. 41-58.
7   Eric Hobsbawm and Terrence Ranger (eds.), *The Invention of Tradition*, Cambridge: Cambridge UP, 1983. (エリック・ホブズボウム／テレンス・レンジャー編『創られた伝統』、紀伊國屋書店、1992年)、Benedict Anderson, *Imagined Communities: Reflections on the Origin and Spread of Nationalism*, London/NewYork: Verso, 1983/1991. (ベネディクト・アンダーソン、白石さや・白石隆訳『増補　想像の共同体』、NTT出版、1997年)
8   ベネディクト・アンダーソン『想像の共同体』、51頁。
9   モーリス・アルヴァックス『集合的記憶』、行路社、1989年、1-44頁。
10 アルヴァックス『集合的記憶』、86-95頁。
11 ノラの編集による論文集『記憶の場』(谷川稔監訳、『記憶の場：フランス国民意識の文化＝社会史』全3巻、岩波書店、2002-2003年) 第一部序論にあたる。
12 ピエール・ノラ (長井伸二訳)「記憶と歴史のはざまに：記憶の場の研究に向けて」、『思想』、911号、2000年、18-19頁。
13 Peter Burke, 'History as Social Memory,' in Thomas Butler, ed., *Memory:*

History, Culture and the Mind, Oxford: Basil Blackwell, 1989, pp. 97-113.
14 ノラ、「記憶と歴史のはざまに」、30頁。
15 小関隆はコメモレイション、記憶、歴史に関する議論の整理を行う中で、public memoryの訳語として、「公共の記憶」というより「共同性の記憶」のような形で把握した方が理解が容易であるかもしれないと述べている。小関隆「コメモレイションの文化史のために」、阿部安成他編『記憶のかたち：コメモレイションの文化史』、8頁。
16 Burke, 'History as Social Memory', p. 99.
17 テッサ・モーリス＝スズキ（田代泰子訳）『過去は死なない：メディア・記憶・歴史』、岩波書店、2004年、27-29頁。
18 安川晴基は、アルヴァックス、ノラ、アスマンらの「記憶」と「歴史」に関わる議論を整理、比較する試みを行っている。安川晴基「『記憶』と『歴史』：集合的記憶論における一つのトポス」、『藝文研究』、Vol. 94、2008年、282-299頁。
19 アスマン『想起の空間』、163-173頁。
20 安川「『記憶』と『歴史』」、285頁。
21 佐藤卓己、『増補　八月十五日の神話：終戦記念日のメディア学』、筑摩書房（ちくま学芸文庫）、2014年。
22 安川「文化的記憶のコンセプトについて」、562-564頁。
23 伏木啓「集合的記憶とメディア」、名古屋学芸大学メディア造形学部紀要、Vol. 2、2009年、43頁。
24 Martin Zierold, 'Memory and Media Cultures', in Astrid Erll and Ansgar Nünning (Eds.), *A Companion to Cultural Memory Studies*, Berlin: Walter de Gruyter, 2010, pp. 401-402.
25 Burke, 'History as Social Memory', pp. 100-102.
26 アンダーソン『想像の共同体』、47-64頁。
27 ポール・コナトン（芦刈美紀子訳）『社会はいかに記憶するか：個人と社会の関係』、新曜社、2011年。
28 アスマン『想起の空間』、特に355-404頁。
29 伏木「集合的記憶とメディア」、45-49頁。

第 1 部

ナショナルな記憶のゆくえ

第 1 章
「想起の空間」としての「慰安婦」少女像

玄 武岩

はじめに

　日韓両政府は国交正常化50周年という節目の好機を逸しないようにと、2015年12月28日に最大の懸案である日本軍「慰安婦」問題を決着させることで合意した。日韓合意には、韓国政府はソウルの日本大使館前に設置された「慰安婦」少女像について、「可能な対応方向について関連団体との協議を行う等を通じて、適切に解決されるよう努力する」ことが盛り込まれた[1]。その一方で、日本政府が10億円を拠出して、韓国政府が元「慰安婦」の名誉と尊厳を回復し心の傷を癒すための支援事業を行う財団を設立することになった。
　ところが韓国では、当事者の声を無視してできた日韓合意への批判が噴出する。これで「慰安婦」問題が「最終的で不可逆的に解決」されたとするならば、日本政府が1995年に「アジア女性基金」を発足させて「償い金」事業を展開したものの、国の法的責任を認めないことで頓挫したことの二の舞になる。しかも財団設立のための拠出金が「慰安婦」少女像の撤去を前提にしたものであることが伝わると、反発する市民や学生が現地に駆けつけ、少女像の周辺を取り囲んで日韓合意の撤回を求める抗議活動が続いている。
　このように少女像は日韓関係にくすぶる火種となっている。日本政府は、

駐在国政府には「外交公館の威厳の侵害防止」の義務があるとして、これまでも韓国政府に少女像の撤去を求めてきた。しかし「慰安婦」問題が日韓の歴史問題の最重要の争点となるなか、韓国政府にしてみれば少女像は対日圧迫の手段にもなるため、喫緊の課題ではなかった。そもそも像を設置した韓国挺身隊問題対策協議会（挺対協）に移転を要請すること以外、韓国政府に打つ手はなかった。結局少女像は撤去されるどころか、各地に建てられ、いまや米国やカナダ、オーストラリア、中国など海外にも拡散している。

　「慰安婦」問題に対する国民的記憶を表象する少女像は、日韓の歴史問題における過去と現在、支配と抵抗、運動と理念、記憶と忘却が交錯しながら、韓国において集合的アイデンティティを確立するための「想起の空間」を形成している。本章は、記憶と歴史が相互接近する文化政治として「慰安婦」問題を考察するが、その歴史叙述をめぐる方法・主体・構造を、日本軍「慰安婦」の形象化されたモニュメントである「慰安婦」少女像をとおして見てみたい。

1．少女像をめぐる記憶のポリティクス

　2011年12月、1000回目の水曜デモを記念して建立された「慰安婦」少女像（平和の碑）は駐韓日本大使館を凝視している。1991年に元「慰安婦」の金学順(キムハクスン)が名乗りでて、日本政府に謝罪と補償を求め東京地裁に提訴すると、翌年1月に問題解決を訴えるデモが日本大使館前で開かれた。以来、毎週水曜日に行われるデモはおよそ20年間、日本で震災が発生したときなどをのぞいて途切れることはなかった。そこに少女像が建つことで、空間的・機能的に作用するデモの現場は物質的・象徴的に「慰安婦」の存在性を基礎づけられる聖地となり、独特の「場所」が形成された。「慰安婦」問題の解決を望む市民、修学旅行中の生徒、観光に訪れた日本人など、人びとは思い思いに少女像に触れたり話しかけたりする。

かくして少女像は「慰安婦」問題の解決に向けた戦いの象徴となった。およそ120センチの可憐なブロンズ像は、引きしまった表情で正面を見つめる。ぎゅっと握りしめたこぶしから堅い意志が伝わるものの、地にしっかりと足をつけられず不安をにじませる。国家暴力により悲惨な境遇を強いられ人生を翻弄された元「慰安婦」は、帰郷しても周囲の冷たいまなざしに晒されなければならなかった。幾重にも重なる暴力と差別に抗う戦争被害者のモニュメントとしてはなんとも物静かな佇まいだ。

　それでも少女像には、「慰安婦」問題が歴史の表舞台に浮上するまでの忍苦の歳月を経て、被害者の尊厳の回復に向けた長きにわたる闘争の時代までもが凝縮されている。その分、韓国国民が植民地支配の「記憶」を共有するうえでの訴求力と波及力を兼ねそなえている。

　一方で、少女像は日本の為政者からすれば「反日ナショナリズム」の象徴でもある。オブジェは暴力が物理的に作用する対象として小突きまわされるのだ。日本政府から撤去を求められるだけでなく、いくどとなく韓国側の「慰安婦」問題の提起に反感を抱く勢力の嫌がらせの標的にされた[2]。

　裏づける資料が見当たらないとして日本帝国による「慰安婦」動員の「強制性」を否定し、その存在すら消し去ろうとする歴史修正主義に対抗して、元「慰安婦」は自らがその証拠だとして身体をさらけ出した。いずれ消えゆくその身体は、時間と空間を超越する少女像としてよみがえった。「少女」の影はハルモニ（おばあさん）をかたどっている。少女像は、老躯をおして水曜デモに駆けつける元「慰安婦」の分身として過去と現在、生と死を結びつけ、彼女たちが世を去っても戦いが終わらないことを予告する。

　少女像が「慰安婦」問題を象徴するモニュメントとして定立することで、日本軍「慰安婦」の記憶も再構築される。少女像は、訪れる者が対象物に身を投じ、そこから浮かびあがる想起という行為それ自体の存在にかかわる基盤として「物象化された過去」となった[3]。日本大使館に向かって叫ぶ高齢の元「慰安婦」は「少女」となって「純潔性」の明確な輪郭をもち、

それが「慰安婦」動員の「強制性」を確固たるものにしている。

これに対して、文学研究者の朴裕河(パクユハ)は2013年に韓国で発行された『帝国の慰安婦』(日本語版2014年)で少女像のイメージを批判し、「大使館前の少女像は本当の慰安婦とはいえない」といって議論を巻き起こした[4]。

歴史が記憶を破壊し抑圧することを警告したピエール・ノラにいわせれば、「文書によって確認できない」「慰安婦は少女ではない」として日本軍「慰安婦」の動員における「強制性」を否定することは、元「慰安婦」の生きられた記憶の破壊につながるだろう。日本大使館前の「慰安婦」少女像は、「歴史に捕えられた記憶」を救い出し、民主主義と人権意識の回復によって「根柢から変容し革新されつつある社会が、技巧と意志とをもって、生み出し、宣言し、また維持するもの」としてあらわれた「記憶の場」である[5]。

だが、元「慰安婦」たちの体験を「歴史的事実」ではなく「社会的記憶」として継承することをもって少女像が建てられているわけではない。日本大使館前の少女像が日韓の政治的な駆け引きの対象となり、記憶のかたちをめぐって争われる状況で、記憶と歴史との対立的構図だけでは、その歴史的・政治的意味を十分に把握することはできない。すべての歴史記述は同時に記憶の作業でもあり、意味付与、党派性、アイデンティティの確立という諸条件と避けがたく絡まり合っているのだ[6]。

しかも記憶を語る証言者は生存しており、まだ完全な過去になっていない。すると少女像はすでに成立している「記憶の場」にとどまらない。むしろ忘却に抗して意味を構築し、自分たちのアイデンティティを根拠づけ、生活を方向づけ、行為を動機づけるために過去を照らし出す「想起の空間」なのである[7]。

だとすれば少女像は、韓国社会が「自らの過去を選択的に構成して集合的アイデンティティを確立するための、諸々のメディアによって客体化された共通の知識の蓄え」として用いる、アライダ・アスマンとヤン・アスマンが提唱した「文化的記憶」の概念をもってアプローチすることができ

る。そうすることで、少女像の記憶のポリティクスを「過去の事実を実証的に再構築することを目的とした」歴史的表象をめぐる対立ではなく、「特定の記憶を生み出すのに適したテクストの選択と特権化、つまりは正典化を進めて記憶を維持する」言説的実践としてとらえることができるのである[8]。

2. モニュメントとしての少女像

　少女像は「慰安婦」問題の象徴として、水曜デモが行われる「想起の空間」の中心に位置している。記念碑は、情動的起点として存在するが、それはまた想起の「命令」が対象化されたものとしても存在する[9]。少女像は忘却と想起のせめぎ合いのなかで身もだえる集合的記憶の産物なのである。少女像の登場によって闘争の場所である日本大使館前は再文脈化され、場所自体が想起の主体、担い手となり、人間の記憶を遥かに超える記憶をもつことになった[10]。

　少女像が「少女」となったのは、当初から「純潔性」を打ち出して「強制性」を際立たせることを意図したからではない。もちろん「少女」であることがこれを象徴的なモニュメントに押し上げる主因であることは否めない。では、少女像を「慰安婦」の象徴として共有せしめる「記憶の社会的枠組み」（M.アルヴァックス）はどのように形成されたのだろうか。

　少女像を製作したのは彫刻家のキム・ウンソン／キム・ソギョン夫妻である。夫のウンソンはたまたま日本大使館前をとおりかかった際、水曜デモに遭遇した。夫妻は、2002年に在韓米軍の装甲車に轢かれて死亡した二人の女子中学生の追悼碑を製作した経歴の持ち主である。民衆美術作家として活動する夫妻は、「慰安婦」問題がいまだに解決しないことに心を痛め、デモを主催する挺対協を訪れて芸術家として協力することを申し入れた。挺対協も1000回目の水曜デモに向けて記念碑の設置を企画しており、ウンソン／ソギョン夫妻が製作を担うことになる。こうしてつくられ

たのが「平和の碑」、すなわち「平和の少女像」である。

「平和の碑」が少女像になったのは、元「慰安婦」や支援団体が想定していたものではなかった。ウンソン／ソギョン夫妻が依頼されたのは「黒い石に白い文字を刻んだ小さな碑石」だった。「平和の碑」が「デモの歳月と運動家を顕彰するもの」（朴裕河）であることは、それが「少女」の姿であるかどうかにかかわらず、ある意味当然といえる。社会学者の上野千鶴子がいうように、「慰安婦」は「過去の犯罪ではなく加害の現在」であるからだ[11]。

図1　ソウル日本大使館前の「平和の碑」（平和の少女像）　出所：筆者撮影

ところが、この「小さな碑石」さえも設置は自明ではなかった。日本政府の圧力がかかり、韓国政府からは保留を要請された。記念碑を設置すること自体が険しい現実に直面したのである。

すると「平和の碑」には、圧力に屈せず日本大使館を見つめ返す強靭さが求められた。そして日本を叱咤するには、「アクションが大きい」「激情の」ハルモニが適格と考えられた。これに対して妻のソギョンは、失われたハルモニたちの少女時代に思いを馳せて「少女」の姿にすることを提案したのである。「慰安婦」にされたのは「少女」のみではなかったが、話を聞かせてくれた元「慰安婦」の証言を参考にして「13〜15歳」という年齢に設定した。

それでも当初の少女像は、上記の轢死した女子中学生の追悼碑のように、デフォルメされた幼い姿で、しとやかに手を膝のうえに重ね合わせてちょこなんと座っていた。当時の農村では一般的なチマチョゴリを着ている。

第1章　「想起の空間」としての「慰安婦」少女像

「慰安婦」のシンボルというよりマスコットのイメージだった。それが次第に変化していくことになる。日本に立ち向かう意志をあらわすため、少女像は等身大のリアルな姿となり、身体の一つひとつに歴史的・政治的表象が設えられた[12]。

　少女像は、少女・空き椅子・床の三つのパートで構成されている。少女のばっさり切られたおかっぱ頭は、他意により無理やり連れていかれたことを意味する。こぶしは、女性や子どもが戦争のない平和な世の中で苦痛を味わうことなく生きるための意志をあらわしている。「慰安婦」にされた多数が故郷の土を踏むことなく、帰っても自ら語ることを抑圧された苦難を生き抜いたことから、はだしの足はかかとを浮かせたまま地を踏みつけることができない。少女像の身体は、彼女たちを「慰安婦」にした日本だけでなく、帰国した後も放置・無視・蔑視してきた韓国社会の差別意識にも向けられている。

　肩にとまる小鳥は自由と平和をあらわし、霊媒として死者と生者をつないでいる。ハルモニの姿として映る影は、苦痛を強いられた暗い過去を表現しているが、その胸奥には亡くなった元「慰安婦」が蝶となって刻まれている。少女のとなりの空き椅子は、死者がともに座り、生者が少女の気持ちになって日本大使館を見つめ、問題が解決されるまで意志をあらためる席として空けてある。

　それでも少女像は「少女」である。少女像は秋霜（しゅうそう）のごとく日本を叱るハルモニではない。ハルモニの身体はまだ存在するのだ。むしろ憤怒・哀愁・不安が入り交る「少女」の像は、見る者にとって、天候や時間、角度により多彩な表情を浮かべる優れた芸術作品でもある。しかし日本大使館前の少女像は、水曜デモの場所性とあいまって抵抗性を示すことになる。それは多くの訪問者が「少女」に触れ、マフラーをかけ、置き手紙をもたす想起の行為とも連なっている。

　近年、歴史記述の方法として取り入れられている集合的記憶論は、「記憶の社会的枠組み」に適合するものだけが記憶され、この準拠枠に適合し

ないものは忘れられるという、想起の行為の過去に対する能動的・選別的な再構成の作業に注目する[13]。1990年代に入り顕在化した「慰安婦」問題も、「多様な人びとの間にある違いや対立の要素を忘却し、共通要素を記憶するという選別の結果」として浮上し展開してきた[14]。「慰安婦」は韓国にとどまらず、日本で展開している記憶の作用と、戦争にまつわる新しいトランスナショナルな記憶の遺産の両方を明確に例証するものとして、記憶の風景の変化を指し示している[15]。

　ところで、「慰安婦」問題は人びとに知られていなかったのではない。元「慰安婦」にしても兵士にしても、誰一人として自らの体験を忘れてはいなかった[16]。日本と韓国は、「帝国」と「解放」における「英雄物語」の準拠枠に適合しない「慰安婦」を、記憶ではなく忘却することをもってそれぞれ自らの独自性と連続性を維持しようとしてきたのだ。そこに、「慰安婦」という「出来事の圧倒的な力が到来」し[17]、人びとにその存在を想起せしめたのである。

　元「慰安婦」の記憶が語られたとき忘却は打ち砕かれ、植民地支配の「恥辱」は戦争犯罪・人権侵害という新たな「社会的枠組み」に再編された。そしてこれまでの集団の思考様式や自己像という準拠枠を破り、元「慰安婦」が自ら「過去の出来事を時間と空間において位置づけ、物語の構造を与え、意味を付与し、想起する」ことを[18]、ソウルの日本大使館前で展開した。やがてそこには「過去の犯罪」の忘却の共犯者、あるいは「加害の現在」の追及の傍観者であることを拒否する人たちが集うようになる。

　「慰安婦」が「過去の犯罪ではなく加害の現在」である限り、少女像は「慰安婦」という過去のたんなる再現ではありえない。「慰安婦」の記憶は、想起という記憶の実践をとおして「能動的・選別的に再構成」される。その再構成の過程は、日本帝国の植民地支配を射程に入れた「過去清算のナショナリズム」と共鳴しつつ、日韓が「慰安婦」問題をめぐって激しく対立する局面へと突き進むことになる。少女像は、そうした記憶の破壊と忘

却への抵抗として再構築された集合的記憶の結晶である。

　そこで重要なのは、「慰安婦」少女像の生成と展開、拡散と拡張という「想起の空間」の構築のプロセスから政治的・歴史的・文化的意味を突きとめることであろう。そのメカニズムが明らかになれば、形成途上の「想起の空間」を国家暴力に抗う市民的連帯が媒介し、国民的記憶の場がトランスナショナルな記憶に接続する回路が見えてくる。

3. 表象をめぐる確執
『帝国の慰安婦』の少女像批判を問う

　韓国で「慰安婦」問題は、日本の植民地支配や戦時動員に対する国民的記憶としてよみがえり、国際的な関心のもと、未解決の戦時性暴力の課題として取り組まれてきた。ただしそれは、「慰安婦」が国家による「公式の記憶」としての地位を獲得したからではない。むしろその逆で、韓国政府は「慰安婦」の異議申し立てを「日韓請求権協定」(1965年) の枠内に収め、日本政府に問題解決に向けて働きかける責務を果たさなかった。そうした論理に破綻をもたらしたのが、2011年8月に韓国の憲法裁判所が「慰安婦」被害者の賠償請求権の問題に取り組まない韓国政府の不作為を違憲と判断したことである[19]。

　「慰安婦」少女像が建てられたのがくしくもその年の末であった。直後の12月18日に開催された日韓首脳会談では、「慰安婦」問題の議題にほとんどの時間が費やされた。当時、野田佳彦首相がソウルの日本大使館前に設置された「元従軍慰安婦を象徴する少女像」の撤去を求めると、李明博(イミョンバク)大統領は、日本政府の「誠意ある措置がなければ第2、第3の像が建つ」と応酬した。それ以降、韓国政府が少女像を盾に日本を圧迫する構図が出来上がることになるが、それはかならずしも韓国政府の「公式の記憶」をあらわしてはいない。

　その構図は、朴槿恵(パククネ)政権が「慰安婦」問題に対する日本の誠意ある対応

を日韓関係の改善の条件にするあいだは有効であった。韓国政府は「民間が自発的に設置したもの」だとして、少女像については積極的な対応をとらなかった。それが、2015年12月28日に電撃的に発表された日韓の外相合意によってふたたびほころぶことになる。

韓国内で合意への反発が高まると、韓国政府は「政府があれこれいえることではない」と従来の立場を繰り返し、支援財団の設立と少女像の撤去を切り離すことに躍起となる。板挟みとなった韓国政府に配慮して、日本では少女像の撤去を合意履行の前提にするべきではないという意見も出されたが、自民党内からは「10億円の拠出は少女像を撤去してから」という声も根強かった。日本大使館前の少女像は、その存在自体が日韓の政治的取引の材料とされているのだ。

少女像の撤去が日本大使館前の景観から記憶の抹消をはかるものであるならば、少女像の表象への攻勢は「聖性剥奪」(ピエール・ノラ)のもくろみである。先に述べたように、朴裕河は『帝国の慰安婦』で少女像の表象を批判している。同著が日本の論壇でも高く評価されているように、それは日本軍「慰安婦」の「強制性」を形骸化した「歴史的事実」の構築にも影響を及ぼしている。

> 記念碑は、性労働を強制された慰安婦でありながら、性的イメージとは無関係に見える可憐な「少女」の姿である。つまり、大使館の前に立っているのは、慰安婦になった以後の実際の慰安婦というよりは、慰安婦になる前の姿である。あるいは、慰安婦の平均年齢が25歳だったという資料を参考にするなら、実際に存在した大多数の成人慰安婦ではなく、全体のなかでは少数だったと考えられる少女慰安婦だけを代表する像である。[20]

ここで朴裕河は、少女像が日本帝国への「協力の記憶を消し、抵抗と闘争のイメージだけを表現」しているとして、「結果的にそこには〈朝鮮人

慰安婦〉はいない」と断言する。しかし少女像そのもののイメージは、抵抗的というよりもむしろ抑制的であろう。それは少女像が建てられた場所が外交公館前であることの制約も無視できない。少女像は日本大使館の「威厳を侵害」することなくつつましく前方を凝視している。その凛とした姿が、少女像を元「慰安婦」の戦いの象徴たらしめる要素ではないか。

　たしかに少女像の「想起の空間」としての象徴化の作用には、これが「少女」であることも決定的であった。「少女」が表象する「純潔性」が「慰安婦」動員の「強制性」を揺るぎなくし、その悲惨な過去を物語るのである。ただ、「慰安婦」の「少女」イメージについては、少女像の誕生以前から「純潔性」の有無、すなわち「処女か売春婦か」「強制か自由意思か」という基準によって被害者側である女性を二分する認識だと指摘されてきた。日本や韓国のフェミニズムはこうした「慰安婦」問題の捉え方を内在的に批判してきたのだ[21]。

　そして日本大使館前に少女像が建立されると、朴裕河は「大使館前の少女像は本当の慰安婦とはいえない」と批判する。その根拠として少女像が、「韓国人が自分を重ねあわせたいアイデンティティとして、もっとも理想的な姿」をしていると主張する。「慰安婦」になる前の「少女」のみを記憶する少女像は、「慰安婦」を「民族の娘」というあるべき姿にとどめておくものであって、「抵抗と闘争のイメージだけを表現する少女像」に仕立てる韓国側の記憶の仕方を厳しく問うのである。

　朴裕河は、韓国の「反日ナショナリズム」の過剰が日韓の歴史問題をこじらせているとみてその解体を試みる。そうした戦略的目標から「慰安婦」を「植民地の被害者」ではなく、貧困や家父長制により日本帝国に動員された存在、すなわち「帝国の慰安婦」として位置づけた。すると「帝国」の一員として戦争の「協力者」「軍需品」との側面をもつ「慰安婦」は、民族的存在から遊離し、歴史化・ジェンダー化・日常化・構造化される。

　ところが韓国では、「慰安婦」の声と記憶は抵抗ナショナリズムにより導かれ、抵抗の歴史のみを選別的に記憶し、帝国秩序へ包摂された事実を

忘却していると朴はいう。そして「慰安婦」のイメージが「少女」に定着するうえで役割を果たしたのが日本大使館前の少女像だというのだ。少女像は、日韓が「慰安婦」問題で互いに歩み寄り「和解」を実現するうえで最大の障害と認識され、それゆえ批判の俎上にのせられたのである。

「慰安婦」のイメージのずれが日韓の歴史対話を阻むなら、「慰安婦」の多面性と複合性への理解は重要だ。そこで「少女」としてのイメージの転覆を試みるのも、韓国における「反日ナショナリズム」批判の一環として読み取ることができる。

だからといって、「慰安婦になった以後の実際の慰安婦というよりは、慰安婦になる前の姿」だとして「少女」としての物語を解体することが、「慰安婦」の重層的なイメージに結びつきはしないだろう。「慰安婦」にされた以前と以後は、被害者の人生の決定的な分節であるが、少女像の「形象」と「影」がそれを接合している。「慰安婦」被害者の苦難の過去と忍耐の歳月に向き合い、その名誉のための闘争にコミットすることで忘却に抵抗し、それを集合的記憶のなかに取り込むことで生まれたのが平和の碑＝少女像なのである。

少女像の物語が何を隠蔽し、何を排除しているのかを明らかにすることは、それを駆動する内的動力と拡充する推進力の仕組みを読み解かなければ空疎になる。重要なことは、少女像を韓国の抵抗ナショナリズムの化身として完結させるよりも、ヤン・アスマンがいうように、集合的な想起の現象の政治的意味に目を向け、「忘却に抗して作用する固定化のメカニズムを解明」することであろう[22]。

朴裕河は「植民地と記憶の戦い」とサブタイトルをつけた『帝国の慰安婦』のなかで、「風化する記憶」「記憶の選択」「記憶の戦い」「再生産される記憶」「公的記憶」など、「記憶」を多用している。同著が記憶論を念頭においていることがうかがわれる。しかし朴裕河の議論は、歴史学においても重視されている記憶論を踏まえているとは思えない。集合的記憶論は、「記憶の社会的枠組み」に適合する記憶のみを能動的・選別的に想起する

行為のプロセスを認める。過去が「能動的・選別的に再構成」されること自体は前提条件であるため、それを批判したところでまったく意味をなさない。

　すると「記憶」というコンセプトでは、「何が」ではなく「いかに」、想起される過去ではなく、想起の行為が遂行される現在に関心が向けられる。つまり、過去が実際にどうであったのか、あるいはどうあるべきかではなく、いかなる過去がそのつどの現在において、誰によって、どのように、そしてなぜ想起されるのか、誰の過去のヴァージョンが記録されて伝えられるのか、あるいは忘れられるのかだ[23]。ところが朴裕河は、「平和の少女像」を「能動的・選別的に再構成」された韓国のナショナリズムの必然的帰結であるとみなし、あるべき姿としての是非から、平和ではなく不和のみをつくり続ける「怨恨の記憶」だとして断罪する[24]。

　朴裕河は元「慰安婦」の証言に食い違いがあることを、被害物語だけが流通していくことにあやかった結果だとして、「能動的・選別的に再構成」される元「慰安婦」の自己表象への「非難」の矛先をずらす。するとその矛先は、「ピュアな被害記憶だけを残そうとする」欲望＝民族言説に向けられる[25]。さらに「非難」すべきは民族言説という「欲望」よりも、それを胚胎させた過去と未来の構造であると述べるものの、その構造こそが韓国の「反日ナショナリズム」にほかならないのだ。

　このように朴裕河が『帝国の慰安婦』で展開する「記憶」が構築主義的ではなく、韓国の「反日ナショナリズム」批判という目的論へと収斂するため、少女像という「想起の空間」が形成される過程や、そこに作用する諸力のせめぎ合いの状況は死角に追いやられるか、意図的に無視される。したがって日本軍「慰安婦」をめぐる韓国の「公的記憶」も抵抗ナショナリズムに導かれて予定調和的に現前したものにすぎないのだ。

　そこでは歴史学者のジョン・ボドナーが米国のベトナム戦没者記念碑をめぐる記憶のポリティクスをとおして示した、「公的記憶」を構成する「公式の記憶」と「個別民衆的な記憶」とのあいだの緊張関係は見えてこない。

公式文化の記憶が国家という大きな政治組織への忠誠心を刺激するならば、個別民衆的（ヴァナキュラー）な文化の記憶は最も身近で小さな単位や場所の皮膚感覚から対抗して自らの権利を擁護する[26]。結局、「エリートの歴史観と個別民衆的な価値との対話、あるいは闘争の場であり、妥協の場でもある」少女像というモニュメントの多声的な性質は見失われてしまう[27]。

もっとも個別民衆的なレベルでの記憶が存在している限り、公式文化の手によって記憶が解釈し直される可能性はつねにある。しかし「公的記憶」はさまざまな視点の言説や表象からなっており、何者かに一方的に操作されるということはない[28]。ところが『帝国の慰安婦』では、「慰安婦」の「公的記憶」は、公式の記憶と個別民衆的な記憶とが一体化し、「反日ナショナリズム」に完全に取り込まれているのだ。歴史についての問いが記憶という言葉で語られるとき、研究者たちは歴史的知の内容だけではなく、その知がアクセスされるプロセスも問わなければならないが[29]、同著でそのプロセスは「反日ナショナリズム」として片づけられる。

少女像も公式の記憶と個別民衆的な記憶の対抗と妥協の産物であるはずだ。すでに述べたように、少女像の生成過程には、憲法裁判所が「慰安婦」被害者の賠償請求権の問題に取り組まない韓国政府の不作為を違憲と指摘したことによる、記憶の「対抗」から「妥協」への転換があった。そして「慰安婦」問題をめぐる日韓の確執が再燃することで、「小さな碑石」は「小さな少女像」へ、さらに「等身大の少女像」へと定立していく。「小さな碑石」や「小さな少女像」であれば、この「平和の碑」が各地へ拡散し、撤去を要求されたり嫌がらせの標的になったりすることはなかったかもしれない。

「少女」であるがゆえ少女像の価値がないがしろにされるならば、それは植民地支配国の女性であることで被らなければならなかった「朝鮮人慰安婦」の特性を葬り去ることになりかねない[30]。『帝国の慰安婦』とはその特性を読み替えるための装置であるが、もっとも少女像は、「歴史的事実」としてではなく「社会的記憶」としてのみ居場所を与えられているの

ではない。

　朴裕河は「慰安婦の平均年齢が25歳だったという資料」を振りかざして、少女像が実態にそぐわないとする[31]。その資料とは、当時ビルマのミッチナーで捕虜となった朝鮮人慰安婦20人の記録だ（米国戦時情報局心理作戦班「日本人捕虜尋問報告」第45号）。ところが「慰安婦の平均年齢が25歳」というのは、徴集時と捕虜とされて調査を受ける時期のタイムラグを考慮に入れていないことが指摘されている。その20人のうち12人が未成年であることにも目をそむけている[32]。

　「慰安婦」問題が浮上する1990年代初頭の時点で名乗りでることができる元「慰安婦」の年齢を勘案したとしても、被害者の多くが10代で連れていかれたことはその証言記録から確認できることだ[33]。すべての「慰安婦」が「少女」ではないが、そこには多くの「少女」が含まれていた。

4．モニュメントの拡散と表象の拡張

　「慰安婦」が「少女」として「能動的・選別的に」表象され記憶されることを問いただすならば、日本大使館前の少女像ではなく、各地に少女像を踏襲する「平和の碑」が建立されることに目を向けることが必要である。少女像は現在韓国内には50カ所以上に設置され、なおも増え続けている。さらに米国（2カ所）、カナダ（1カ所）、オーストラリア（1カ所）、中国（1カ所）にも設置されている。少女像ではない記念碑を含めるとその数はさらに膨らむ。

　各地の市民団体や学生グループが地元から「慰安婦」問題の解決に向けて声をあげ「平和の碑」を設置しているが、その多くは日本大使館前の少女像と同じか、そこから派生したものだ。ところで、少女像の建立が地域民の総意にもとづかず、有志によって競争的に進められることから、設置場所をめぐって住民どうしの軋轢を誘発したり、同じ地域にそれぞれ異なる二つのモニュメントが建てられたりして物議を醸すこともある。

また、外側に目を向ければ、米国で日本軍「慰安婦」に関する広告戦を展開し、少女像を各地に設置するなど、少女像を広めよう、あるいはそれを食い止めようとする日韓の市民グループが米国を「記憶をめぐる闘争の場」にしてロビー活動を繰り広げている。こうした「日本の『人道に対する罪』のアメリカ化」は、米国を世界平和と人道との清廉潔白な管理人として仕立てることだろう[34]。

　日本大使館前の少女像が日韓の「慰安婦」問題をめぐる確執から生まれたように、その後各地に像の建立が相次ぐのも、日韓の歴史問題さらには領土問題の対立の激化に促されてのことだ。そこで日本大使館前という場所性が捨象された少女像がその姿のまま拡散していく現象は、後述するように少女像が「カノン（正典）化」して特有の位置を占めていることを指し示している。

　「想起の空間」としての実践性・象徴性がある日本大使館前の少女像は、つねに座っているだけではない。巨済や海南の少女像は立ち上がり、金学順をモデルにした高陽の国立女性史博物館の少女像はそもそも「少女」ではない（影のパートが「少女」）。大学生が主導した梨花女子大学前の少女像は蝶の羽を広げ飛び立とうとし、同じく高校生によるフランチェスコ聖堂（ソウル）の立ち上がった少女像の指先には蝶がとまっている。ソウル城北区の少女像は「中国人慰安婦」の少女像と肩を並べている。

　これらはいずれも日本大使館前の少女像を踏襲するが、最近は初代少女像からの脱却も見られる。昌原の少女像は、既存の少女像とは打って変わってその表情や姿勢は強烈に意志を放つ。一方、軍威は手を組み合わせる「祈り」の、光州は空を見上げる「希求」の少女像だ。日本大使館前という場所性から切り離されたこれらの地域の少女像は、積極的に前に向かおうとする地元民の願いを込めて立ち上がっているのである。これらもチマチョゴリ姿であることには変わりないが、少女像の人物像やコンセプトも多様化している。

　表象のレベルにおける「慰安婦＝少女」のイメージは、韓国の民族言説

によってのみ構築され、少女像の建立によってのみ固定されたのではない。そのイメージは元「慰安婦」たちの記憶の投影でもあるのだ。こうした記憶が、被害者が「人権活動家」として生まれ変わる過程で選別され先鋭化したものだとしても、被害者自らがじかに表現した「記憶」の意味は重い。元「慰安婦」は言葉であらわせない「記憶」を絵画で表現した。

　元「慰安婦」らが共同生活するナヌムの家では、被害者へのセラピーの一環として美術を活用したこともあって、ハルモニたちはさまざまな絵画作品を残している。作品は、連行される状況や慰安所での出来事を描き、当時を想起する際の心理状態をあらわしているが、「慰安婦」になる前であれ後であれ、「少女」たちはチマチョゴリ姿か、凌辱される裸身だ。女性が軍人の手に引っ張られていく金順徳の「強制連行」、慰安所の風景を描いた姜徳景の「ラバウル慰安所」、「慰安婦」たちが日本軍に虐殺される姜日出の「焼かれる乙女たち」も女性はチマチョゴリを着ているのである[35]。

　こうした元「慰安婦」の自己表象が、その後「慰安婦」問題を描いたマンガ・アニメ・ドラマ・映画などに影響している。実際、2016年に封切られて好評を得た『鬼郷』の制作は、監督のチョ・ジョンレがナヌムの家で元「慰安婦」の作品を目の当たりにしたことがきっかけであったという。同作品もそうだが、2015年に公開され、『鬼郷』とは対照的にほとんど注目されなかった『最後の慰安婦』(イム・ソン監督)も「実話」にもとづいており、ゆえに連行時や慰安所での描写には共通する要素が少なくない。

　アニメーション作品の『少女物語』(キム・ジュンギ監督、2011年)は元「慰安婦」をモデルにし、韓国女性家族省が企画した『終わらない物語』(2014年)も証言にもとづいている。近年のこうした映像作品は「慰安婦」被害者の体験や証言を再構成したものが多い。一方、2015年に放映されたKBS(韓国放送公社)の2部作ドラマ『雪道』はドラマ作家のオリジナルのシナリオによるものだが、ここでも二人の「少女」が主人公だ。

　「慰安婦」に関する映像・アート作品の多くは被害者の実体験に依拠し

ているが、日本大使館前の少女像もこうした表現行為の流れのなかに位置づけられなくもない。そもそも、少女像が「少女」をモチーフにして製作されたのは、ウンソン／ソギョン夫妻の芸術作品として認められる創作行為の範疇にある。それには「慰安婦」の表象不可能性と修復不可能性を越え、その人生に居場所を与えようとする製作者の苦悩も込められていただろう。

　朴裕河は「少女像がチマチョゴリを着ているのも、リアリティの表現というよりは、慰安婦をあるべき〈民族の娘〉とするためだ」という。同様に、元「慰安婦」の作品でチマチョゴリを着ている慰安所の「少女」が実態にそぐわないというのなら、それは「歴史的事実」の検証としてはともかく、絵画として昇華された記憶の破壊にほかならない。

　こうした記憶の破壊に警鐘をならす哲学者の野家啓一の言葉は明瞭だ。「文学作品とは異なり、歴史的証言はその証言者が生き続けている限り、彼の意図から切り離すことはできない。彼は常に、歴史家の歴史叙述に対して絶対的な『否』を突きつける権利を留保しているからである。それゆえ、証言者が生存している間は、歴史家はその叙述を完結することができない。いや、始めることすらできないのである」[36]。野家の言葉を引き受ければ、『帝国の慰安婦』に対する元「慰安婦」らの提訴は[37]、朴裕河が、自らの記憶にもとづく「慰安婦」のイメージとは異なる物語を叙述したことに突きつけた「否」であるといえよう。元「慰安婦」が生存している限り、その物語はまだ完結していないのだ。それと別の物語も始まってはいない。

　じつは、最初に少女像が建立されたのは日本大使館前ではない。それより先の1998年に、ナヌムの家には日本軍慰安婦記念館の開館に合わせて「咲かずの花」と題する少女像が建てられた。2011年8月、死去した元「慰安婦」の一人ひとりの胸像が設置されると、背後からそれらを見渡すように立っている。ナヌムの家に置かれることで、この少女像に抵抗性はなく、あえてそれを示す必要もなかっただろう。

しかしこの場合も少女像は「少女」である。ナヌムの家には胸像や少女像のほかに、煉獄でさまよう「ハルモニ」姿のモニュメントも置かれている。朴裕河が認める「少女」ではない「慰安婦」像であるが、それでも彼女にしてみれば、たおやかな着物姿の「やまとなでしこ」を体現する「慰安婦」がいない限り、そこに「朝鮮人慰安婦」は存在しないのだ。

5. カノン化する少女像

　いまや韓国では、「平和の碑」や映像作品にとどまらず、各種芸術作品や展示会、そして演劇やパフォーマンスなどさまざまなジャンルをとおして日本軍「慰安婦」の記憶を引き継いでいる。少女像の形象は多様化しているが、ここでも少女像をモチーフにした作品やパフォーマンスがたびたび見られるように、その中心には特有の地位を確立した日本大使館前の初代少女像が位置している。

　ヤン・アスマンは、集合的記憶の構成要素として、自分の生きている生の具体的な関連のなかでの記憶＝「コミュニケーション的記憶」と、体験当事者の世代の死と生を跨ぎ現在の要求を正当化するような記憶＝「文化的記憶」を対置させた。「文化的記憶」は、想起の文化的装置を生み出すことで、つねに死者の記憶の問題とかかわることになる[38]。

　したがって、「不可避に薄れていく過去の痕跡をあらゆる手だてで固定化し保存することへの生き生きとした関心が存在する場合に、繰り返し新しい再構成が行われるのではなく、固定的な伝承が成立する。これがコミュニケーション的な生活関係から分離され、カノン的な共同記憶の内容となる」[39]。こうした忘却に抗して作用する固定化のメカニズムに取り込まれるようにして、少女像も「文化的記憶」として韓国の人びとを突き動かし、日本軍「慰安婦」という過去の基礎を固めている。

　「文化的記憶」は、何らかの価値のパースペクティブによって構造を与えられており、集団にとって規範的な意味を産出することで拘束力をもつ。

少女像は韓国社会において日本軍「慰安婦」をめぐり、自己の像を固定させて伝えるテクストであり、イメージであり、儀礼なのである。その場合、過去の表象は虚構か歴史的事実かに関わらず「神話」となり、その物語の力は想起の共同体に集団の自己イメージを基礎づけ、方向を与え、未来の行為に目標と根拠を与える[40]。

ただし、一見「カノン化」したかのような少女像でも、その物語の筋書きはまだ終わっていない。体験者の「生物学的な死」は、直接的にはその事態を経験しえない者にとって、いかにしてその集合的記憶を理解し、保持するのかという問題にいままさに直面している[41]。「慰安婦」の問題は記憶と歴史、想起と忘却が交錯する地点にあり、その文化的・芸術的様式の拡張は途上にある。

たとえば、革新系の芸術団体である民族美術人協会ソウル支部が毎年主催する「わたしたちの時代のリアリズム展」は、2013年の第4回目に挺対協・ナヌムの家など関連団体と共同企画し、「日本軍『慰安婦』と朝鮮の少女たち」をテーマにして開催された。絵画・彫刻・映像・オブジェ・パフォーマンスなど、出品されたおよそ200点の作品は、「慰安婦」の表象がもはや「少女」に収まらないことを示している。初代少女像は「慰安婦」の表象におけるひとつのテクストとして導入され、模倣され、解釈されている。

その一方で、こうしたアート部門における「慰安婦」表象の拡張は、「慰安婦」問題をめぐる日韓の確執のなかで活性化してきたことから、日本への強力なメッセージをともなうこともある。その場合「慰安婦」の表象の展開は、日韓の歴史問題や領土問題、さらには国内の現実政治とも絡まり合う。それは次のようなかたちで展開される。

「慰安婦」問題の解決をめぐる戦いの舞台となった日本大使館前は、「慰安婦」問題以外にも、他の歴史問題や領土問題にかかわる垂れ幕が掲げられることもめずらしくない。日本（島根県）の「竹島の日」に対抗する集会が少女像という「想起の空間」で行われるのである。歴史問題の根柢に

は、植民地支配に対する不徹底な「過去清算」が横たわっており、日本政府に対する謝罪と補償の要求は、それを先導する「慰安婦」問題に便乗することで相乗効果を発揮する。

　日本大使館前だけではない。各地に設置される少女像の建立も、その動機は「慰安婦」の「想起の空間」の範疇を越えようとている。晋州では2016年2月22日に市民団体が記者会見を開き、姜徳景など地域出身の「慰安婦」被害者がいるにもかかわらずこれまで記念碑がなかったことを指摘し、少女像を設置することを表明した。会見では「12・28日韓合意」を批判するとともに、豊臣秀吉の「朝鮮征伐」にまで遡り抗日の伝統を強調することで少女像建立の意義をアピールした[42]。

　近年3・1独立運動記念日の関連行事では、各地で当時の決起を再現するパフォーマンスがしばしば披露される。こうした「歴史の演出」は、植民地支配を「屈辱の時代」ではなく「抵抗の時代」として能動的・選別的に記憶するナショナル・アイデンティティの構築と継承の実践である。ただし一般市民が参加する「大韓独立万歳」のライブパフォーマンスは、最後に日本憲兵と朝鮮民衆が記念撮影することが示すように祭りとして行われる。

　こうした記念行事に「慰安婦」少女像の「少女」が登場すると、お祭りムードは一瞬にして厳粛な空気に包まれる。3・1独立運動の蜂起の地が韓国の人びとに、「屈辱」であれ「抵抗」であれ意味作用することは、いまや無菌化された植民地時代の「歴史の演出」でしかない。少女像はこれらのパフォーマンスにリアリティを加味し、現実の歴史的争点に目を向けさせる。

　もはや韓国で「反日」を導くのは「歴史の場所」ではなく「想起の空間」である。ここでいう「反日」とは、植民地支配に対する歴史的感情に端を発しながらも、戦後の国際秩序と日韓の政治的・経済的癒着のなかで解消されなかった脱植民地の課題が、冷戦構造の解体にともなう民主主義の定着と人権のグローバル化によって戦後補償問題として浮上し、韓国社

会の「親日清算」と「過去の克服」を目指す理念と行動のことを指す。

　日本大使館前の少女像は、「想起」と「忘却」のせめぎ合う「想起の空間」として現実政治と密接に絡みつつ、2015年末の日韓合意に異を唱える人たちを引きつけている。水曜デモに参加して少女像を守ることが「聖地巡礼」となり、それが集合的アイデンティティの確認と再構築のプロセスにもなっている。

　そうすると少女像は「慰安婦」問題のシンボルにとどまらず、3・1独立運動発祥の地（タプコル公園）や旧西大門刑務所（現西大門刑務所歴史館）という「歴史の場所」をしのぐ「反日」の拠点に位置づけられることを示す。ここは、他の歴史問題や領土問題も一緒くたに扱われるように、人権や歴史についての熟慮からではなく、過去に植民地であったという観念のなかで正当化される反日感情としての「観念的反日」の舞台となる。

　だとすれば、少女像は自らを取り巻く民族・ジェンダー・階級の諸次元が絡まり合った政治性に向き合い、「反日」の拠点にとどまらない、グローバルな正義にコミットするトランスナショナルな記憶の地平を切り開くことができるのだろうか。というのも、過去が「能動的・選別的に再構成」されるという記憶論の方法を引き受け、アイデンティティの再構築を追認するだけなら、記憶のナショナルな作用に介入してトランスナショナルな記憶へとつなぎ合わせる道筋が見えなくなるからだ。

6．東アジアのトランスナショナルな「想起の空間」

　少女像は新たな「英雄物語」のアイコンとして「国民的建造物」となったのか。モニュメントとしての少女像は各地に拡散し、表象としての少女像は表現の諸領域に拡張して公的記憶の源となる。さらに少女像は歴史・領土問題の他部門を吸引して「カノン化」している。

　そこにはヨネヤマ・リサがいうように、埋もれていた過去を想起するときにいやおうなくともなわれる記憶のポリティクスの危うさも存在する。

ようやく闇から回復された知が光を照射され、主体的位置を与えられることによってふたたび従属化されていくならば[43]、「カノン化」した少女像の意味、記号、表象が想起するナショナルな語りへの効用を批判的にとらえる視点は必要だ。

実際、2016年3月19日には「少女像」現象をめぐる討論会「少女像の芸術学」が開催され、美術批評、美学、ジェンダー研究、文化研究の専門家が集まり、その政治的・社会的・芸術的意味について議論がなされた[44]。討論者として参加したデザイン評論家のチェ・ボムは、少女像が「純粋な被害者と悪魔のような加害者の二つを表象している」国家主義的な芸術だとしてその「極端な二分法の世界」を批判し、芸術作品であればそれを越える態度とビジョンが求められると指摘した。

こうした批判に対して製作者のキム・ウンソンは、少女像は日本を懲らしめる要素はなく痛みのみをあらわしており、「二分法」を乗り越える努力の産物であることを強調した。少女像をめぐる各領域の言説が交錯しながら、その多様な意味を読み取ろうとすることで、「国家主義的な芸術」だという指摘に受け答えする真摯な議論の場が成立している。

それでも日韓の「和解」を盾にして「性奴隷以外の記憶を抑圧しつつ慰安婦自身の生きた記憶より理想化された〈植民地の記憶〉を、彼女たちは代表する」と[45]、「英雄物語」に潜むナショナリズムを暴露するだけでは、トランスナショナルな記憶は生成しえない。日韓の「和解」が急務だとしても、「過去についてのある解釈の真実性を立証または否認できるような超越的位置」にはないはずである[46]。

むしろ少女像は、たんに「反日」の拠点や国家間の対立の産物ではなく、植民地主義と戦時性暴力に抗う市民的連帯の十字路に立っている。それは、元「慰安婦」たちが自らの物語の実体化・固定化を拒み、物語をつくり続けていることからも確認できるだろう。「ナビ（蝶）基金」もそうした実践として営まれている。

元日本軍「慰安婦」および支援団体は2012年に「ナビ基金」を創設し

た。ベトナム戦争での韓国軍による民間人虐殺や性暴力の犠牲者をはじめ、世界中の戦時性暴力犠牲者を支援するのがその趣旨だ。支援活動の一環として、2014年2月にはベトナムを訪問して慰霊碑に参拝し、翌年には韓国軍による民間人虐殺のサバイバーが韓国を訪れた。少女像が想起させるのは、破壊された「慰安婦」の記憶のみではない。ベトナム戦争において「忘却の穴」に放り込まれた韓国軍による民間人犠牲者の「累々たる屍体」をも想起させるのだ[47]。

　少女像は元「慰安婦」の「生物学的な死」を待つ「証拠隠滅」へのアンチテーゼにとどまらない。記憶が、選別され排除される過去の残余であるなら、アスマンがいうように「想起」から「忘却」を切り離すことはできない。少女像を取り囲む「想起」の行為は、「忘却」の終わりでもあるのだ。

　その「忘却」と「想起」の主体が、少女像を守る自身である限り、「想起」は被害の記憶だけでなく加害の記憶も活性化して迫ってくる。ウンソン／ソギョン夫妻はベトナム戦争での韓国軍による戦争犠牲者を追悼する「ピエタ像」（最後の子守唄）を製作し、ベトナムでの建立を進めている。少女像はその姿を変えて、「自由民主主義の守護」のためにベトナムで戦ったという共同体の記憶にもヒビを入れている。「ナビ基金」によって設立された「ナビ平和賞」の最初の受賞者に選ばれたのは、在韓米軍の「慰安婦」である「基地村」女性の問題に取り組む団体だ。

　もうひとつエピソードを付け加えておこう。2016年の熊本地震で被災した人たちに元「慰安婦」らが救援金を送ることを決めると、「慰安婦」問題に対する日本政府の対応も絡んで不満をあらわす人があらわれた。それに対して元「慰安婦」の金福童（キムボクトン）は、「日本を支援することに不満を抱く人は、日本による被害や苦しみを被っていない人だろう」と語り、「むしろ痛みを知らない人がそんな言葉を発することが多い」として「観念的反日」を戒めた。

　水曜デモの現場もトランスナショナルな「想起の空間」として、もはや国民的記憶に安住しない。水曜デモを主催するのは、元「慰安婦」支援団

体の挺対協だけではない。日本の「九条の会」が主催することもあれば、家庭内暴力などの問題に取り組む「韓国女性の電話」が主催することもある。

　その中心にある少女像は、日本大使館に向けて建つものの、戦没者の公的慰霊のような支配を正当化する記憶でもない。戦時性暴力という人道に対する罪を問い、国家権力の暴走に対抗する市民的連帯の拠点として、少女像は場所と時代を超えて戦争被害者を追悼する普遍性を備えている。逆にいうと、韓国社会は少女像をとおして、戦時性暴力を人道に対する罪として引き受けることができるのかどうかを試されてもいるのだ。

　このことは日韓における「慰安婦」問題の方向が、アスマンのいう「対話的な想起」を指していることを示す。「二つの国家が対話的な想起のモデルを発展させるのは、どちらか一方が、あるいはお互いに、相手のトラウマ化した歴史に自分が関与していることを認知して、自ら引き起こし、責任を負うべき相手の国民の苦しみを、共感をもって自分たちの記憶に一緒に包み込むこと」なのである。「対話的に想起」することは、国民的記憶に係留されているが、トランスナショナルなパースペクティブを通じて、諸国民の境を越える[48]。

　「慰安婦」が「歴史」にならないままでは、少女像の「カノン化」も完成しない。少女像のまなざしを受けとめ、それを見つめ返してこそ、日韓の支配と被支配の歴史と女性への抑圧のなかで生み出された日本軍「慰安婦」の過去を、コロニアリズムの忘却を超えた東アジアの「想起の空間」をとおして共有することができるだろう。

おわりに

　少女像は、「慰安婦」問題のシンボルとしてその存在自体が外交交渉の対象となるように、記念碑が想起する記憶のポリティクスは現実政治と切り離せない。全体主義体制の終焉を独裁者の銅像の崩落が象徴する馴染み

の光景でなくても、記念碑の「記憶」が、国内政治はもちろん国際政治において「歴史」の転換を決定づけることへの現実味が増している。少女像は、日韓合意以降の「慰安婦」問題がどのような方向へと進むのかを定める運命を背負わされているのだ。

 2015年末の日韓合意をうけて、2016年7月28日に「和解・癒し財団」が設立された。翌月、少女像が撤去されないまま、日本政府は10億円を拠出することを閣議決定した。それが、「素早く10億円を拠出してしまい、あとは韓国側の合意不履行を責めて、道徳的優位に立った外交を行えばよかろう」(『産経新聞』2016年7月28日付コラム) という思惑からのものであるならば、日本政府は「道徳的優位」をもって少女像の撤去要求を強めるだろう。

 実際、日韓合意から一周年を迎えて韓国の市民団体が釜山の日本総領事館前に新たな少女像を建てると、安倍晋三首相はNHKで放送されたインタビューで、日本側が10億円を拠出したことを強調して、少女像を撤去するよう韓国側に誠意を求めた。さらに日本政府は、駐韓日本大使・釜山総領事の一時帰国や通貨スワップ再締結協議の中断など強硬な対抗措置に踏み切った。

 一方で、少女像はモニュメントとしての存在だけでなく、その表象においても「少女」であることを揺さぶる「聖性剥奪」の危機に晒されている。しかし、あらゆるものを破壊し焼き尽くすはずの原子爆弾の破壊力と非人道性を、倒壊寸前の原爆ドームやゆがんだ弁当箱の焼け焦げたコメが象徴するのは、そこに宿る物語が表象不可能性・修復不可能性を代替するからにほかならない。同じく少女像にも「少女」の記憶としてでなければ描けない物語がある。

 アスマンが「文化的記憶」を、記憶と忘却の選択をとおして集団や個人がアイデンティティの輪郭を描き、行為に規範を与えて諸価値を媒介する「住まわれた記憶」(機能的記憶) と、真実を突きとめる一方、その際に価値や規範を留保することでアイデンティティに中立的な「住まわざる記憶」

（蓄積的記憶）に分けたのは、歴史と記憶を対極化せず、想起の二つの様態として位置づけるためだ。二つの記憶が絡み合わさることで、少女像の記憶も硬直化・絶対化することなく、日本軍「慰安婦」の歴史叙述を価値のあるものにすることができるのだ[49]。

「慰安婦」少女像のない日本大使館前は、水曜デモが継続しない限り、その「想起の空間」としての役割も異議申し立ての退潮とともに去り行くだろう。しかしモニュメントとして拡散し、表象として拡張を続ける少女像の象徴的意味は、日本大使館前から姿を消したとしても、「慰安婦」問題が歴史問題としてあり続けるあいだは色褪せることはない。

それでも物理的に存続する記念碑はその意味とともにいつまでも生きられた記憶ではいられない。少女像はいつか「反日」が脱色されたとき、どのような姿でわれわれの前に立っているのだろうか。そうした歴史的想像力を少女像は問いかけている。

付記

本稿は、平成28年～30年度科学研究費補助金基盤研究（C）課題番号16K04049「森崎和江の越境する連帯の思想」（研究代表者　玄武岩）の助成による成果である。

註

1　「日韓両外相共同記者発表」2015年12月28日、外務省ホームページより。http://www.mofa.go.jp/mofaj/a_o/na/kr/page4_001664.html
2　極右政治家の鈴木信行（維新政党・新風代表）は2012年に少女像に「竹島は日本固有の領土」と記されたくいを置いた。同じくいが米ニュージャージー州の少女像でも発見されている。また2015年には、韓国の「慰安婦」被害者を侮辱する歪んだ表情で膝下のない「少女像」の模型を元「慰安婦」の共同生活施設「ナヌムの家」に送りつけた。
3　アライダ・アスマン著、磯崎康太郎訳『記憶のなかの歴史――個人的経験から公的演出へ』松籟社、2011年、238頁。

4 朴裕河『帝国の慰安婦――植民地支配と記憶の戦い』朝日新聞出版、2014年、157頁。韓国では、元日本軍「慰安婦」たちが2014年6月、名誉を傷つけられたとしてソウル東部地方法院に同著に対する出版・販売などの差し止めの仮処分を請求した。法廷は2015年1月、原告の主張を一部認め、「愛国的存在」「同士的関係」など34カ所を削除してから販売できるとする決定を下した。さらに著者は同年11月、名誉毀損の疑いで検察に在宅起訴されるが、2017年1月の一審で無罪判決を言い渡される。

5 ピエール・ノラ「歴史と記憶のはざまで」ピエール・ノラ編、谷川稔監訳『記憶の場――フランスの国民意識の文化＝社会史 第1巻 対立』岩波書店、2002年、32-36頁。

6 アライダ・アスマン著、安川晴基訳『想起の空間――文化的記憶の形態と変遷』水声社、2007年、163頁。

7 同上、483頁。

8 ヤン・アスマン著、高橋慎也・山中奈緒訳「文化的記憶」（訳者解題）、『思想』2016年3月号、30頁。

9 アスマン『記憶のなかの歴史』、40-41頁。

10 アスマン『想起の空間』、355頁。

11 上野千鶴子『ナショナリズムとジェンダー』青土社、1998年、172頁。

12 少女像についての記述は、2016年2月22日に札幌で開催された製作者キム・ウンソン／キム・ソギョン夫妻の講演会「『平和の碑（少女像）』が問いかけること」およびその後の筆者によるインタビューにもとづく。

13 安川晴基「『記憶』と『歴史』――集合的記憶論における一つのトポス」慶應義塾大学藝文学会『藝文研究』Vol.94、2008年6月、295頁。

14 石田雄『記憶と忘却の政治学――同化政策・戦争責任・集合的記憶』明石書店、2000年、273頁。

15 キャロル・グラック著、梅崎透訳「記憶の作用――世界の中の『慰安婦』」小森陽一ほか編『岩波講座 近代日本の文化史8 感情・記憶・戦争――1935～55年2』岩波書店、2002年、217頁。

16 同上。

17 安川「『記憶』と『歴史』」、298頁。

18 岡真理『記憶／物語』岩波書店、2000年、8頁。

19 日本軍「慰安婦」被害者は2006年に、日本政府への賠償請求が日韓請求権協定を根拠に棄却される一方、韓国政府が日本軍「慰安婦」問題は同協定によって解決していないという立場であるにもかかわらず、日本政府への解釈

上の紛争を解決する措置をとる義務を履行しないことは請求人の基本権の侵害にあたるとして、国の不作為の違憲判断を求める憲法訴願審判を請求した。憲法裁判所は2011年8月に、2008年以降（李明博政権発足後）「慰安婦」問題解決について直接的に言及していないばかりか、問題解決のための別途の計画もないということは、作為義務を履行しているとみなすことはできないと判断した。憲法裁判所「2006憲マ788 大韓民国と日本国間の財産及び請求権に関する問題解決と経済協力に関する協定の不作為違憲確認」決定文、2011年9月8日。

20　朴『帝国の慰安婦』、154頁。
21　山下英愛『ナショナリズムの狭間から──「慰安婦」問題へのもう一つの視座』明石書店、2008年、139頁。
22　岩崎稔「ヤン・アスマンの《文化的記憶》1」『未来』1998年5月、23頁。
23　安川晴基「文化的記憶のコンセプトについて──訳者あとがきに代えて」アスマン『想起の空間』、560頁。
24　朴『帝国の慰安婦』、172頁。
25　同上、158-161頁。
26　ジョン・ボドナー著、野村達郎ほか訳『鎮魂と祝祭のアメリカ──歴史の記憶と愛国主義』青木書店、1997年。
27　粟津賢太「集合的記憶のポリティクス──沖縄におけるアジア太平洋戦争後の戦没者記念施設を中心に」国立歴史民俗博物館『国立歴史民俗博物館研究報告』126号、2006年、91頁。
28　ボドナー『鎮魂と祝祭のアメリカ』、35-36頁。
29　米山リサ著、小沢弘明・小澤祥子・小田島勝浩訳『広島　記憶のポリティクス』岩波書店、2005年、36頁。
30　日本政府と軍は朝鮮・台湾で女性の徴集には国際法になにも制限がないとして、とくに朝鮮半島を「慰安婦」の供給源にした。その人種差別・民族差別の構造については、吉見義明『従軍慰安婦』岩波書店、1995年、161-166頁を参照。
31　朴『帝国の慰安婦』、153頁。
32　日本軍「慰安婦」問題webサイト制作委員会編（金富子・板垣竜太責任編集）『Q&A朝鮮人「慰安婦」と植民地支配責任──あなたの疑問に答えます』御茶の水書房、2015年、48頁。
33　「戦争と女性への暴力」リサーチ・アクション編（西野瑠美子・金富子・小野沢あかね責任編集）『「慰安婦」バッシングを越えて──「河野談話」と日

本の責任』大月書店、2013年（「資料2 各国別「慰安婦」連行状況」）、鄭栄桓『忘却のための「和解」——『帝国の慰安婦』と日本の責任』世織書房、2016年、43-47頁。

34　リサ・ヨネヤマ著、水溜真由美訳「『ポスト冷戦』と日本の『人道に対する罪』のアメリカ化」『現代思想』2002年7月号、124頁。

35　ハルモニの絵画展実行委員会・日野詢城・都築勉編『ハルモニの絵画展——1万5000の出会い』梨の木舎、1999年。ただ、姜徳景の「ラバウル慰安所」はチマチョゴリ姿とそうでないものと二つのヴァージョンがある。

36　野家啓一「記憶と歴史4 証言者の死」『へるめす』1995年11月、172頁。

37　注4参照。

38　岩崎「ヤン・アスマンの《文化的記憶》1」、21頁。

39　同上、22頁。

40　安川「文化的記憶のコンセプトについて」、564-565頁。

41　岩崎「ヤン・アスマンの《文化的記憶》1」、24頁。

42　記者会見では、さらに「晋州は抗日の歴史が南江とともに綿々と流れる村である。倭敵の侵略に対抗して7万の官民の軍が壮烈に散花した歴史、民族反逆者の李址鎔を叱った晋州妓生・山紅の気概が生きており、親日画家の金殷鎬が描いた論介の肖像画を廃棄した土地」であることをアピールした。『オーマイニュース』2016年2月22日。http://www.ohmynews.com/NWS_Web/View/at_pg.aspx?CNTN_CD=A0002183932&CMPT_CD=P0001

43　ヨネヤマ・リサ「記憶の未来化について」小森陽一・高橋哲哉編『ナショナル・ヒストリーを超えて』東京大学出版会、1998年、237頁。

44　アン・テホほか「少女像の芸術学——『平和の少女像』をめぐる政治・社会・芸術的意味」『文化＋ソウル』2016年4月号。(韓国文)

45　朴『帝国の慰安婦』、152頁。

46　米山『広島』、38頁。

47　板垣竜太・鄭智泳・岩崎稔「〈東アジアの記憶の場〉を探求して」板垣竜太・鄭智泳・岩崎稔編『東アジアの記憶の場』河出書房新社、2011年、19頁。

48　アライダ・アスマン著、安川晴基訳「トラウマ的な過去と付き合うための四つのモデル」『思想』2015年8月、41-44頁。

49　アスマン『想起の空間』、158-176頁。

第 2 章

記憶は誰のものか？
多文化社会イギリスにおける「記憶」と「歴史」

浜井 祐三子

はじめに

　2012年のロンドン・オリンピック、開幕を華やかに彩ったセレモニーの中で、イギリスの「歴史と伝統」を高らかに賛美する歴史劇(パジェント)が繰り広げられた。映画監督ダニー・ボイルによって演出されたそのパフォーマンスのテーマは、農村から産業革命を経て絶えず発展を遂げ、世界に影響を与え続けてきた「驚異の島々（Isles of Wonder）」イギリスの「人々の歴史（People's History）」であった[1]。

　そしてそこに確実に一つの要素として含まれていたのが、「多文化社会」としてのイギリスであったことも否定しがたい。それを最も端的に、わかりやすく表現していたのは、「人々の歴史」の一部に、1948年（奇しくも、それは前回、ロンドンでオリンピックが開催された年でもあった）にジャマイカから500人ほどの移民労働者を運んできた船、エンパイア・ウィンドラッシュ号の到来が画期的な出来事の一つとして盛り込まれていたことであった。同号は実はカリブ海からイギリスへの移民を運んできた最初の船でも最大の船でもないが、イギリスへ第二次世界大戦後、かつての植民地から移民が流入し始めたという現象の出発点として、しばしば象徴的な意味を付与されることで知られている。1948年当時撮影された写真そのままに、きっちりとしたスーツ姿で「母なる国」イギリスの経済発展を支えるため

に西インド諸島から駆けつけた移民たちの姿は歴史劇(パジェント)に彩りを添えた（図1）。またこの他にも、パフォーマンスを繰り広げる人々に多くの「黒人系およびアジア系(ブラック)（Black and Asian）」マイノリティ（＝マジョリティの白人系イギリス人ではない可視的な非白人マイノリティを指す表現）が多く含まれていたこと、オリンピッ

図1　ロンドン・オリンピックの開会式よりウインドラッシュ号でイギリスに駆けつけた移民たち（YouTube公式動画より）

ク旗の旗手にインド系の人権活動家シャーミ・チャクラバーティ（Shami Chakrabarti）や、人種主義的殺人で息子の命を奪われ、公正な裁きを求め続けたアフロ・カリブ系の母親ドリーン・ローレンス（Doreen Lawrence）が含まれていたことなど、開会式を貫くテーマの一つが「多文化のイギリス」であったと言っても過言ではない。

　イギリスで最初にマイノリティ出身の女性国会議員となったダイアン・アボットはウインドラッシュ号到来のシーンを、移民世代（俗に「ウインドラッシュ世代」と呼ばれる第一世代）の娘や息子たちである自分たちにとって「とても感動的な瞬間」であったと述べ、その他の要素とも合わせて、「イギリスにおける人種差別は消えたわけではない。でも、この開会式の特別なすばらしさは、私たちがここまで前進してきたのだということを示している」と述べた[2]。セレモニー全体を「傑作」と呼んだ『タイムズ』を始め、新聞各紙の反応も概ね肯定的であった。保守党の国会議員エイダン・バーリー（Aidan Burley）が「今まで見た中で最も左翼的な開会式」「左翼的多文化主義のデタラメ」と辛辣なツイートをしたが、同じ保守党の首相ディビッド・キャメロンの周辺に「我々は同意しない」と即座に距離を置かれたことも、このパフォーマンスのメッセージが首相官邸(ダウニング街)から一定の賛同を得られるものであったことを示している[3]。

　このセレモニーに端的に表れているのは、近年のイギリス国家が、その

第2章　記憶は誰のものか？　57

自己アイデンティティの一部に「多文化社会」としてのイメージを意図的に選び取ろうとしていることであると言える。その背景には、イギリスがイングランド、スコットランド、ウェールズ、北アイルランドの4つの地域からなる複合民族国家であるだけでなく、実はその歴史を通じて多くの移民を受け入れてきた国であること、特に20世紀の後半以降、イギリスにかつての植民地からの移民が多く流入し、今やその子・孫世代も含め、総人口の約13％が「非白人マイノリティ」である[4]というイギリス社会の無視しがたい現実がある（実際、ロンドンの一部地域では、すでに人口の「マジョリティ」を「非白人マイノリティ」が占めてさえいるのだ）。

　以下、本章では、「多文化社会」としての現代イギリス社会において生じている「記憶」と「歴史」をめぐる動きについて検証を加える。その「複合民族国家」としての国の成り立ちにもかかわらず、イギリスの歴史ナラティブは比較的最近まで、イングランドを中心とする「連続性を持ち、均質な」ナショナル・コミュニティの歴史として、画一的な言説によって強固に形成されてきた[5]。そのような中で移民としてイギリス社会に移住したエスニック・マイノリティの存在もまた、「歴史」の周辺に追いやられてきた[6]。1990年代末以降、エスニック・マイノリティの社会的地位の向上を背景に、また時に「多文化社会」としてのイメージを選び取ろうとする政治的意図も手伝って、「集合的記憶」としての「歴史」のあり方にも議論が提起されつつある。しかし、エスニック・マイノリティの社会統合の促進などある種の機能を担わされた「新しい歴史」に対しては「歴史の修正」であるとする反発も依然根強い。同時に、エスニック・マイノリティの歴史をイギリス社会の主流に組み込もうとする動きを推進する立場からも、そのような動きは社会に広く影響力を持てないままであり、形式的尊重（トークニズム）にすぎないとする不満も存在する。

　本章の最後では、それを打開する一つの可能性として、「歴史を作る」主体としての市民を重視するパブリック・ヒストリー的思考に裏打ちされた、コミュニティ・ヒストリーの運動がエスニック・マイノリティにも

広く拡大しつつある現状を検証する。20世紀後半から歴史学界において、また一般社会にも裾野を広げる形で起きた「下からの歴史」運動は、支配者の視点から語られる画一的な歴史ナラティブに挑戦し、これまでその声を抹殺されてきた社会的弱者（労働者階級、女性、老人、障がい者、エスニック・マイノリティなど）の記憶を拾い上げることにその意義を見いだしてきた。コミュニティ主体のオーラル・ヒストリーの集積などに内在する問題がないわけではないが、「対抗的想起」としてのエスニック・マイノリティの「記憶」の集積は、「蓄積的記憶」（アスマン）として、50年、100年後の「イギリスの歴史」のあり方を変えてゆく可能性を秘めている。

「記憶」ブームを背景に、「記憶」／「歴史」はイギリスの移民研究の分野においても近年注目を集めるテーマの一つである[7]。本章はここ最近の議論も踏まえつつ、「記憶」の社会的機能という側面に特に注目して、議論を進めたいと考える。その際、アライダ・アスマンらによって整理された「集合的記憶」（彼女らの概念整理によれば、「文化的記憶」として言及される）において絡み合う「機能的記憶」と「蓄積的記憶」という2つの側面に着目したい。アスマンによれば、「文化的記憶」には「特定の集団とのつながり、選択的性格、価値に拘束されていること」といった特徴を持つ「機能的記憶」と、意味を与えられない「無定形な集塊」、「将来の機能的記憶の貯蔵庫」としての「蓄積的記憶」という2つの側面が存在する。前者は国家や国民などの集合的行為主体が自らを構成するその基礎を提供する（従来、多くの研究者らによって議論されてきた集合的記憶はこちらに相当する）。後者にはそのような役割はなく、意味を構築する行為からはとりあえず自由であるが、そのような「蓄積的記憶」もまた、現時点で社会的機能を持たない記憶を収集し、収蔵する歴史学のような学問やアーカイブによって、その「記録、維持、開拓、循環」が担われる。この両者の境界は流動的なものであり、その時代の状況によって、前景が後景に退いたり、後景が前景へと浮かび上がったりするように、双方向に開かれた関係にある[8]。

ここで取り上げる、ナショナル・コミュニティの集合的記憶（「国民の物

語＝記憶」)、またその主流の記憶に対する対抗的想起としてエスニック・マイノリティ・コミュニティの「記憶」(またそれを包摂した形で構築される「新たな国民の物語＝記憶」)はどれも特定の社会集団によって意味構築と結びつく「機能的記憶」であると言えるが、主流の記憶が対抗的想起に未だ根強く抵抗する多文化社会という文脈において、エスニック・マイノリティの記憶、特にそのオーラル・ヒストリーの広範な収集と蓄積は、多様な「記憶」のかたちを担保する「蓄積的記憶」という役割をも担い、未来においても社会の潜在的な包摂性を高めることを最後に指摘したいと考える。

1. 新たな「国民の物語」？

　近年の「記憶」をめぐる議論においては、「集合的記憶」としての「国民の歴史」の構築性がしばしば議論される。そこには、ベネディクト・アンダーソンの表現を借りるならば、「想像の共同体」としての「国民」が「均質で空虚な時間を暦に従って移動していく」[9]という観念に基づき、「国民の物語」としての「歴史」が、ナショナルな共同体のアイデンティティを形作る（そこで想像される集団の共通の体験としての「過去」をめぐる語り、つまり「国民の物語」が、「国民」に共通の運命がかくも決定的なものであることを正当化し、その境界を決定する）という認識がある。その意味では、前述のオリンピックの開会式セレモニーを通じて、スタジアムに詰めかけた6万人の観衆、テレビを通して視聴した国内外の約9億人とも見積もられた視聴者に示された「イギリス国民の物語」が、「新しいイギリス」を印象づけるものであったこと、またそこへの反応が概ね肯定的であったことを、イギリスにおけるナショナルなアイデンティティの大きな変化（少なくとも、そこに向かおうとする明確な意思）を象徴する出来事として、捉えることも不可能ではない。

　21世紀のイギリスが、新たな「国民の物語」としての「歴史」を必要

としているのだ、とする議論は実は、かなり前から始まっていた。ここでは、2000年に出された「多民族社会イギリスの未来を考える委員会（The Commission on the Future of Multi-ethnic Britain）」、通称、「パレク委員会」の最終報告書を例にその議論と、それに対するマスメディアを中心とする世論の反応を見てみたい。

　同委員会は、「人種間の平等」に関して発信を続ける左派系シンクタンク、ラニーミード・トラスト（Runnymede Trust）によって1998年に組織され、インド系の政治学者ビク・パレクを委員長に、スチュワート・ホール（Stuart Hall、社会学者）、アンドリュー・マー（Andrew Marr、ジャーナリスト）、トレヴァー・フィリップス（Trevor Philips、著述家／TVプロデューサー）ら、著名知識人らがメンバーを務めたことでも話題を集めた。新たな世紀に入るイギリスが今後民族的な多様性を持つ社会として、どのような道筋を歩むべきかについて、約2年間に渡る議論を経てまとめられたのが先に述べた「パレク報告書」である。同報告書は、現代イギリスが、帝国の喪失、ヨーロッパ統合、グローバル化、地方分権化、そして移民の流入によって、より一層多様性を含む社会となっており、そのことを反映した「イギリス人（アイデンティティ）」の再「想像」が必要とされているのだという明確なメッセージを発した。

　ここで注目すべきは、同報告書は、その再「想像」の過程において、新たな「国民の物語」としての「歴史」が書き直される必要性にも触れていることである。曰く、国民の物語は「複雑な歴史の選択的で単純な語り」となる傾向があり、「重要なことの大半は無視され、否定され、もしくは単純に忘れ去られる」という。ただしここでは、国民を一つにまとめあげる「物語」は基本的に単純化され、時に歪曲や誤謬を含むものであっても、「国民」の「想像」に不可欠なものだと認めている。そして、現代のイギリスには、「主流の国民の物語の中で居場所を見いだせない集団や個人」が存在し、帰属の感覚を持てないでいると述べ、新たな「包摂」のための「国民の物語」が紡がれていく必要性が述べられた[10]。委員長のパレクは、

『ガーディアン』紙への寄稿においてもその点を、「報告書が提起するのは我々の変化した状況を踏まえて、我々の歴史に対する伝統的な見方を再考し、それを新たな感受性と指向へと開いていく必要があるということである」と明確に述べている[11]。

パレク報告書の発表時、この「提言」は必ずしも、好意的な反応を喚起しなかった。その多くの批判が報告書の内容を必ずしも正確に踏まえたものではなく、むしろ「ヒステリック」とも言えるような反応であったことも事実である[12]。ただし大衆紙、高級紙を問わず、保守系メディアがこの「歴史の書き直し」という部分に特に敏感に反応したことは示唆深い。

例えば、『タイムズ』の社説「国民と人種」は、パレク報告書を「『イギリス人（British）』はもはや時代遅れ」」と主張したのだと批判的に論じた。パレクのみならず、やり玉に挙げられたのは歴史研究者による近年の「ブリティッシュネス（イギリス人アイデンティティ）」の構築に関わる議論で、例えば、歴史学者のリンダ・コリーがその著作『イギリス国民の誕生』[13]の中で、「イギリス国民（Britons）」という概念は18世紀に誕生し、その「神話」を支えた国教会、フランスとの戦争、帝国主義のどれもがもはや意味をもたなくなったとする指摘を取り上げ、パレク報告書も同様に、「イギリス人」というナショナルなアイデンティティは現代において、もはや大して意味を持たなくなったのだと指摘したと論じている（この社説に対して、パレクは後に紙上で反論を行い、この解釈は全くの誤解であるとした）[14]。同じく保守系高級紙の『デイリー・テレグラフ』は、報告書を「左翼のたわごと」であるとし、イギリス的寛容がこれまで「我々の歴史を形作る重要な出来事を、先祖がどこの出身だろうと、皆の遺産(ヘリテージ)であると考えてきた」のに対して、左派は国民文化そのものを否定しようとしているのだ、と述べた[15]。保守系大衆紙は最もあからさまに、また感情的に報告書の提案に否定的な反応を返した。例えば、『デイリー・メール』はパレク（報告書）が「我々の歴史を書き直そうとしている」（傍点は筆者）と非難し、子供たちが学ぶ歴史のカリキュラムに「帝国が何百万人もの人々を

62　第1部　ナショナルな記憶のゆくえ

抑圧した」と書き込めとの自虐的要求だと書き立てた[16]。

　では、このパレク報告書への反応から12年の時を経て、ボイルの演出した「21世紀的歴史劇(パジェント)」に概ね好意的な評価が寄せられたことは、果たして、イギリス人が「新しい国民の物語」を、諸手を挙げて受け入れるようになったことの証か、と問われれば、そこまで楽観的にもなれないであろう。確かに、政権が労働党から保守党へと移り変わったこの間も、ケヴィン・マイヤーズが指摘するところの「多元主義のポリティクス」が政治家、学者やジャーナリストに一定程度の支持を受け、イギリスの歴史の語りにエスニック・マイノリティの歴史の「居場所」を設けることが重要であるとの認識が広がりつつある[17]。2001年（世界的には9.11の年であり、イギリスではイングランド北部の都市暴動の年でもあった）以降の、エスニック・マイノリティ（特にムスリムの若者たち）の社会統合について危惧する声が、マイノリティの社会的隔離を放置してきたとして従来の「多文化主義」には距離を置き、「共通の価値」によって支えられた「コミュニティの結束」をキーワードの一つに設定したことも、この状況を後押しこそすれ、大きく妨げてはいない。

　ただし、「多元主義のポリティクス」が社会の「国民の物語＝記憶」への認識をどの程度、またいかに変えつつあるのかを評価することはさほど容易い作業ではない。次節では、「国民の物語」の中でもおそらく最も訴求力の高い「神話」を提供する「戦争の記憶」を材料に、その点について考えてみたい。

2. 記憶の「戦争」
2つの大戦と黒人系(ブラック)およびアジア系マイノリティ

　2014年は、第一次世界大戦開戦から100年を迎えたということで、イギリス各地で様々な記念行事や展示などが行われた。「戦争の記憶」が「国民の物語」において持つ意味は計り知れない[18]。それは、戦争が「苦難」

や「犠牲」といった人々の心情に訴えかける要素と容易に結びつけられることと無縁ではなく、戦争をめぐる「記憶」はしばしば国民という「想像の共同体」の結束の象徴となるからである。

　しかし、多くの「国民の物語」がそうであるように、戦争に関わる語りも、「想起」される多くの事柄とともに、多くの「忘却」を含んでいる。例えば、イギリスにおいて、第一次世界大戦をめぐる「国民の歴史」を、多くのエスニック・マイノリティ、特に旧植民地に起源を持つ人々を含む社会という文脈において見つめ直してみた場合、二重の意味での「忘却」がここで想定される。まず、第二次世界大戦終結以降にイギリスは移民の流入により、多文化な国に「なった」とする神話（前述の船の名前から、俗に、「ウインドラッシュ神話」とも呼ばれる）が根強くあるため、大戦当時、イギリス国内に少数ながらも存在した「黒人系およびアジア系」の貢献が無視されやすい。また、後述のように第一次世界大戦はまさに「帝国の戦争」であったが、同戦争が想起される時、その中心にあるのはあくまでも、ヨーロッパ戦線で戦った「白人の」イギリス人であり、そこで戦闘や労役に従事した「非白人臣民」の姿や、ヨーロッパ以外の戦線で「イギリスの戦争」のために働いた同様の人々の姿は主流の戦争の「語り」からほぼ抜け落ちてしまう。移民の大規模な流入は第二次世界大戦後のことであったとはいえ、現在イギリスに居住する、かつての植民地からの移民およびその子孫の多くにとって、第一次世界大戦を含む二つの大戦への非白人帝国臣民の貢献が忘却されることへの抵抗感が確実に存在する。

　現実には、第一次世界大戦時に動員された非ヨーロッパ系の人々の数に関しては諸説あるものの、帝国からの動員だけでも、アフリカのイギリス支配下地域からは5万人の兵力と100万人以上とも言われる「運搬人」（うち死者は兵士で1万1000人以上、「運搬人」で約10万人、負傷者および行方不明者は2万2000人）、インドからは150万人の戦闘要員（うち11万4000人が戦死ないしは負傷もしくは行方不明）と非戦闘要員としてさらに60万人が動員されたという。西インド諸島からは、ヨーロッパ戦線で「有色人種」を兵力

として用いることに対して人種主義的な理由から反対があったにも関わらず、1万5000人ほどの志願兵が集まり、ヨーロッパ戦線などの戦地で戦闘および戦場での労役の過酷な任務に従事したとされる[19]。植民地からの金銭や物資による支援はさらにこれとは別である。第一次世界大戦はまさに「帝国の戦争」であったのだ。同時に、イギリス国内にはこの当時、少数ではあるがアフリカ系、アジア系の人々が存在し、中には兵士として、また様々な形でイギリスの戦争に動員されている。

　諸説ある、いずれの数値を取るにせよ、本国イギリスから徴募された兵員数670万人余り（うち死者数は約10％にあたる70万人ほど）、カナダ、オーストラリア、ニュージーランド、南アフリカなどのいわゆる「自治領諸国」からの兵員130万人余り（うち、死者は1割強となる約14万人）という数字と比べても、決して少なくはない人数であることがわかる（同時に、この「自治領諸国」からの兵員の中に、オーストラリアのアボリジニ、ニュージーランドのマオリなどの先住民が含まれていたことも指摘しておく必要があるだろう）。にもかかわらず、彼らの貢献は、一部の歴史研究でたまさか指摘されたとしても、メディアなど一般の人々が認識する第一次世界大戦の「歴史」において、1990年代半ばまでほぼ語られることはなく、「人々の想像」(ポピュラー・イマジネーション)における第一次世界大戦は「白人の戦争」として記憶された。

　その数十年後、やはり多くの帝国臣民が動員された第二次世界大戦についても状況はほぼ同様であった。そしてそれは、追悼の場においても、大きな影響を生んでいた。1995年に書かれた『ガーディアン』紙の記事によれば、西インド諸島兵士の貢献は、1994年のDデイ（ノルマンディー上陸作戦）50周年記念の式典において無視された。翌年のヨーロッパ戦勝記念日（V.E.デイ）においても当初は同様の対応であったが、イギリス国内のアフロ・カリブ系の政治家バーニー・グラント（Bernie Grant）らが働きかけたことで、ジャマイカの総督およびトリニダード大統領の記念式典への招待が実現したとされる（西インド諸島の一般の退役軍人らは参加を申請したが、断られたと記事は述べている）[20]。マリカ・シャーウッドは二つの世

第2章　記憶は誰のものか？

図2 戦勝記念碑・戦没者慰霊碑が建ち並ぶ区域にひっそりとたたずむ英連邦兵士の犠牲を称える記念碑は、国家の戦争ナラティブへ彼らの犠牲が回収されたことを象徴的にしめす（著者撮影）

界大戦における非白人の貢献が無視され続けていることを告発し続けている歴史家の1人であるが、これを「遺漏による差別」であると明確に述べている[21]。

二つの大戦をめぐる、この「歴史（的記憶）からの脱落」という状況は、現在でもなくなったわけではない。ただし、第二次世界大戦終戦50周年であった1995年当時から、第一次世界大戦開戦から100年の2014年に至る20年ほどで、少しずつではあるが、明らかな変化の兆しを指摘することはできる。「追悼の場」に関する最も特筆すべき出来事はロンドン中心部、バッキンガム宮殿に程近いコンスティテューショナル・ヒルに2002年、英連邦（アフリカ、カリブ海諸島、インド亜大陸5地域）兵士の2つの大戦への参加を記念するモニュメントが作られ、女王によって除幕を受けたことであろうが（図2）[22]、以下ではより日常的な形で「国民の戦争の記憶」の構築に影響を与えるであろう、テレビ番組（ドラマ、ドキュメンタリーなど）、博物館での展示などの変化に注目して、近年の変化をまとめてみたい。

2000年頃までは、散発的なテレビ・ドキュメンタリーのみ確認できる。例えば、1999年にチャンネル4で放映された『語られなかった反乱（Untold: Mutiny）』は第一次世界大戦時に、人種差別に抵抗してイタリア戦線で反乱を起こし、厳しい処罰を受けた西インド諸島出身の兵士たちの記憶を、当時生存した100歳以上の元兵士たちの証言を元に解き明かすという内容で、一部に高い評価を受けたものの、一般の注目度は低かった[23]。

2000年以降、ポピュラーカルチャーを中心に、「人々の想像（ポピュラー・イマジネーション）」に変化を

生じさせるようなことが起きたことは重要だったかもしれない。2004年に20世紀半ばの西インド諸島とイギリスを舞台とするアンドレア・レヴィ (Andrea Levy) の小説『スモール・アイランド (*Small Island*)』が出版され、ベストセラーとなった (2009年にはBBCによってテレビ映画化もされた)。主要登場人物の一人、西インド諸島系の男性が第二次世界大戦で兵役に従事する設定であったことは、「第二次世界大戦の集合的記憶を非白人と白人によって共有される経験として再構築」し、「先の大戦において西インド諸島系の人々によって担われた役割を、集団的忘却から回収するプロセスへと向かう」ことに重要な役割を果たした[24]。同様に、2007年にイギリス各地で展開された奴隷貿易廃止200周年記念行事が、博物館などのセクターにおいて、イギリス史における「人種」の意味を、20世紀後半以降の移民流入や現代の人種差別問題と連続性を持たせる形で問い直すことにつながったことも指摘できる[25]。

2008年から2009年にかけては、ウインドラッシュ号のイギリス到着から60年を記念して、ロンドンの「帝国戦争博物館 (Imperial War Museum)」において特別展示「戦争からウインドラッシュへ (From War to Windrush)」が行われた。これは、アフロ・カリブ系黒人の人々の戦争への貢献とともに、それがその後の彼らのイギリスへの移住といかに連続性を持つかを示す、画期的な内容の展示であった。ギャラリーには、第二次世界大戦に兵士として参加した西インド諸島系の人々の肖像写真が観覧者の目の位置に並べられ、縁の品々などとともに展示された。写真というメディアを用いた植民地時代の過去の記録の博物館展示について検証を行う、デ・モンフォート大学 (レスター) のプロジェクトは、この展示方法に、来館者にとって馴染み深い「兵士のポートレート」という伝統的な形式を用いたことで、「想像の共同体」としてのナショナルなフレームワークの中で (異質な要素が巧みに取り除かれ、安心感を与えるかたちで) 展示されたのだという、興味深い考察を加えている[26]。

「帝国戦争博物館」はその名前からも明らかなように、イギリスがこ

れまで関わってきた戦争を、主としてナショナルなフレームワークの中で展示する博物館であるが、この展示以降、この問題に積極的な取り組みを見せていることは他の事例からも読み取れる。例えば、同博物館は学術援助機関のバックアップのもと、「誰の追悼／記憶か？（Whose Remembrance?)」というというプロジェクトを行っている[27]。同プロジェクトは、二度の世界大戦への帝国およびマイノリティの貢献について、研究の推進（ネットワーク形成、データベース作成）や啓発、教育などに向けて様々な活動を行っている。

　第一次世界大戦については、2008年に大戦時に活躍したウォルター・タル（Walter Tull）を主人公とするテレビドラマ『ウォルターの戦争（*Walter's War*）』および彼の人生を紹介するドキュメンタリーがBBC4で放映された。タルはバルバドス人の父を持つ「混交人種(ミックスド・レース)」のプロ・サッカー選手であったが、1916年のソンムの戦いの他、ヨーロッパ戦線で戦績を挙げ、当時の有色人種の血を引く者は士官にはなれないという軍規定にもかかわらず、士官に任命されたという人物である（1918年にフランスで戦死）。そのような戦争の「英雄」でありながら、一般に、またマイノリティのコミュニティにおいてさえその名があまり知られることのなかった人物を、『ウォルターの戦争』は「記憶」の表舞台へと引き上げた[28]。

　第一次世界大戦開戦100周年を記念する同年、数ある記念番組の中で、デイビッド・オルソガ（David Olusoga）がプレゼンターを務めるドキュメンタリー『世界の戦争：帝国の忘れ去られた戦士たち（*The World's War: Forgotten Soldiers of Empire*）』（BBC2）のような番組が放送されたことも指摘すべきであろう[29]。また、2014年、全国津々浦々で行われた記念展示の中で、明らかに「帝国」および非白人兵士の貢献に焦点を当てたものとしては、ロンドン大学SOAS（東洋アフリカ研究学院）のブルネイ・ギャラリーで行われた「帝国・信仰・戦争：シク教徒と第一次世界大戦（Empire, Faith and War: The Sikhs and World War One)」があった[30]。同展では、第一次世界大戦の主たる戦場の多くで闘いながら（そして多くの犠牲を払いなが

ら）現在では「忘れられた戦士」であるシク教徒の兵士たちの様子を示す貴重な写真はもとより、様々な展示物（新聞記事、絵、葉書、制服やメダル、残された妻たちが歌った歌まで）を通してその足跡を掘り起こし、また同時に、訪れた人々に対して、「市民歴史家」として第一次世界大戦におけるシク教徒の「埋もれた歴史」を掘り起こし、「新しい歴史を作り出す」活動に参加することを呼びかけた[31]。

　以上見てきた「戦争の記憶」の事例は、その過酷さ故に「国民」として意味のある共通の体験とみなされる「戦争」をめぐる「国民の物語」において、第一次・第二次世界大戦時の黒人(ブラック)およびアジア系マイノリティの役割が「忘却」から「想起」のステージへとわずかなりとも移されようとしていることを示す。そしてそれは、第1節で述べたような、現在のイギリス社会における政治的な力学とも無縁ではないと思われる。マイノリティのコミュニティの側からも、自らやその先祖の払った犠牲が無視され、少なくとも主流のナラティブから抜け落ちてしまうことへの不満が表明されるようになってきている。そして、彼らの「記憶」が「国民の物語」に居場所を見いだすことが、現代イギリス社会における「包摂」の一つの方法であるという認識も、ある一定程度の政治的・社会的承認を受けてきていることがその背景にある。

　過去約20年間に渡る漸進的ではあるが重要な変化は、遅々としているもの、確実な（先述のアボットの言葉を借りるなら）「前進」を感じさせるものではある。「戦争の記憶」におけるエスニック・マイノリティの貢献への認知に向けての動き、特にテレビ・ドキュメンタリー、博物館などのメディアにおける近年の変化は、「人々の想像(ポピュラー・イマジネーション)」における2つの大戦への認識を変えていくことにつながる可能性を持つ。それは、パレク報告書の示す「新たな国民の物語」を切り開く道筋の1つであるもかもしれない。

　ただし、「戦争の記憶」を例に取る場合特に、ここにはある種の否定しがたい居心地の悪さがつきまとうことも最後に指摘しておきたい。「戦争」とは逃れがたく、人種主義や植民地主義とは不可分の関係にある「ナショ

第2章　記憶は誰のものか？　　69

ナリズム」および「帝国主義」の究極的なかたちである。その戦争における貢献というナラティブに、反面その最大の犠牲者であるはずの非白人臣民の存在が単純に「貢献者」として回収されてしまうことには、ある種の皮肉が含まれている。彼らの貢献を取り上げたドラマやドキュメンタリーでは、戦時の非白人兵士たちの貢献を語る際には彼らが戦場で体験した人種差別の経験を語る声も確かに拾い上げられるが、より大きな枠組みは「国王と帝国のために」命を賭して戦った兵士たちの帝国臣民としての「価値」を（また彼らがその延長線上で宗主国へ市民として移住する権利を）認知しようとするものである[32]。

　この「居心地の悪さ」に関連して、リチャード・スミスは、西インド諸島系（アフロ・カリブ系）兵士の戦争参加が1920-30年代に西インド諸島の自治獲得運動やエチオピアへのイタリア軍侵攻に反対する汎アフリカ主義運動の文脈で引き合いに出されたことを指摘するとともに、現代のイギリスにおける彼らの貢献への新たな着目もまた帝国的男性性（マスキュリニティ）に基づく戦争参加を通じての市民権の獲得というフレームワークから逃れ得ていないことを指摘する。またそこに、新自由主義的な「アクティブな市民権」（市民権は社会への貢献によって獲得されるという思考）という新たな要素が加わっているという指摘も興味深い[33]。

　実際、現代イギリスが抱える多様な「市民」には、かつて戦争で帝国のために戦った臣民（やその子孫）以外の人々も当然含まれている。結局、戦争貢献を中心とするナラティブには、包摂すると同時に多くの排除される人々が生まれることを忘れてはならない。このことは、エスニック・マイノリティの「記憶」がいかに「国民の物語」の一部になるか、といういかにの部分に関心を向けさせる（この「いかに」の部分については、次節でも引き続いて考察を行う）。

3.「歴史を作る」
現代イギリスに見るエスニック・コミュニティ・ヒストリーの試み

　最後の節では、現状をあえて慎重に、批判的に評価するとともに、イギリスにおけるコミュニティ・ヒストリーを掘り起こす数々のプロジェクトがエスニック・コミュニティにも波及しつつある状況を取り上げることで、今後、多文化主義社会イギリスの「記憶」と「歴史」をめぐる状況の発展においてまた別の可能性を示したいと思う。

　これまで取り上げてきた「多元主義のポリティクス」を背景とした「前進」が認められる一方で、従来の均質なナショナル・コミュニティを基盤とする歴史ナラティブは未だ社会に根強く根を張る。黒人およびアジア系マイノリティの「記憶（歴史）」をイギリス社会の主流の「記憶（歴史）」の中で認知させようという動きをめぐっては、現在でも実は論争が絶えず、例を挙げるならば、論争は教育をめぐって特に顕著である。例えば、近年、初等・中等学校の歴史カリキュラムに黒人およびアジア系の歴史上の人物の活躍を取り上げるよう圧力が存在する一方で、そのような動きを歴史の「修正」として歓迎しない向きは常に存在する（パレク報告書への批判同様、「我々の歴史が書き直されること」への抵抗感が表明されるのである）。実際、政府など政治エリート自体がその抵抗感を隠しきれていない。2013年には、教育相マイケル・ゴーヴ（Michael Gove）がナショナル・カリキュラム（イギリスの公立校において用いられる統一カリキュラム）から、メアリー・シーコール（Mary Seacole）ら、非白人の「偉人」の名前を削除しようとしていることが取りざたされ、3万6000人あまりの反対署名が集められて方針が撤回されるという騒動も生じている[34]。

　また、上記のような反動的な動きのみでなく、エスニック・マイノリティのイギリス社会に置ける認知を積極的に推進する側からも、現状への不満の声はある。例えば、アメリカの類似の行事を模倣して、1987年から毎年10月に開催されるようになった「ブラック・ヒストリー・マン

ス（非白人歴史月間）」ではアフロ・カリブ系を中心に、マイノリティの歴史に対する認知を向上させるために全国各地で様々な行事が展開されるが、参加者は限定されており、社会全体の認知度を上げるのにどれほど役に立っているかについては懐疑的な意見が様々に表明されている[35]。パレク委員会の委員でもあったジャーナリストのヤスミン・アリバイ＝ブラウンは、このような行事が広く社会に影響を与えていないことの証左として、BBCが行った「偉大なるイギリス人100人（100 Great Britons）」の投票の結果にアフロ・カリブ系、アジア系などの非白人が一人も含まれていなかったことを挙げている[36]。そもそも、わざわざ個別の月間を設けて、その月のみマイノリティの歴史に目を向けることに対して、形式的尊重（トークニズム）に過ぎないとする批判もある。

また、オリンピックの祝祭的セレモニーにおいて戦後経済を下支えした移民労働力としてのアフロ・カリブ系移民を取り上げることも、各種メディアや学校教育のカリキュラムにおいて戦争の「英雄」や「偉人」としてエスニック・マイノリティの一部の人物を取り上げることも、それ自体は忘れられがちな移民の「肯定的側面」を認識させる重要性を疑いなく持ってはいるものの、そういった肯定的側面のみを取り上げる「祝賀的アプローチ」の持つ危うさを同時に感じる。ユダヤ系難民の代表的歴史研究者であるトニー・クシュナーは、ユダヤ系コミュニティの歴史記述について、この「祝賀的アプローチ」を指摘し批判的に論じた[37]。彼は同時に、他のエスニック・マイノリティに対しても、マイノリティの中でも「成功者」の「イギリスへの貢献」のみを強調し賛美する手法は、より複雑な歴史的現実を隠蔽する危険性があると指摘している。同時に、ユダヤ系難民がイギリス社会にいかに役だったかを強調することが、現代の難民庇護申請者（主に中東やアフリカから「難民」としての庇護を求めてイギリスに入国する人々）への社会の懐疑や嫌悪を弱めることには必ずしもつながらず、むしろ「よい（＝役に立つ）難民」との対比において逆の効果を持ちかねないと主張していることも示唆的である。

では、どうすれば、以上に述べたような問題点を乗り越える、新たな「集合的記憶」、パレク報告書が提起した、21世紀の多民族社会としてのイギリスの未来に向けて、新たな「包摂」のための国民の物語、「歴史に対する……新たな感受性と指向」を持った「集合的記憶」へと向かう道筋をつけることができるのだろうか。ここに明確な答えはないが、その道筋に至るための変化を重要な意味において担っているのが、地域やコミュニティのアーカイブや、様々なコミュニティ・ヒストリーを掘り返そうとするプロジェクトなど、「パブリック・ヒストリー」的な場なのではないかと考えられる。

　近年のイギリスのアーカイブや地域コミュニティが目指すのは、個々の市民が歴史の「作り手」となって、コミュニティの「歴史」を残し、広く共有する作業に関わることである。同時に、近年、エスニック・マイノリティ・コミュニティやそのようなコミュニティを擁する地域コミュニティ自体に、多様な「声」としてのオーラル・ヒストリーを集積し、後世に伝えようとするイニシアティブが生まれつつある。実際、様々な移民コミュニティを抱える都市や地域において、様々な民族的バックグラウンドを有する個人の「声」が地域の歴史資料、オーラル・ヒストリーとして集積されることにつながっている[38]。

　まず、イギリスには幸いにその土壌として、オーラル・ヒストリー運動の裾野の大きな広がりが存在していることも大きい。1960年代以降、いわゆる「下からの歴史」運動（支配者視点から語られる歴史に異議を唱え、歴史に新たな視点を持ち込もうとする動き）が歴史研究者を中心に盛んとなり、それを実現するために、より多様な記憶のかたちを歴史資料として留めようとするオーラル・ヒストリー運動が展開された。そこでは、従来の歴史では黙殺されてきた人々がそのライフ・ヒストリーを語る声、「記憶」が記録され、様々なかたちで歴史の資料として保存される（代表的な例に、大英図書館（British Library）が取り組む「ナショナル・ライフ・ヒストリー・コレクション」などがある）。歴史学者ポール・トンプソンらによって作られた

「オーラル・ヒストリー協会（Oral History Society）」[39]もその普及に大きく貢献し、今では、研究者だけでなく、地域のアーキビスト、地域コミュニティの指導者、学校・博物館関係者など広く社会を巻き込む活動となっており、多くの地域で「コミュニティ・ヒストリー運動」として展開されている[40]。イギリス各地のエスニック・マイノリティ・コミュニティにも近年、この運動は広がりを見せており、毎年、多くのプロジェクトが実施されている。

アジア系人口の多さで知られる多文化都市レスターを擁する東ミッドランズ地方にある「東ミッドランズ口述歴史資料アーカイブ（East Midlands Oral History Archive）」[41]のアーキビスト、コリン・ハイド氏によれば、特に2000年代に入り、エスニック・マイノリティが主体となって進めるコミュニティ・ヒストリー運動が盛んになりつつある背景には、いくつかの要因が指摘できる。第一に、第一世代の高齢化により、「コミュニティの歴史」を今残さなくてはという危機感が特に20世紀半ばに移住したコミュニティを中心に生じていることである。第二に、これは社会全体に当てはまることであるが、技術的な進歩による要因である。録音・録画機器がかつてに比べれば安価で手に入れやすく、また扱いやすいものになっており、オーラル・ヒストリーの収集自体が技術的に易化している（同時に、インターネットなどを通じての成果や情報の公開も以前に比べれば高度な知識や技術を要しないものになっている）。そして最後に、財政的な支援が「ヘリテージ宝くじ基金（Heritage Lottery Fund）」などによって得られている状況も大きいという。

特に最後の点については、政府の財政難によってアーカイブや図書館、博物館への財政援助が大幅に削減されるイギリスの現状にあって、大きな利点となっている。宝くじを原資とする同基金が援助の対象とするのは、国内のありとあらゆる遺産(ヘリテージ)の保護であるとされるが、そこでは自然環境や歴史的建造物の保護など物質的な遺産(ヘリテージ)だけではなく、コミュニティの「記憶」も保護の対象であり、近年でも、多くのコミュニティ主体のオー

ラル・ヒストリー・プロジェクトに資金が提供されている。中でも、エスニック・マイノリティは、障がい者、LGBT（性的マイノリティ）などと並んでこれまで十分に援助が行き渡っていない社会集団であるとされており、より一層の資金配分を行うべき対象と考えられている（実際、プロジェクト申請を促進するための広報活動も熱心に行われている）。近年、多くのエスニック・マイノリティ・コミュニティがプロジェクトへの財政援助を申請し、成功している背景にはこういった状況があり、2014-15年の年次報告書によれば、同基金は1年間で150件の黒人系、アジア系およびエスニック・マイノリティのコミュニティに援助を行っており、1994年以降でトータルすると、3450件以上、総額1億8000万ポンドに上るとされている[42]。

　レスターや、同じ東ミッドランズ地方にあるノッティンガム、また多くのエスニック・コミュニティを抱えるロンドンや西ミッドランズ地方などで、アジア系、アフロ・カリブ系、アイルランド系など様々なコミュニティや地域を主体とするイニシアティブの下、オーラル・ヒストリーのプロジェクトが実行され始めている。コミュニティが中心にはあるものの、地方アーカイブ、博物館、大学などとの協同が効果的に見られるケースもある。一つ例を挙げれば、先述のレスター市はアジア系（特にインド系）人口が多いことで知られているが、2006年に同市のベルグレーヴ地区（1960年代以降アジア系移民が多く住み着いたことで知られている地区）の地域再生に関わる組織が中心となり、東ミッドランズ口述歴史資料アーカイブ（レスター大学）、レスターシャー地方公文書館、市の博物館サービスなどとの協同の下、地区に縁を持つ人々（エスニック・マイノリティ、マジョリティ問わず）のライフ・ヒストリーを収集するプロジェクトを開始し、ヘリテージ宝くじ基金から5万ポンドの資金援助を得た。最終的な成果の一部は冊子『ベルグレーヴの記憶（*Belgrave Memories*）』という形で出版された。

　その他のプロジェクトでも、聞き取りの成果を戯曲化し上演、CDやDVDなどの音声・映像メディア化、近年ではウェブサイト上での公開な

ど、一般市民にもアクセスしやすいかたちで公開する努力もなされている。イギリスにはユダヤ系を除き、未だ「移民博物館」は正式には存在しないが、アーカイブが博物館的機能を兼ねることもある。ロンドン南部のブリクストン（サッチャー時代には人種暴動の地として悪名高かった地域）にある「ブラック・カルチュラル・アーカイブ（Black Cultural Archives）」[43] は、併設のギャラリーでブラック・ヒストリーに関する展示を次々と企画している。

　以上のような例は現在展開されつつある中の、ごく一部に過ぎないが、コミュニティ、特にエスニック・コミュニティが主体となった、新たな「歴史を作る」作業の重要な要素となっていく可能性が秘められている。

　もちろん、このようなエスニック・コミュニティ主体のオーラル・ヒストリー収集などに内在する問題点がないわけではなく、先述の「祝賀的アプローチ」の問題はここでもつきまとう。キャシー・バレルとパニコス・パナイーは、しばしば、コミュニティのオーラル・ヒストリー収集において、コミュニティのリーダーによって収集される「声」が選定され、時にコミュニティにとって不都合な「記憶」を語る声が沈黙させられる危険性を指摘する[44]。結果、肯定的な面のみに目が向けられ、実際に存在した経験の複雑さは反映されにくい。イギリスでは、先述の「オーラル・ヒストリー運動」の伝統から、オーラル・ヒストリーなどの口述史料を文書史料に比べてその信憑性を疑うような批判はあまり聞かれないが、コミュニティの内部において「声」の選別が行われ、沈黙させられる「声」が明らかに存在するのであれば、その史料としての価値は慎重に評価されなくてはならないだろう。

　なおかつ、「ヘリテージ宝くじ基金（Heritage Lottery Fund）」等の基金団体が隆盛するプロジェクトの財政的基盤となっていることは先に述べたが、同基金の支援するプロジェクトは3年などの期限付きで展開されているため、長期的にプロジェクトを継続することは難しい。長期的な支援が受けられない場合、収集された「声」が地域のアーカイブなどにきちんと収蔵

されなければ、「声」は再び失われてしまうこともあり得る。コミュニティのイニシアティブで行われたプロジェクトが最終的に、コミュニティの枠組みを超えて、広く社会にインパクトを与えられているのか、という点もブラック・ヒストリー・マンスなどへの批判と同様の問題点を抱える。前述のように、多くのプロジェクトが様々な方法で収集したオーラル・ヒストリー（やその一部）を様々な手段で公開しているが、その情報の多くは広く共有されておらず、学校教材などとしても未だ十分活用されていない（ラニーミード・トラストがインターネット上に設けている教員らのための情報共有サイト「リアル・ヒストリーズ・ダイレクトリー」のような例もあるが、利用は限定的である。同トラストは独自の「歴史授業プロジェクト」などを通じて、地域の多文化な歴史を子供たちに自ら発見させることでイギリス社会の多様性への理解を深めるような歴史教育を推進する活動を行っているが、こちらも学校教育における歴史カリキュラム全体で見れば、未だそのインパクトは限定的であると言わざるをえない[45]）。

　以上のような問題点にもかかわらず、なぜこのようなコミュニティ・ヒストリーのプロジェクトを一定程度評価できるのかといえば、それは、少なくとも、このような史料の集積作業が、このまま手をこまねいていては、ただ失われてしまう「記憶」のかたちを留めることに一役買うことは間違いないからである。

　エスニック・マイノリティのコミュニティ・ヒストリーが隆盛を迎えている一つの理由として、20世紀半ばに移住した第一世代が年老いて行く中で、今、その経験を記憶として後生のコミュニティに向けて留めなくてはならないという危機感があることは先にも指摘した。一例を挙げよう。第2節で紹介したような、大戦時のエスニック・コミュニティ貢献に関する歴史的研究を続けている研究者の一人にスティーブン・ボーンがいるが、彼はこれまでいくつものコミュニティ・ヒストリーのプロジェクトにも参加している。彼は、先に挙げたタルのような「英雄」ばかりではなく、また、戦場に赴いた兵士たちのみならず、戦時のイギリスに暮らした黒人コ

ミュニティの様子を、オーラル・ヒストリーの収集を通して明らかにしようとし、その成果を記念すべき2014年に出版した『黒いポピー：イギリスの黒人コミュニティと第一次世界大戦』にまとめた[46]。その際、当時を知る人々のオーラル・ヒストリーを記録する機会がもはや大方失われており、彼らの存在が社会的には「忘却」され続けてきたが故に殆ど「記録」が残っていないことを嘆いている（1999年のドキュメンタリー『語られなかった反乱』の、当時100歳を越えて生存した兵士たちの「記憶」を語る映像がいかにその「欠落」を補う上で貴重なものであったかと述べる）[47]。同様に、現在、行われているオーラル・ヒストリーの集積が、いずれ貴重な歴史資料としての価値を持つ可能性は大きくあるのだ。彼のようなコミュニティに関わる活動家／歴史家たちは、2節に述べたような一連の変化をまだほんの入り口に過ぎず、今後もこの「回収」のプロセスが続けられなければならないという認識を持ちながら、「声」を拾い続けている。失われる「記憶」を少しでも忘却の淵に沈めないために。

おわりに

「連続性を持ち、均質な」ナショナル・コミュニティの「集合的記憶」として強固に形成されてきた歴史ナラティブに対抗する形で、「多文化社会」としての自覚を強める（時に政治的な意図を持って選択される）イギリス社会において、少なくともその一部で「新たな国民の物語」の模索が現在も続けられている。伝統的な歴史ナラティブと同様、この「対抗的想起」としてのエスニック・マイノリティの歴史もまた、アスマンらの概念整理によるところの「機能的記憶」には違いない。しかし、同時に、現在イギリスにおいて特に（あえてこの言葉を使うのであれば）草の根の、コミュニティのレベルで次々に展開されつつある、コミュニティ・ヒストリーを記憶の一つの「かたち」として留めようとする数々のプロジェクトは、特にそのオーラル・ヒストリーの収集という側面において、同時に後世の「機

能的記憶」の構築に資する多様な「蓄積的記憶」の集積に何らかの役割を果たすのではないか、と期待できる。

　パレク報告書が提起した「21世紀のブリティッシュネス（イギリス人アイデンティティ）」を支える物語としての「新たな国民の物語」の構築への道は決して平坦なものではないだろう。なぜならそれは、従来の「国民の記憶」のあり方そのものに大きな変革を迫るものとなるからだ。カリブ海諸島に起源を持つ作家のキャリル・フィリップスは言う。

　　イギリスというこの「雑種の（mongrel）」国民は未だ、鏡を覗き込み、幸いなる多様性とそれに付随する苦しみを作り出してきた歴史の満ち引きを受け入れる方法を見いだそうとあがき苦しんでいるのだ。[48]

複合民族国家、多文化社会としてのイギリスが、今後さらなるグローバル化の波を受けながら、新たな、21世紀のポスト・ネーションとしての「イギリス」にふさわしい包摂的な「国民像」を作り上げていく上で、その困難な作業は必須であるとも言える。そして、その構築の舞台は、オリンピックの華々しい祝賀的セレモニーの場よりも、市民一人一人が失われる「声」に抵抗する場としてのオーラル・ヒストリーの集積、真の「人々の歴史」が紡がれる場がふさわしいと言えるのかもしれない。

註

1　開会式パフォーマンスの様子は、現在でもロンドン・オリンピック公式YouTubeチャンネルにおいて見ることができる。https://www.youtube.com/watch?v=4As0e4de-rI（以下、注釈において言及される全てのウェブサイトは2016年6月30日時点でのアクセスによる情報に基づいている）。

2　Diane Abbott, 'Race and the Olympics Opening Ceremony', *Jamaica Observer*, August 5, 2012.

第2章　記憶は誰のものか？　　79

3 *Guardian*, 'Olympics opening ceremony was 'multicultural crap', Tory MP tweets', July 28, 2012.
4 2011年のセンサスによる数字（https://www.ons.gov.uk）。イングランドおよびウェールズに限定すれば、14％となる。
5 Kevin Myers, 'Cultures of History: The New Left, South Asians and Historical Memory in Post-War England', in Irial Glynn and J. Olaf Kleist (eds), *History, Memory and Migration: Perceptions of the Past and the Politics of Incorporation*, Basingstoke: Palgrave Macmillan, 2012, pp. 33-34.
6 歴史学における議論については、例えば、Panikos Panayi, *An Immigration History of Britain: Multicultural Racism since 1800*, Harlow: Pearson Education, 2010（パニコス・パナイー、浜井祐三子・溝上宏美訳『近現代イギリス移民の歴史：寛容と排除に揺れた200年の歩み』人文書院、2016年）第1章を参照されたい。
7 ここでは主要な先行研究として、Kathy Burrell and Panikos Panayi, *Histories and Memories: Migrants and Their History in Britain*, London: Tauris, 2006およびIrial Glynn and J. Olaf Kleist (eds.), *History, Memory and Migration: Perceptions of the Past and the Politics of Incorporation*, Basingstoke: Palgrave Macmillan, 2012の2冊を挙げておく。
8 アライダ・アスマン（安川晴基訳）『想起の空間』、水声社、2007年、158-173頁。
9 Benedict Anderson, *Imagined Communities: Reflections on the Origin and Spread of Nationalism*, London/NewYork: Verso, 1983/1991.（ベネディクト・アンダーソン、白石さや・白石隆訳『増補　想像の共同体』NTT出版、1997年）
10 Bhiku Parekh, *The Future of Multiethnic Britain*, 2000, The Runnymede Trust, p.16-17.
11 Bhikhu Parekh, 'A Britain We All Belong To', *Guardian*, 11 October 2000.
12 メディアによるパレク報告書への批判については、Chris Weedon, *Identity and Culture: Narratives of Difference and Belonging*, Open University Press, 2004にも詳しく扱われている。
13 Linda Colley, *Britons: Forging the Nation 1707-1837*, 1992, New Haven: Yale University Press.（川北稔監訳『イギリス国民の誕生』名古屋大学出版会、2000年）

14	*The Times*, Comment 'Nation and Race', October 12, 2000.
15	*Daily Telegraph*, Comment 'The British Race', October 10, 2000.
16	*Daily Mail*, 'British is racist, says peer trying to rewrite our history', October 10, 2000.
17	Myers, Cultures of History, pp. 33-34.
18	第一次世界大戦の「記憶」や追悼などの「記憶の場」に関しては近年、研究者の注目度の高いテーマである。著名なJay Winter, *Sites of Memory, Sites of Mourning; The Great War in European Cultural History*, Cambridge, 1995の他にも、イギリスのケースについて日本語で読めるものとしては佐々木雄太「イギリスの戦争と帝国意識」木畑洋一編著『大英帝国と帝国意識』ミネルヴァ書房、1998年などがある。
19	以上の数値は、シャーウッドの『BBCヒストリー・マガジン』によるオンライン記事(Marika Sherwood, 'Racism by Omission', 29 December 2009, *HistoryExtra*, http://www.historyextra.com/contributions) による。
20	*Guardian*, 'We Weren't Wanted Anymore', 3 May 1995.
21	Sherwood, 'Racism by Omission'.
22	http://www.memorial-gates-london.org.uk
23	同年BBC2も歴史番組「タイムウォッチ(Timewatch)」の枠で第二次世界大戦時のインド人兵士について『忘れられた志願兵たち(*The Forgotten Volunteers*)』を放送した。
24	Barbara Korte and Eva Ulrike Pirker, *Black History, White History: Britain's Historical Programme between Windrush and Wilberforce*, Bielefeld: Transcript Verlag, 2012, p. 225.
25	例えば、ロンドン・ドックランド博物館で行われた'London, Sugar and Slavery'などは展示にその視点が明確に現れていた。
26	Photographs, Colonial Legacy and Museums in Contemporary European Culture, http://photoclec.dmu.ac.uk/content/war-windrush-curating-multiculturalism-imperial-war-museum-london.
27	Imperial War Museum, *Whose Remembrance?: A Scoping Study of the Available Research on Communities and the Colonial Experience of Two World Wars*. プロジェクトについて詳しくは、帝国戦争博物館のウェブサイトで確認できる。
28	タル同様、西インド諸島系の「戦争の英雄」を扱う映像作品として作られたものに、第二次世界大戦時のイギリス空軍兵士、エディー・マーティン・

ノーブル (Eddie Martin Noble) の姿を追ったドキュメンタリー『不死身の兵士 (A Charmed Life)』がある。
29 http://www.bbc.co.uk/programmes/b04dh242
30 https://www.soas.ac.uk/gallery/efw/
31 http://www.empirefaithwar.com
32 一例として、2015年5月にBBC4で放映された『国王と帝国のために戦う：イギリスのカリブの英雄たち (Fighting for King and Empire: Britain's Caribbean Heroes)』を挙げることができる。
33 Richard Smith, 'The Multicultural First World War: Memories of the West Indian Contribution in Contemporary Britain', *Journal of European Studies*, Vol. 45, No. 4, 2015, pp. 347-363.
34 シーコールは「クリミアの天使」ナイチンゲールと同時代に、戦場での看護に貢献したとされる黒人女性で、本文後述の「偉大なるイギリス人100人」の投票結果を受けて行われた「偉大なる非白人系(ブラック)イギリス人100人」の投票で一位になった人物である。
35 *The Runnymede's Quarterly Bulletin*, 'The Real Histories Directory goes live', March 2004, 7-8.
36 Yasmin Alibhai-Brown, 'Black History should never be safe history', *Independent*, October 7, 2002
37 Tony Kushner, 'Great Britons, Immigration, History and Memory', in Burrell and Panayi, *Histories and Memories*.
38 以下、イギリス、特にレスターのような多文化な地域において進行しつつあるコミュニティやアーカイブによるオーラル・ヒストリーの収集プロジェクト等について、リチャード・ボニー (Richard Bonney) レスター大学名誉教授、「レスターシャーおよびレスター、ラトランド文書館 (Record Office for Leicestershire, Leicester and Rutland)」元館長のマーガレット・ボニー (Margaret Bonney) 氏、「東ミッドランズ口述歴史資料アーカイブ」のアーキビストのコリン・ハイド (Colin Hyde) 氏、元アーキビストのシンシア・ブラウン (Cynthia Brown) 氏らの情報提供をいただいた。以上のような貴重な情報源をご紹介いただいた佐藤清隆・明治大学教授にも記してお礼としたい。また、佐藤教授によって明治大学多宗教・多文化の歴史研究所より発刊されているMemory and Narrative Seriesおよびディスカッション・ペーパーは以下に述べる多文化社会におけるオーラル・ヒストリーの収集に関して素晴らしい事例や情報を提供してくれる。

39　http://www.ohs.org.uk
40　イギリスにおけるオーラル・ヒストリー運動の意義やその詳細については、Paul Thompson, *The Voices of the Past* (Third Edition), Oxford University Press, 2000（ポール・トンプソン、酒井順子訳『記憶から歴史へ』、青木書店、2002年）に詳しい。
41　https://www.le.ac.uk/emoha/
42　https://www.hlf.org.uk/hlf-annual-report-2014-2015
43　http://bcaheritage.org.uk
44　Kathy Burrell and Panikos Panayi, 'Immigration, History and Memory in Britain', in Burrell and Panayi, *Histories and Memories*.
45　プロジェクトについては、Real Histories Directory（http://www.realhistories.org.uk）および History Lessons Project（http://www.runnymedetrust.org/projects-and-publications/education/history-lessons-2.html）を参照。
46　Stephen Bourne, *Black Poppies: Britain's Black Community and the Great War*, Stroud: The History Press, 2014. ボーンはこの前にも、第二次世界大戦と黒人コミュニティ、および同大戦における黒人系兵士に関する2冊の本を上梓している。
47　Bourne, *Black Poppies*, pp. 9-26. および Stephen Bourne, 'The British Empire's unsung heroes of the First World War', The History Press blog（http://www.thehistorypress.co.uk/index.php/updates/cat/blogs/post/unsung-heroes-of-the-First-World-War）
48　Caryl Philips, 'Mixed and Matched', *The Guardian*, January 9, 2000. 本章の初稿脱稿後、2016年6月23日イギリスでEU離脱を問う国民投票が行われ、僅差で離脱が選択された。その選択に当たっての大きな影響を与えたと言われる争点の一つが「移民」であり、離脱派のキャンペーンにおいて近年の移民・難民の流入の社会への否定的影響のみが強調されたこと、そしてそれに共感する有権者が決して少なくなかったことは、近年の「多元主義のポリティクス」によって礼賛されてきた多文化社会としての自己イメージの基盤の脆さを如実に指し示す結果となった。

第 3 章

創造される記憶としてのニュージーランドネス
パケハのアイデンティティとノスタルジアとしてのキーウィアナ

原田 真見

はじめに

　近代国家としてのニュージーランドの歩みは、公式には1840年にイギリスと先住民マオリとの間に交わされたワイタンギ条約が始まりとされる。それ以前の18世紀後期には既にイギリスからの労働者や宣教師たちがこの国を訪れて近代社会の実質的な建設が始まっていたとはいえ、これは英国自治領の中でも比較的遅い時期である。ワイタンギ条約から起算すればまだ200年にも満たない近代国家ニュージーランドの歴史は、そのままナショナル・アイデンティティ模索の歴史とも言える。白人ニュージーランド人パケハ（Pākehā）、先住民マオリ（Māori）、そして特に近年ではアジアからの進出の目覚ましい新移民から成る複合的な社会において、ニュージーランドネス、すなわちニュージーランドらしさとはどのように構築されるのだろうか。本稿では特に、植民者としての歴史から生じるジレンマを抱えつつ社会のマジョリティとしての地位を保つパケハに着目し、（ナショナルなレベルでの）社会の正統の構成員としてのアイデンティティ形成について考察する。国家の成員としてのアイデンティティの構築や維持には様々な要素の関わりが考えられるが、ここでは歴史的経緯と国家の政策から生じるアイデンティティの揺らぎを踏まえた上で、それを補完する文化的な帰属意識の醸成のあり方を検討したい。

この文化的な帰属意識を考える際に着目したいのが大衆の記憶としての集合的記憶である。個人の能力としての記憶は社会全体で共有できる文化でもあると示したコナトン[1]の指摘に倣い、本稿後半では、個人的なノスタルジックな記憶が書籍やモノといった媒体を通じて大衆の共通記憶として受容され、ニュージーランドネスに具体的な「かたち」が付与されていった「キーウィアナ（Kiwiana）」概念／現象に焦点を当てる。コナトンは記憶の共有や維持を担うものとして身体や身体を使った儀礼に着目しているが、キーウィアナというノスタルジアも、人々が実際に使用したり直接見聞きしたりした具体的な事物の一覧を媒介して共有されるという点で、身体感覚を伴う記憶と言える。ここでは、特定の集団の構成員（＝パケハ）が「自分たちのもの」として共有する記憶を集団的記憶として捉えるが、この記憶という行為や現象に関わるのはそれを共有する構成員のみではない。その記憶を「自分とは関わりのないもの」と認識する、同一社会の他の構成員（＝マオリや最近の移民など）も、何らかのかたちで巻き込まれると考えられる。すなわち、変容する社会において、そのマジョリティとしてのパケハにとっては自集団の集団的記憶は「包摂」の作用を持ち、他方で、マイノリティにとっては「排除」の作用を持つ。特に、記憶のひとつのあり方としてのノスタルジアは、自らのルーツに関わる情緒的な感情を伴うため、より強い包摂と排除の働きを持つだろう。
　ノスタルジアについては様々な研究が為されているが、歴史的住宅地区における保存活動をノスタルジアの観点で分析したキットソンとマクヒューは、ノスタルジア研究では大きく分けて、「修正主義的・後退的で、弱体化に向かうものと理解される『後ろ向きの』ノスタルジアと、生産的・批判的・セラピー的なものとみなされる『前向きの』ノスタルジア」の2つの捉え方があるとした上で、「ノスタルジアを『過去』や『ホーム』の表象あるいはそうしたものに対する個人的な憧れと捉える見方から離れ」、「身体・対象・事物を巡る、個人を超えた感情の流れとしての歴史的実践〔の概念：引用者注〕を取り入れ」てノスタルジアの解釈を試みてい

る[2]。詳しくは後述するが、キーウィアナの概念においても、記憶は生活と実践に密接に結びついており、そうしたいわば身体感覚を伴う事物が記憶の中から選別され、集団の中で一定の価値観を共有するニュージーランド的なものとして認定されていくことになる。

　以下の前半ではまず、ニュージーランドの歴史を概観しつつ、パケハが置かれてきた歴史的立場とそれに伴う複雑な政治的アイデンティティを確認する。その上で、後半において、そうした不安定さを乗り越える情緒的な仕組みとしてのノスタルジアに目を向ける。特に情緒的な感情をもってパケハを結びつけるキーウィアナ概念の定着の過程を検討する。その際、個人的な経験に端を発したノスタルジアがいかに集合的記憶として共有され、パケハのアイデンティティの中に取り込まれていくのかを示す。最後にそのようにノスタルジアを通じて獲得される文化的アイデンティティの意味するところを考察する。

1. パケハとマオリ
歴史的概略

　パケハを中心として構築されるニュージーランドネスについて検討する前にまず、パケハとは誰を指すのかについて確認しておこう。先住民マオリがアオテアロア（Aotearoa）と呼んでいたこの土地に18世紀から徐々に入ってきたヨーロッパ人——主としてイギリス人——をマオリの人々が自分たち「普通の人間」とは異なる人間として区別して呼ぶようになったのがパケハである。「マオリではない」というこの言葉の根底にある否定のニュアンスを嫌ってパケハと自認しないヨーロッパ系住民もいる。また、マオリといわば対の関係にある者としてのパケハという自認が広く共有されるようになったのも1970年代・80年代以降のことと考えられるが、本稿では、自認しているか否かに拠らず、ニュージーランドにおける支配的文化グループを成すヨーロッパ系住民を指す言葉として用いる。それには、

18・19世紀から先祖代々この地に住み着いているパケハはもちろんのこと、最近になってニュージーランドに移民してきたヨーロッパ系住民も含まれる。

　パケハとはその起源から矛盾を抱えた不安定な存在であると言える。建国間もないニュージーランド社会で尊重されたのは「平等主義」と「人道主義」の精神である。当時の移民たちは、母国イギリスにおいてすでにそうした思想に触れており、それが実現可能な理想郷として新しい国をとらえていた。武力ではなく1840年にヴィクトリア女王とマオリの人びととの間で交わされたワイタンギ条約という一見平和的な手段のもとにアオテアロアをイギリス帝国に組み込んだ建国の過程も、人種的に融和した平等主義的な国家としての自負といわば錯覚をパケハに植えつけた。パケハが支配者側の立場にあり、マオリに対し優越的な意識を持っていたことは間違いないが、征服者としてではなく平和的な植民者として移住してきたつもりのパケハが単純な支配者意識を持つことは難しかった。実際にはワイタンギ条約締結後、1860年から72年にかけてパケハとマオリの間で土地戦争が行われたことがそれほど表だって記憶に留め置かれなかったことも、平等主義の国家を建設したという支配者側の錯覚の表れであり、錯覚を助長するものだったと言える。

　一方で、ニュージーランドという国に対するパケハの帰属意識も不安定なものだった。確かに人口や経済面では、ワイタンギ条約後まもなくパケハはマオリを圧倒していくことになるのだが[3]、ニュージーランドへの帰属という点でパケハのアイデンティティは曖昧な状態に置かれ続けていた。この曖昧なアイデンティティの変遷は植民者が母国の家族に宛てた手紙からもうかがい知ることができる。19世紀前半の初期移民は自分たちを「イギリス人」と認識していた。1850年代までは「ニュージーランド人」とは「土着民 (native)」と交換可能な言葉であり、マオリを指すものだった[4]。パケハにとってニュージーランドという国は観念上必ずしも永住の地でも自分の国でもなかったのである。やがて19世紀終盤にニュージー

ランド生まれのパケハが移民者の数を上回るようになるとようやくパケハの中に「ニュージーランド人」としての自認が生じていく。

　本稿では19世紀から20世紀中葉にかけてのマオリの同化政策についての詳細は割愛するが、この間、特に1938年に労働党政権が手厚い福祉政策を導入して以降、比較的豊かな福祉国家において「平等主義」の理念が曲がりなりにも実践されていることが、パケハにとっての誇りとなっていく。また、南アフリカ戦争、第一次世界大戦、第二次世界大戦という帝国主義戦争に参加することにより、対外的にも独自の国家としての貢献を果たすことになったが、それが翻ってニュージーランド人としての自覚と誇りを促すことにつながった。特に、第一次世界大戦中にANZAC（オーストラリア・ニュージーランド連合軍）の一員としてマオリ部隊が編成され、戦地において活躍を果たしたことは、ニュージーランドの「正員としてのマオリの成熟」を国内に示すものであった。パケハとは別個の部隊として編成されたことからも明らかなように、ニュージーランド市民としての真の融合とは言い難くはあったのだが、パケハの側からみれば、マオリによるイギリス帝国への貢献はニュージーランドの主要な2つの民族の一致団結を象徴するものであった。

　ニュージーランドの国家アイデンティティを考える上でもうひとつ重要な出来事が第一次世界大戦中に生じた。他国の兵士たちがニュージーランド兵を「キーウィ（Kiwi）」と呼ぶようになったことである。そのきっかけは、オーストラリアの靴墨メーカーがそのロゴにニュージーランドの国鳥キーウィを採用していたことにある。第一次世界大戦中に、この「キーウィ靴磨き（Kiwi Boot Polish）」が連合国軍の間で重宝される中で、ニュージーランド兵士の愛称として「キーウィ」が定着したのである[5]。戦後この愛称はニュージーランド国内においても定着し、パケハ、マオリの別を問わず広く「ニュージーランド人」を指す言葉として使われるようになった。「キーウィ」は、正式な「ニュージーランド人（New Zealanders）」に比べより情緒的な名称と言える。名前の基となった鳥の希少性や、夜行性

で人前に滅多に姿を現さない生態、見た目の愛らしさなどが、ニュージーランド人の特性を説明する際にも利用されるようにもなった。キーウィにはややシャイなところがある、特別な存在である、という説明は、日常的に人々の会話でも聞かれるところである。何より鳥のキーウィはニュージーランド固有の鳥である。マオリに数世紀も遅れてニュージーランドに移住してきたパケハにとって「キーウィ」は、自分たちとこの土地との結びつきを象徴してくれる愛称である。この後、特に文化的な文脈において「キーウィ」は多用されることとなっていき、情緒に訴える集合的な「キーウィ」文化の形成を強めていった。

　他方で、世界的な市民運動の動きとも相まって、1960年代から徐々にマオリの慣習権の復活を求める運動が強まった。マオリ側はワイタンギ条約の締結後に進んだ政府による土地の収奪を不当なものと考えており、特に1970年代以降、本来対等な関係における取り決めと理解されていたはずの条約の精神を尊重するよう政府に迫り、土地の返還や賠償を求めるようになっていく。こうしたマオリ側の働きかけや国際的な差別撤廃の動きを受け、政府は公的な二文化主義の採用に傾いていく。それまで多くの国民にとって単に歴史上のシンボル以上の意味を持たなかったワイタンギ条約は、マオリとパケハの対等なパートナーシップを体現する、国の礎として機能するようになる。
　二文化主義政策への転換はさらに具体的な形を取って現れるようになった。マオリの権利の回復という実質的な側面にとって最も重要だったのは1975年のワイタンギ条約法、そしてそれに基づき1977年に設立されたワイタンギ審判所である。ワイタンギ審判所は、ワイタンギ条約の精神と齟齬があるとしてマオリより申し立てられた立法措置や政策・実践に対し審議を行い、和解に向けた必要な措置について政府に助言を与える機関である。あくまで助言機関ではあるが実際に審判所の判断は重視されることが多く、その判断によってマオリの慣習権の回復が進んだ。ワイタンギ審判

所の勧告に従って、1987年にマオリ語が英語と並ぶニュージーランドの公用語の地位を獲得したのもその一例である。それにより、たとえば政府機関の名称の二語表記といったかたちを取って、マオリの存在は公的な領域において顕在化していった。

　こうした政治的な二文化主義政策の促進は、現代世界に向けて肯定的なニュージーランドのイメージを展開するには役立った。しかし一方で、イギリスの自治領としての統一的な社会の幻想を長らく抱いてきたパケハにとっては、ニュージーランド国民としての自らの正統性への異議申し立てとしても機能したと考えられる。ここからは、これまで示してきた歴史的・政治的背景をもとに、パケハがマオリとの関係性の中で過去をどう捉え、どのような自己像を作り出しているのかを見ていきたい。

2. パケハの罪悪感と権利意識
二文化主義政策以降

　既述のように、パケハの間では平等主義が古くからの社会的理想として共有されていた。元来は、母国イギリスと違って階級制度を持たない新しい社会においては誰にも平等に開かれた機会があるという期待から始まっていた。「ニュージーランドは平等主義を尊重する国である」との言説には、パケハにとって二つの機能がある。ひとつは、政治的にも社会的にもマイノリティの立場に置かれているマオリの実情を覆い隠すものである。もうひとつは、マオリに対し「不平等な」立場に置かれたパケハの権利を主張するためのものである。二文化主義に転じる前のニュージーランド社会においては、平等主義社会の神話が長らくマオリの窮状を社会的に見えにくくし、それが単一文化的な国家観を支えていたと言える。しかし、上記にみたような1960年代・70年代以降のマオリによる真の平等に向けての主張とその後に実現した二文化主義政策によるマオリの権利の顕在化は、それまでの平等主義があくまでパケハの価値観に基づいたものであったこと、

融和的・単一文化的な社会が幻想であったことをパケハに知らしめるものだったと言える。

　こうした状況は、ニュージーランド社会の正統としてのパケハの意識を脅かすことになる。それは、自分たちとこの国の結びつきを歴史的に振り返る際の記憶の持ち方にも作用している。ここでは典型的な反応として、歴史的過去の行いに対する罪悪感と、土地や自然との伝統的な結びつきが脅かされることに対する危機感という二つの相反的な意識を取り上げてみよう。

　マオリとの関係に基づくパケハの記憶の持ち方として「罪悪感・後ろめたさ」の意識（guilt）に着目したのは、ニュージーランドの社会学者アヴリル・ベルである。以下ではこのA.ベルの考察を追いながら、パケハの抱えるジレンマを検討する[6]。

　2002年12月4日、オランダ系パケハで人種関係監督官のジョリス・ド・ブレスが、世界文化遺産に関わるセレモニーの中で行ったスピーチがニュージーランド国内で議論を巻き起こした。このセレモニーは、前年に起こったタリバンによるバーミヤン遺跡の破壊を受けて文化遺産の保護を訴えた国連の呼びかけによるものだった。そのスピーチの中でド・ブレスはニュージーランドの植民地化を、タリバンの行為になぞらえて「文化破壊（cultural vandalism）」と表現したのである。スピーチ全体の趣旨は、決して扇情的なものではなく、現代の主流文化を形成するパケハに、生きたマオリ文化を敬いその存続を支えよう、と呼びかけるものであったにもかかわらず、そのタリバンとニュージーランド植民地化の比較が各方面の識者から感情的な反発を招くことになった。当時の労働党内閣首相ヘレン・クラークは、この喩えを「あさはか」で「不必要なまでに挑発的」であると批判した。一方、野党国民党党首ビル・イングリッシュも、ド・ブレスのスピーチは「卑屈な罪悪感」の一例だ、と糾弾した。その他、このスピーチへの非難として挙がった表現には、「侮辱的」「きわめて攻撃的」「愚かで挑発的」といった感情的な言葉が並んでいた。

これは際立った一例であるが、ニュージーランドの歴史におけるパケハの不正行為への言及は、しばしば「卑屈で（不当な）罪悪感」の表れとして非難されることが多い。ド・ブレスのスピーチ自体には罪悪感という言葉は使われていないが、非難する側がこぞってスピーチに隠れているその「愚かな」罪悪感を指摘し、そして現在のニュージーランドの'人種'関係にとって不適切な感情として即座に一蹴する、というパターンが見られる。現在のパケハが「無罪」であることを証明するためにはいくつかのレトリックが用いられる。その例としてA.ベルは、ニュージーランドを代表する歴史家の一人マイケル・キングの言葉を挙げている。

> 19世紀に起こったことはともかく起こってしまったのだ。それは人間の歴史の一部である。当時最も拡張主義的な帝国だったイギリス帝国は太平洋の先住民たちに取り返しのつかない損害を与えた。（しかし）責任を負うべきはイギリス人なのだ。パケハが罪の責任を負うというのはばかげたことである。なぜならパケハは19世紀のイギリス人と同一ではないからである。[7]

ここに示されているように、責任は過去のパケハどころかイギリス人に転嫁されている。過去に蛮行を働いた人々と現在の自分たちとの関係を否定することにより、マオリとの対話や過去の反省を拒絶しているのである。しかし、過去のイギリス人との関係の否定は、現在のパケハにとって、家系的つながりすら拒絶することに等しい。つまり、善悪諸々の歴史を背負った上で成り立つニュージーランドという国の国民としてのバックグラウンドを否定することをも意味する。また、イギリス帝国という、一般のパケハの責任の範囲をはるか遠く越えた権威・機構を持ち出すことにより、考え行動する主体であるはずのパケハは過去の責任から切り離され、イノセントで、しかしこの国とのつながりが不明瞭な存在として位置づけられることになる。

ド・ブレスのスピーチが不適切な罪悪感を表すものであるとの非難に見られるパケハの感情的な反応は、実はそうした批判者自身が抱える罪悪感の反映とも読み取ることができる。歴史的事実として、パケハの犯した過ちにパケハ自身が気づいてはいる。しかし、ワイタンギ審判所の取り組み等によって和解の道を進んでいるように思われる過去の清算が、パケハの「罪」の表面化によって簡単に覆される可能性のある脆さを併せ持つことをパケハ自身が敏感に感じ取っていることを、上記のエピソードは示していると言えよう。

　このような、過去に対する罪悪感とその否認という意識と対照的なのが、国土を巡る権利意識である。前節で触れたワイタンギ審判所が扱う訴訟の中でも特に重要なのがマオリの土地返還要求に関するものであるが、返還対象の土地が個人の所有物になっていない場合でも、論争を巻き起こすことがあった。たとえば、マオリの中でも南島最大のイウィ（iwi：部族）であるナイ・タフが申し立てた賠償対象の土地は南島全域にわたり、1997年に政府より一部返還された土地（返還できない土地の分に関しては多額の補償金が政府より支払われた）には南島有数のトレッキング・コースのある国立公園が含まれていたことから、自然志向の強い一般のパケハ市民たちから不満の声が上がった。当時の新聞投稿記事からは「平等主義」を掲げて一連の賠償契約を糾弾するレトリックが読み取れる。パケハにとって国立公園は皆のものであり、そこを訪れ豊かな自然を享受することは「人種・出自を問わずあらゆるニュージーランド人に備わるはずの権利」であり、それを一部のグループに「ただで放出」した政府に対する批判は厳しかった。さらに激しい非難をナイ・タフに向けた投稿者は、キャンプ地の一般使用を許可したナイ・タフに対してもその「恩着せがましい傲慢な態度」を「人種差別主義」として切り捨てさえした[8]。こうした批判には、マオリが過去に被った「非平等主義的な」扱いに対する認識は抜け落ちている。批判者にとって「あらゆるニュージーランド人に備わるはずの権利」とは、パケハが構築した制度内の事象を指し、パケハ以前の社会にあったマオリ

古来の権利は「平等主義」の適用外である。ここに、パケハの構築した政治的アイデンティティの要である「平等主義」の脆弱性が指摘できる。なにより、パケハよりはるかに長くこの国と結びついてきたマオリの慣習権が復活することにより、それまで国民として当たり前であったはずのパケハとこの国の土地との結びつきの脆弱性が露呈した、という事実が重要である。

　こうしてみてくると、パケハが抱く過去に対する罪悪感と反動としてのその否認の意識も、土地に対する権利の主張とマオリへの非難も、二文化主義政策導入後に新たなかたちでパケハが経験することになったアイデンティティ・クライシスとして解釈することができる。

3. パケハの揺らぎ
1980年代以降の経済政策

　パケハにとっての平等主義の揺らぎは、1980年代以降の経済政策の転換によってさらに強まることとなる。この時期、政府は構造改革に乗り出し、省庁の人員整理・業務のアウトソーシング・福祉政策の縮小化により小さい政府へと変身を遂げていった。法学の観点からニュージーランドのナショナル・アイデンティティを考察したナン・スーファートの言葉を借りれば、1938年に本格的な社会保障制度を取り入れて以来福祉の充実した「面倒見のいい（caring）」国家だったニュージーランドは、グローバル経済の中で「競争力のある（competitive）」国家へと方向転換を図り始めたのである。もっともスーファートが指摘するように、長年ニュージーランドが標榜してきた「面倒見のいい」国家像も必ずしもすべてのニュージーランド人に等しく当てはまった訳ではない。これもやはり平等主義の神話の下、実際にはパケハ男性を標準的な受益者と設定したものであり、パケハ式の制度はマオリの慣習に適合しないこともしばしばあった[9]。政治・経済両面に関わるこの「面倒見のいい」国家像自体が言わばパケハの創造

した「想像の共同体」だった訳である。新たな「競争力のある」国家戦略は、パケハにとってこの平等主義的な「想像の共同体」からの離別を意味する。

　「競争力のある」国家への転換は移民政策にも影響を与えたが、そこに見え隠れする本音と建前の拮抗の中にもパケハ社会の意識をうかがうことができる。伝統的にニュージーランドでは、非白人移民に関しては厳しい態度が取られてきた。人種差別政策では隣国オーストラリアの白豪主義が悪名高いが、ニュージーランドの政策はそれほど際立って表明されなかった分、さらに巧妙だったと言える。1899年移民制限法では語学テストを設けることで英語母語話者以外の移民を制限し、1920年移民制限修正法では語学テストが外される代わりにイギリス出身者でない者に入国許可証の取得を義務付けた。しかも許可証の発行が拒否された場合、差別の告発を避けるため、理由は明らかにされなかったという。このように事実上アジア人をできるだけ排除する方策が長らく取られ続けた。ニュージーランドのこのような「白人主義以上に白人偏重の政策（whiter than white policy）」[10]は、長らく「外国人」の定義をマオリ以外の非白人としていた。イギリス人移民は「外国人」ではなかったのである。この定義が覆ったのは1974年にイギリス人・カナダ人・アイルランド人移民に初めて入国許可証の取得が義務付けられた時である。その後も（不法滞在者を検挙する目的で太平洋諸国出身者を狙い撃ちにした踏み込み捜査というかたちを取って）非白人移民に対する差別は続いたが、1980年代に始まる「競争力のある」社会への政策転換に伴い、移民政策も大きく転換する。国内経済を刺激し、グローバルな市場において競争できるような企業家の獲得を狙い、出身国を問わず高学歴者や専門家の移住を奨励するようになったのである。さらに、90年代に入るとニュージーランドはより積極的に東アジア・東南アジアでのビジネス・チャンスを模索し、アジアからの人材誘致に乗り出す[11]。

　1980年代・90年代の移民政策の大転換は、ニュージーランドが経済政

策的には「アジアの一員」という新たなアイデンティティの獲得に乗り出したことを表している。しかし、経済政策上の思惑とは裏腹に、増加するアジア人は国家の安定を揺るがす存在として問題視されるようになる。結局社会の根強い抵抗を反映し、2002年になると今再び移住資格に高度な英語運用能力が追加され、アジア人に不利に働くよう改定された。

　移民の扱いは、本来移民のルーツを持つパケハにとっては、自身の覇権的地位を脅かしかねない問題である。政治・経済政策が「競争力のある」社会への転換を図ろうとも、アジア系移民に対する抵抗感が依然として根強い背景には、これまで構築してきたパケハ的な価値観に基づく社会構造が浸食される恐れがうかがえる。一方、マオリも新しく流入してくるアジア系移民には警戒感を持っている。NZファースト党の党首でマオリのウィンストン・ピーターズのように、あからさまにアジア系移民を糾弾し、移民より現在の市民の利益を第一とする姿勢には、二文化主義の一翼としての地位を守ろうとする意図が見られる。アジア系移民は「誰が真正のニュージーランド人か」という問いを社会に改めて突き付けている。そしてニュージーランドの二文化主義は明らかに、第三のグループをそのナショナル・アイデンティティから排除する働きを持っていることが分かる。

4. 文化的アイデンティティとしての「キーウィアナ」
再び過去へ

　これまでパケハのアイデンティティに関わる歴史的・政策的な経緯についてみてきた。1960年代以降の社会変化は、それまでの「伝統的な」価値観を覆すものであり、国家の成員としてのパケハの正統性を揺るがすものである。パケハはワイタンギ条約以来常にアイデンティティを模索し続けている存在であると言えるが、特に20世紀後半以降のニュージーランドの政治社会状況は、パケハにとって自明のアイデンティティを持ちにくくさせている。だからと言って、その代替としてマオリや新しい移民たち

とより融合的かつ統一的なアイデンティティが生じている訳でもない。ここからは、パケハのニュージーランドらしさ、ニュージーランドネス確保のための情緒的な記憶の持ち方として、「キーウィアナ（Kiwiana）」概念の構築とアイデンティティとの関わりをみていくこととする。

『ニュージーランド・オックスフォード辞典』の簡略な定義によれば、「キーウィアナ」とは「ニュージーランドやその歴史に関連する・あるいは特徴的な本・資料・品など」を指す[12]。さらに補足すれば、「ニュージーランド的」、より厳密に言えばパケハ主導の大衆文化的という意味で「キーウィ的」な価値観や「伝統的」生活スタイルを思い起こさせる概念でもある。しかし、辞典の定義が示唆するように、その概念を支えるのは具体的なかたちを備えたモノであり、モノ自体がキーウィアナとして了解されてもいる。しかもそれは一定の「歴史」を持っていなければならない。

この言葉自体の登場は比較的最近のことである。キーウィアナという言葉を、それをかたち作る具体的なモノと結びつけながら提示したのは、スティーブン・バーネットとリチャード・ウルフによって1989年に出版された『ニュージーランド！ニュージーランド！―キーウィアナ称賛（New Zealand! New Zealand!: In Praise of Kiwiana, 1989、以下『ニュージーランド！』）』である。ウルフらはその序文で、この本の編纂の理由を次のように述べている。

> 世界がますます小さくなるにつれ、西欧の消費文化に覆われて国家アイデンティティは曖昧になる。が、幸いなことに同等の反発力があり、伝統的な民間伝承やイメージへの関心が高まっている。本書を編纂したのはキーウィアナ、すなわちニュージーランド的な「違い」を称賛するためである。[13]

ニュージーランドの独自性を確認する証として、この本には生活用品を中心とした様々な事物の絵や写真が収められ、それらの起源やそれらが使わ

れた主として1960年代以前の社会背景が語られている。キーウィアナの具体的「かたち」として示されるアイコンはニュージーランドの自然や鳥から始まり、子ども用玩具や食品、住宅、庭、生活家電、農場の風景、自動車、ポスターと多岐に渡るが、どれもパケハには懐かしさと共にニュージーランドらしさを彷彿とさせるものである。ニュージーランド的な違いを表す言葉として「キーウィアナ」が採用されたことも注目に値する。既述のように、「キーウィ」はパケハやマオリの隔たりなくニュージーランド人を指す愛称である。この本で紹介されている事物のほとんどがパケハの生活に関わるものであるにもかかわらず、「キーウィ的なもの」と表現することで、ニュージーランドネスを構築するパケハの正統性が高められることになる。こうして鳥のキーウィも含め、土着のもの、マオリ的なものも都合よくパケハのノスタルジアに取り込まれていくのである。

　『ニュージーランド！』は、もともと製品ラベルやデザインに対するウルフの個人的な関心に端を発する。したがって、アート系の雑誌では、製品デザインのカタログとしての評価も試みられた。しかし体系的な資料としては正確さや客観性を欠く点が評者を戸惑わせた。そこで指摘されているのは、大量に掲載された写真のキャプションや脚注、インデックスの不備だけではなく、筆者らの「主観性と扱っている素材の大部分にわたる一般化」における正確さの欠如である。実際、選ばれたモノには偏りがあり、全体としてこの本は1950年代に少年時代を過ごした「男たちが覚えているニュージーランド」の姿を表している[14]。そしてこの男たちとは紛れもなく、パケハ男性を指す。評者の当初の期待を裏切り、『ニュージーランド！』は客観的なデザインの目録や解説書などではなく、きわめて主観的な、古き良き時代の日常が醸し出すノスタルジアのカタログであったのだ。

　『ニュージーランド！』上梓の際は、ウルフら自身は敢えて「キーウィアナ＝文化」という捉え方を避けていた。本で扱われた事物は実態としては「大衆文化」の表象と言えたが、本人たちはそれらを「生活と慣習」の表象と捉えようとしていた。『ニュージーランド！』の出版に続いて企画

された関連の展覧会を控えて組まれた雑誌の特集記事では、キーウィアナとしてこの本で紹介されている製品は「この国の生活の輪郭を提示する」ものであり、キーウィアナが意味するのは「文化」ではなく、「民間伝承」であり、「ニュージーランドの慣習に関する野外図鑑」だとしている[15]。つまり、キーウィアナは元々、ウルフの個人的な郷愁が、目に見える具体的なモノのかたちを通じて世に提示したニュージーランド的なるものの総体と言えるが、そこで選ばれたのはたとえばニュージーランド人の手による芸術作品や公的に記述されるような歴史的な事柄と関連のあるモノではなかった。むしろウルフ自身の直接的な身体感覚を伴う、日常生活で使ったり見聞きしたりするようなごく平凡な事物であり、そこから文化を見渡そうとする視点は当初なかった、という点に留意したい。

　昔からある／昔使ったことのある日常的なモノに着目したこの本は、そうしたあまりにありふれた事物をどう評価すべきなのかという戸惑いも生じさせたが、その一方で人々の強い関心を引いた。上述のように『ニュージーランド！』の発行の翌年にはテレビ局の主催で関連の展覧会がオークランドで開かれ、主催のテレビ局はもちろんのこと、新聞や雑誌等でも特集が組まれ、本の売り上げを後押しした。報道によれば1万1000部に達したとのことであるが、これは人口規模400万の国においては相当な売り上げであると言える。また、展覧会には4万5000人が訪れた[16]。自らも実際に使ったり触ったりしたことのある日常の品々という具体的な「かたち」を通じて人々がウルフのノスタルジアを共有しやすかったことは想像に難くない。その名付けの妙もあり、そしてこの後もメディア上で繰り返し取り上げられ、その定義が試みられることによって、キーウィアナは懐かしさを伴ってキーウィ的な価値観や暮らしぶりを体現する事物の総体を表す概念として、定着していくことになる。新規なものや一時的な流行に過ぎないものはキーウィアナとしては違和感を持たれることが多かった。キーウィアナのアイコンとして認定されるには、誕生から一定程度の時間が経ち、人々が振り返るべき過去をもつモノである必要があった。雑

雑誌のキーウィアナ特集

図1　*Listner* 1990年8月13-19日号 表紙

図2　*New Zealand Woman's Weekly* 2007年2月5日号 特集頁表紙

誌や新聞記事では繰り返しキーウィアナのリストが作成され、キーウィ的日常の表象自体が言わば楽しむべき消費物となっていった（図1、2参照）。1950年代のニュージーランド社会を題材にした芝居が「1950年代のキーウィアナへのノスタルジックな旅」と形容されたように[17]、ほどなくしてキーウィアナは過去のニュージーランド社会を振り返る際に特定のイメージを持って了解される言葉としての地位を確立していく。

　さらに、1994年にニュージーランド郵便が発行したキーウィアナ・シリーズの切手というかたちを取ってキーウィアナ概念はいわば公的な位置づけをも与えられるようになる[18]。切手に描かれた玩具やサンダルといったキーウィアナの図柄は、ニュージーランドの「伝統的な」生活を表す事物であると同時に、「今」のキーウィたちのアイデンティティをかたち作るアイコンとしての機能も併せ持つ。本来ノスタルジックな視線でとらえられていたキーウィアナはこうして次第に「今」のニュージーランドネス

を語る文脈で使われていくようになる。

　過去に求めるノスタルジックな価値観と現在のニュージーランドネスとのつながりを端的に示す例が、キーウィアナのアイコンのひとつ、「8番針金（No.8 wire）」である。キーウィアナの概念を整理し、リストに加えられるべき新たなアイコンの検討を行ったリンジー・ニールは、キーウィアナが「ニュージーランドの〔過去の：引用者注〕商業的成長と進取の精神を反映している」として、その典型例として「8番針金」に触れている。「8番針金」は本来牧場の柵を作るために古くから利用されている定番の針金であるが、他にも様々な日常品の修理や補強に便利に使われている。現在都会の住人のどれくらいが実際にこの針金を使っているか否かは別にして、「何でも手がけてしまう」ニュージーランド人ならではの能力は「8番針金の精神」という言葉で示されるようになる。また、ニールはこうした進取の精神といったテーマが、「日常生活における必要性の中に実用的に根差した、ニュージーランドのパイオニア文化に起源を持つ」と指摘する[19]。この、「何でも手がけてしまう」・「何でも直してしまう」という意味での「8番針金の精神」は、植民社会の担い手としてのパケハの歴史と、そこにアイデンティティの源流を見出そうとする現在のパケハの心象を結びつけるものである。新しいアジア系移民が増加し始めた世紀転換期にかけて、ニュージーランドネスを問う新聞や雑誌の記事が頻繁に登場するようになるが、キーウィアナ概念の急速な定着は、そうしたアイデンティティの模索と無関係ではないだろう。『ドミニオン』紙で「キーウィであること」と題した記事が組まれた際に、インタビューを受けた女性が、キーウィの資質のひとつとして「8番針金」の単語を挙げているように、「今」のニュージーランドネスを理解し語る上での必要不可欠な語彙がキーウィアナなのである[20]。

　しかし、1998年に書かれたこの『ドミニオン』紙の記事は、キーウィアナとは何なのか、なぜ、どのような事物がキーウィアナとみなされるのか、その知識や了解を持たない者には理解不可能である。あるいは知識が

あったとしても、キーウィ的な過去に対するノスタルジアを共有しない者には「8番針金」が体現するニュージーランド人らしさは腑に落ちないだろう。

その著書や新聞のインタビューの中でウルフが繰り返し説明するように、キーウィアナは、一方では「しばしば回顧的に認識される国家的構造の一部で、失われた若き日と神話的な黄金時代に対するノスタルジックな記憶を呼び起こすもの」であり、それを具体的にかたち作っているのは「私たちが日常を過ごしていくのに必要なもので、飾りや気取りのない、特定の大量生産物の雑多な取り合わせ」[21]である。つまり、繰り返すがキーウィアナのノスタルジアは、キーウィ（と名乗るパケハ）の生活と実践に密接に結びついており、日常的に見聞きしたり使ったりできる具体的なモノを媒介とした、身体感覚を伴う経験に裏打ちされているのである。こうした実感に基づいているからこそ、キーウィアナはその語・概念と具体的な事物が初めて紹介されてから10年足らずのうちに、「今」のニュージーランドネスを理解する上で重要な語彙のひとつとして定着したと言える。キーウィアナとみなされる大量生産された日用品や事柄は、実は海外由来のものが多い。それは比較的新しい植民地社会として始動した国家としては自然なことである。そうした状況は、かつては国としての独自性、ひいてはパケハ・アイデンティティの欠如を示すものと了解されていたが、キーウィアナは海外から取り入れたものをニュージーランド的なものとして消化していくスタイル自体をいかにも「私たちらしい」こととして肯定する視点をもたらしたと言える。

1989年の『ニュージーランド！』があくまでもウルフの個人的・主観的な日常のノスタルジアのあらわれであったのに対し、2001年に『キーウィアナ！：続編（*Kiwiana!: The Sequel*, 2001）』を出す頃までには一般的な了解としても、そしてウルフら自身も、「キーウィ的な文化」としてキーウィアナをみなすように変化していた。このようにキーウィアナが体現するノスタルジアは、それを共有する者の間に「今」のアイデンティティを

了解する語彙を与えることで、その記憶の参加者を包摂していると言える。しかしここで展開されている仲間意識がノスタルジアに立脚しているということは、それを共有しない者は否応なしに排除されることを意味する。

現在のニュージーランドネスの根源にある公の記憶としてのキーウィアナは、ツーリズムにおけるイメージ戦略にも利用されるようになっている。ニュージーランド政府観光局の（英語版）ホームページの紹介文を見てみよう。

> ゴム長靴、「バジー・ビー」の玩具、女の子の楽隊長、メレンゲのお菓子、貝殻の灰皿、料理本といった物がとてつもなく重要だなんて思えないかもしれません。でも、多くのキーウィ（ニュージーランド人）にとって、こうした品々はキーウィアナの主要なアイコンとしてとても重要なのです。キーウィアナが何かって？　過ぎ去りし日々のすべてのへんてこで素晴らしく風変わりな物で、私たちの国民性──キーウィ・アイデンティティ──を作り上げている物とでも言えるでしょうか。[22]

「過ぎ去りし日々」は別のかたちを取って現在を意味づけ、パケハにニュージーランド社会の正統としての根拠となる思い出＝集団的記憶を付与している。このように、海外向けのナショナル・アイデンティティとして解釈されるまでに成熟した現在のキーウィアナ概念を一旦整理しておこう。ニールは『キーウィアナ！：続編』を分析し、特に代表的なキーウィアナのアイコンとされる蜂型玩具の「バジー・ビー」、日本の履物に着想を得た「ジャンダル〔語源はジャパニーズ・サンダル〕」、森や農場での仕事着である「スワンドリ〔メーカー名が特定の衣類の代名詞となった例〕」「ワティーズ〔食品メーカー名〕のブランド」を取り上げその特徴を以下のようにまとめている。

(1) 一般的にはニュージーランド特有のものと考えられがちであるが、実はそうではない
(2) ニュージーランドの文化の中で（によって）順応を遂げてきた
(3) 複数世代に渡って使われてきた
(4) 個人的な意味づけの喚起から始まり、それがより広範でナショナルな重要性を帯びるようになってきた
(5) 利害関係者にとって、アイコンとしての地位を保っていることが多い
(6) その重要性はメディアによって煽られる[23]

　（1）から（3）の指摘は、『ニュージーランド！』執筆当初のウルフ自身の気づきでもあるが、（4）から（6）は『ニュージーランド！』発表以降、キーウィアナ概念がパケハの集団的記憶として構築されていくプロセスに関わっている。本、展覧会、新聞や雑誌の記事といったメディアによる繰り返しの提示によって、人々が自分のものとして参加し共有していったノスタルジアは、やがて文化的・情緒的なナショナル・アイデンティティとして海外向けの文脈にも応用されるまでに至ったのである。
　クローディア・ベルは、ニュージーランドの海外向けのブランド戦略についての論考の中で、国家のブランド化が国内外に及ぼす作用について説明している。自然豊かで自然を愛する国としてのブランドは、ニュージーランドの歴史・自然・倫理的伝統の中から選択的に抽出された要素であり、それによって「ニュージーランドはフレンドリーである」というパーソナリティも国家イメージに付与されていく。小国のニュージーランドがグローバル社会で可視性を獲得するには、分かりやすく単純化したイメージが必要とされるが、それは国内の様々な集団にとっても認識が容易で同化の可能な型でなくてはならない。しかし、海外に発信されるニュージーランドの「豊かな自然」という単純化したイメージは、たとえば国内に存在するマオリ・パケハ間の土地を巡る紛争を覆い隠してしまう。それでも、

国内に存在する多様な集団は、海外に対しては利害を共にするため、単純化された海外向けイメージに対して批判が出ることは少ない[24]。こうして海外向けに単純化され国内で容認されたスローガンやロゴは、国内においてもそのブランドイメージに沿った新しい言説を生み出していくことにつながる。C.ベルのこうした指摘は、海外に示すためのナショナル・アイデンティティとしてキーウィアナが利用される場合にも当てはまるだろう。

　事実、C.ベルはキーウィアナの醸し出すノスタルジアに対しても警鐘を鳴らしている。キーウィアナを通じてパケハが懐かしがっているのは想像上の牧歌的過去である。それは本稿前半で確認したように、「競争力のある」社会に方向転換した国の方針や、顕在化したマオリの抗議、アジア人移民の増加といった現代社会のあり方に対するパケハの不安の表れでもある。古き良き時代、「面倒見がよい」政府が信頼できた時代、マオリが抗議の声など上げず融和的だった（と思われた）のどかな時代、そうした想像上の過去のイメージが広告等で繰り返し使われ続けている現状は、「認知を通じて支配的文化を優先するような一連の意味体系の維持」を示している[25]。キーウィアナには、パケハが「罪悪感」に苛まれる過去は存在しない。実際、キーウィアナの「古き良き時代」として郷愁を寄せる対象となる過去は基本的にせいぜい1950年代か60年代までであるという点も重要である。女性解放運動、ワイタンギ審判所の設立と和解交渉、ホモセクシュアル法改正（1986年）といった、主として中産階級のパケハ男性の覇権を脅かすような70年代以降の社会変化はキーウィアナから排除されているのである[26]。キーウィアナは、1960年代・70年代以降の社会変化がパケハにもたらしたアイデンティティ・クライシスを回避させる作用を持っていると言える。

　キーウィアナは本来商業的かつ民俗的なものだったが、現在は政府観光局が利用していることからも明らかなように、海外に向けた公的な記憶としての地位も獲得している。社会全体のこうしたノスタルジアの構築は、現実として過去に存在したマオリ－パケハ関係の諸問題を覆い隠しながら

「キーウィ」の名のもとに時にマオリをも包摂する。それは現在に残るマオリーパケハ関係の問題の不可視化を助長することにもつながるだろう。

一方で、公的な記憶としてのキーウィアナには、それが醸し出すノスタルジアを共有しない者、特にアジア系移民を排除する働きもある。「8番針金」が体現するキーウィ・スピリッツを知らない者は、マジョリティが共有するキーウィらしさの意味空間には入り込めない。その点で、最近この国にやってきた移民であるならば、アジア人であろうと白人であろうと状況は同じようにも思われる。しかし、キーウィアナが導くノスタルジアは、たとえ新参者であっても白人にとっては取り込みが容易な象徴的過去である。対照的に、アジア人の姿の見えないこの象徴的過去からアジア人は排除される。本来「移民の国」であるはずのニュージーランドにおいて真の意味でダイナミックな多文化化が生じにくい背景には、二文化主義の強さだけではなく、心理構造的にアジア系移民を排除し続けるキーウィアナの存在も大きいと言えるのではないだろうか。

おわりに

キーウィアナに基づいた現代のパケハ・アイデンティティは、社会の構成員としてのパケハのあり方、他の構成員との関わり方にも影響を及ぼし得る力を持つと考えられる。しかし、パケハの意識は幻の過去に留まり続けるだけなのだろうか。

キーウィアナは、20世紀後半以降の社会変化に対するパケハの一種の反動として成長してきたと考えられる。このノスタルジアはパケハにとってはセラピー的な作用を持つ、『前向きの』ものとみなすこともできるだろう。しかし、キーウィアナが構築するこの集合的記憶は、他者を排除する働きを持ち、新たな関係性の構築につながりにくいという点でやはり『後ろ向きの』ノスタルジアと解釈せざるを得ないだろう。

キーウィアナと称しつつ、現実にはパケハ・アイデンティティのシンボ

ル以上のものではないこの概念を読み替えるための一助として、ニールは1950年代から70年代にかけて人気のあった移動式の簡易レストラン、パイ・カートをキーウィアナのリストに入れることを提案している。このパイ・カートは上記で示したニールによるキーウィアナの6つの定義に当てはまる上に、新たな要素も持ち合わせる。それは様々な社会集団が混ざり合う場を提供している点である。パイ・カートで働くスタッフも、そこに立ち寄って軽食を買っていく消費者も、パケハに限定されている訳ではない。むしろパイ・カートのノスタルジアにあらかじめセットされているのは、エスニシティも階層も異なる人々が行き交う風景である。このニールの提案は、これまでのキーウィアナのリストから漏れている、しかし確かにノスタルジアの源泉と成りうる、多文化的なアイコンを共有することで、キーウィアナがより包括的で『前向きの』集合的記憶になる可能性を示唆している。一方で、パイ・カートのようなアイコンが「自然に」キーウィアナに組み込まれなかった、という事実こそが、キーウィアナが極めて恣意的でパケハ寄りの概念であることを証明しているとも言える。ノスタルジアという主観的な記憶の持ち方に依拠したアイデンティティ形成は危ういと言わざるを得ないだろう。

　最後に、パケハ・アイデンティティ模索のもうひとつのかたちについて簡単に触れておく。ダグラス・ホーイは1960・70年代に始まるマオリのナショナリズムへの反応として、「ひとつのアイデンティティまたはエスニシティとしてのパケハという概念」が1980年代中葉から生じ始めたと指摘している[27]。無論キーウィアナもその表れのひとつであるが、それとは別により自己内省的な取り組みとして、「パケハとは何者か？」という問いにパケハ自身が向かい合い始めたのである。歴史家マイケル・キングは1985年の『パケハであること』を皮切りに、『パケハ――ニュージーランドにおけるアイデンティティの探求』(1991年)、1985年版のものに加筆した『今、パケハであること――ある白人ネイティブの思索』(1999年) において、ニュージーランドという国を作ってきた民族のひとつとしてパケ

ハを捉え、パケハという自己意識がどのように現われてきたのかを探求している。2節で挙げた彼の言葉に見られるように、キングは過去の植民者の責任と現在のパケハを切り離して考える立場を取るが、それにしてもパケハを自明の存在として捉えられないことを十分に了解している。また、パトリック・スニーデンの『パケハとワイタンギ条約──なぜ私たちの条約でもあるのか』（2005年）のように、パケハからはしばしばマオリに関わるものとみなされがちなワイタンギ条約がどうパケハと関わるのか、という視点でパケハの立脚地を模索する試みもある[28]。これまでに引用で挙げた、パケハやニュージーランド人のアイデンティティを問う歴史学・社会学の取り組みも比較的最近の視点である。パケハをテーマにした同種の考察が1980年代から増えてきたのは、マオリとの関係においてパケハ自身の意識が相対化を迫られたからであることは言うまでもない。意識変革を迫られる前のパケハの自己認識を示したキングの言葉を引いておこう。

> 1940年代・50年代のニュージーランドに育った私は、自分のことをパケハと呼ぼうなどとは思ったこともなかった。後に「主流文化」と呼ばれるようになるものに自分が属しているとも考えたことはなかった。当時の私は、アイルランド系ニュージーランド人のカトリック教徒だったのだ。[29]

この時代から数十年の間に、パケハの意識は否応なしにまったく異なる次元へと移動してきた。マオリの社会的可視化やアジア系移民の増加に伴い、パケハは自己と他者との関係について無自覚ではいられなくなった。これは痛みを伴う過程ではあるが、パケハの意識の相対化は初めて真の意味で融和的な国を作るための第一歩とも言える。ノスタルジアに逃避し現実の過去との対話を拒否するのではなく、そうしたノスタルジアの罠に気づき自身が何者であるかを問い続ける作業そのものが、意味ある記憶のかたちをつくる一助になるのではないだろうか。

註

1 ポール・コナトン著、芦刈美紀子訳『社会はいかに記憶するか――個人と社会の関係』新曜社、2011年（Paul Connerton, *How Societies Remember*, Cambridge University Press, 1989.）。

2 Jennifer Kitson, Kevin McHugh, 'Historic enchantments --- materializing nostalgia', *Cultural Geographies*, Vol.22 No.3, 2015, pp. 487-508: p. 487, 489.

3 ワイタンギ条約締結の時点でマオリとパケハの人口比は40～50対1程度であったと見積もられているが、これが早くも1859年の時点で拮抗するようになり、1860年代初頭に逆転、次にマオリ人口の統計が取られた1874年にはマオリ人口は全体のわずか14パーセントに落ち込んだ。1881年にはついに10パーセントを割り込み、この状態が実に1970年代まで続くことになる。Ian Pool, Arunachalam Dharmalingam and Janet Sceats, *The New Zealand Family from 1840: A Demographic History*, Auckland: Auckland University Press, 2007, p.56., David Thorns, Charles Sedgwick, *Understanding Aotearoa / New Zealand: Historical Statistics*, Palmerston North: The Dunmore Press, 1997, p. 32.

4 Damon Ieremia Salesa, *Racial Crossings: Race, Intermarriage, and the Victorian British Empire*, Oxford: Oxford University Press, 2011, p. 21.

5 Stephen Barnett, Richard Wolfe, *New Zealand! New Zealand!: In Praise of Kiwiana*, Auckland: Hodder and Stoughton, 1989, p. 14.

6 Avril Bell, Ch5: '"Cultural Vandalism" and Pākehā Politics of Guilt and Responsibility', Paul Spoonley, Cluny Macpherson and David Pearson, eds., *Tangata Tangata: The Changing Ethnic Contours of New Zealand*, Southbank Victoria: Thomson/Dunmore Press, 2004, pp. 89-107.

7 A. Bell (2004), p.91. 原典はChristchurch Press, 7/12/2002.

8 原田真見「ニュージーランドのマオリ」（コラム）、木畑洋一編著『現代世界とイギリス帝国』ミネルヴァ書房、2007年、315-18頁。

9 Nan Seuffert, *Jurisprudence of National Identity: Kaleidoscopes of Imperialism and Globalisation from Aotearoa New Zealand*, Aldershot: Ashgate, 2006, pp. 77-80.

10 Seuffert (2006), p. 119.

11 Seuffert (2006), p. 120.

12 'Kiwiana', Tony Deverson and Graeme Kennedy, eds., *The New Zealand*

Oxford Dictionary, Oxford: Oxford University Press, 2005.
13 Barnett and Wolfe (1989), p. 9.
14 Don Bassett, 'Books: A Guide to Kiwiana', *Art New Zealand*, no.55, 1990, pp. 91, 93.
15 'Look back in Languor', *Listener*, Aug 13-19, 1990, pp. 10-13.
16 'Champion of the kiwi's interests', *The Dominion Sunday Times*, Nov.3, 1991, p. 12.
17 'Play a nostalgic trip to 1950s Kiwiana', *The Dominion*, Feb. 17, 1992, p. 16.
18 Richard Wolfe, Stephen Barnett, *Kiwiana!: The Sequel*, Auckland: Penguin Books, 2001, p. 19.
19 Lindsay Neill, 'But Wait There's More: Why Pie Carts are Classic Items of Kiwiana', *New Zealand Sociology*, Vol. 28, Issue 2, 2013, pp. 93-103: p. 94.
20 'Being Kiwi', *The Dominion*, Sept. 22, 1998, p. 14.
21 'Kitsch or Kiwiana? A matter of taste', *NZ Herald*, Sept. 8, 1998, p. A-11.
22 New Zealand Tourismホームページ'Kiwiana' <http://www.newzealand.com/int/feature/kiwiana/>（2016年8月1日閲覧）「バジー・ビー」（Buzzy Bee）とは、蜂を模した子ども用玩具のことである。
23 Neill (2013), p. 97.
24 Claudia Bell, 'Branding New Zealand: the National Green-wash', *British Review of New Zealand Studies*, Vol. 15, 2005/2006, pp. 13-27.
25 Claudia Bell, 'Kiwiana Revisited', Claudia Bell, Steve Matthewman, eds., *Cultural Studies in Aotearoa New Zealand: Idenity, Space and Place*, Oxford: Oxford University Press, 2004, pp. 175-87: p. 177.
26 C. Bell (2004), p.179. ホモセクシュアル法の改正とは、ホモセクシュアル男性同士の性行為を有罪とみなしてきた法の改正を指す（女性同士の行為についての規定はそもそも存在しなかった）。この後30年近く経過した2013年の婚姻修正法により、ホモセクシュアルにもヘテロセクシュアルと同等の結婚の権利が認められている。
27 Douglas Hoey, 'There Will Always Be a Taupō: Some Reflections on Pākehā Culture', C. Bell, Matthewman (2004), pp. 188-202: p. 191.
28 Michael King, *Being Pakeha*, Hodder and Stoughton, 1985. Michael King, ed., *Pakeha: The Quest for Identity in New Zealand*, Auckland: Penguin

Books, 1991. Michael King, *Being Pakeha Now: Reflections and Recollections of a White Native*, Auckland: Penguin Books, 1999. Patrick Snedden, *Pākehā and the Treaty: Why It's Our Treaty Too*, Auckland: Random House, 2005.

29 King (1999), p. 13.

第 2 部

記憶を表すかたち

第 4 章
スペイン独立戦争の記憶と表象
ゴヤ《1808年5月2日》と《5月3日》を中心に

増田 哲子

はじめに

　過去を想起することは、共同体の存続において不可欠なことである。コナトンが指摘したように、社会とは自己解釈を行うコミュニティであり、連続的な存在としての自己イメージを自ら創造し、保護していくような解釈の動きが歴史的堆積として社会のなかに沈殿していく[1]。過去を想起することこそが、共同体の現在を形作っていく。だが、そのようにして想起される過去は、一貫したものでもないし、同質的なものでもない。現在の共同体の内外における多様な権力関係、あるいは社会的要請や欲望といったものによって、様々なプロセスを経て構築され、沈殿するのである。オリックとロビンスが述べるように、「記憶は、現在へと過去を運んでくるための不変の容器ではない。記憶は、プロセスであり、ものではない。それは、異なった時点において異なった仕方で作用するのだ」[2]。こうした特質をもつ「記憶」というテーマは、共同体の過去について考える際に、正史としての歴史以外の過去の在り方へと目を向けさせてくれる。それは、「国民の物語としての歴史」あるいは「大文字の歴史」という概念からは取りこぼされ、忘却された過去へと私たちの意識を差し向ける。そのような過去の存在を認め、それを問い直すことによって、専門的で客観的な記述としての「歴史」の定義は揺さぶられることになる。すなわち、そのよ

うな歴史としての過去がいかに構築され、共同体のなかで共有されてきたのかということが問題となるのである。

　図像や写真といった視覚的イメージや記念碑のような建造物は、社会における過去（歴史あるいは記憶）の形成や共有において、具体的な「かたち」を与えるという重要な役割を果たす。過去が、それを共有する（とされる）集団において、多様なやり取りの中から構築されるものであるならば、その構築のプロセスにおいて、図像やイメージはどのような役割を果たすのだろう。ひとつ言えるのは、図像やイメージは、ある完結した物語としての過去を、単に再現して伝えるものではないということだ。多様な社会的関係とプロセスの網目のなかで過去自体が発明され、共有され、論議され、やがては受容されたり、否定されたりするのならば、その過去を表現する行為やそうして表現されたイメージもまた、一連のプロセスの一部なのである。出来事の表象もまた、社会的構築物として読み解かれなければならないのだ。

　本章では、過去の出来事とそれを表現した図像を取り上げ、これまで述べてきたような共同体の記憶と視覚表象の関係について考察する。対象とするのは、1808年から14年にかけてスペインで起こった、所謂「スペイン独立戦争」の表象である。後述するように、この戦争は近代スペイン誕生のきっかけとなった象徴的な戦争として叙述されるとともに、19世紀においては、ナショナリズム高揚のための主題として美術において繰り返し表現された。周知のように、この戦争を題材とした油彩画《1808年5月2日》（図1）と《1808年5月3日》（図2）（本章では、以下、両作品を《5月2日》および《5月3日》と略記する）は、スペインの画家フランシスコ・ゴヤの代表作として数えられている。また、ゴヤはこの戦いを版画集『戦争の惨禍』[3]としても残している。本章では、ゴヤの2点の油彩画を中心としながら、1808-14年の戦いの発端とされる「1808年5月2日の蜂起」という出来事の記憶が、美術の領域においてどのように表現されたのかを見ていく。神話としての「5月2日」が、19世紀スペインの異なる社会状況のな

図1　フランシスコ・ゴヤ《1808年5月2日》1814年、キャンバスに油彩、268.5 x 347.5 cm、マドリード、プラド美術館

かでどのように表現されたのか、あるいはどのように表現されるべきだと考えられていたのかについて考察する。

　第1節では、「5月2日」あるいは「独立戦争」という出来事が、現実には複雑な諸相を有していたにも関わらず、19世紀を通して、国民国家としての「スペイン」というアイデンティティを生み出す要として神話化されていった点を確認する。第2節においては、もっとも早い時期に作られた5月2日の蜂起の表象として、ゴヤの油彩画とトマス・ロペス・エンギダノスの版画を取り上げる。近年の研究に基づき、「5月2日」という出来事の視覚化の始まりを詳述することにより、「5月2日」のイメージの構築にまつわる神話的なゴヤ像を解体することになる。第3節では、ゴヤとほぼ同時期に独立戦争の主題を描いたホセ・アパリシオの油彩作品を取り上げながら、戦後の王政復古体制において、戦争や「5月2日」の出来事に

図2　フランシスコ・ゴヤ《1808年5月3日》1814 年、キャンバスに油彩、268 x 347 cm、マドリード、プラド美術館

求められたイメージについて考察する。第4節では、ゴヤの後の世代が描いた「5月2日」のイメージに焦点を当てる。19世紀半ばから国家主導で開催された美術展において、歴史画は、当時の社会で高まっていくナショナルなものへの欲求に応えるように、理想的な「過去」を描き出すメディアとしての役割を担うことになる。こうした美術と社会の関係のなかで、ゴヤの《5月2日》と《5月3日》がどのような位置を占めたのかについて、同時代の批評等を証言として検討していく。異なる社会・時代の文脈においてさまざまに評価・受容されるイメージを、過去をめぐる葛藤のなかで、あるいは葛藤そのものの現れとしてとらえてみたい。

1.「独立戦争」と「1808年5月2日」という出来事の神話化

　スペインの歴史家ホセ・アルバレス・フンコによれば、1808-14年の紛争は、起こった直後から出来事の「神話化」が始まった[4]。「神話」という語が示すように、19世紀において、その紛争は「スペイン人」というアイデンティティの創出と彼らの祖国である近代スペインを生み出した象徴的な出来事として記憶されていくことになる。一般的に、「スペイン独立戦争（la Guerra de la Independencia）」と呼ばれる1808-14年の戦いは、ナポレオン軍によるスペイン侵攻とそれに対する民衆の抵抗として理解されている[5]。1808年3月のアランフエス暴動によって、スペイン王位がカルロス4世からその息子フェルナンド7世へと移るが、ナポレオンは両者をフランス・バイヨンヌに呼び寄せ、両者の退位とナポレオンの兄ジョゼフ（ホセ1世）への王位譲渡を行う。こうした状況において、すでにポルトガルを目指してスペインに駐屯していたフランス軍に対し、スペイン民衆の抵抗運動が起こる。正規軍に頼ることができないなかで、スペイン民衆はゲリラ戦により抵抗を続けた。一連の戦争の発端となった事件が、1808年5月2日に起こったマドリードでの民衆蜂起だとされている。1808年5月2日の朝、マドリードの王宮の周りに集まっていた群衆は、未だそこに残っていた王族たちがバイヨンヌへと出発するのを防ぐために、フランス兵とのあいだで衝突を起こす。やがて、暴動はマドリード市内に広がり、市の中心地ソル広場でも激しい戦闘が起こった。民衆たちは手に入る武器を集めてフランス軍に対峙するものの、夜までには事態は沈静化したと思われる。その後、5月2日の夜から翌3日にかけて、マドリード市内のプラド通りやプリンシペ・ピオの丘において、暴動に加わった数百名の人々がフランス軍により銃殺された。

　これまでの歴史研究において示されているように、この戦いの実情は、決して単一の解釈に収まるものではなかった。スペイン史研究者の立石は、20世紀終わりの歴史研究において進められた、1808-14年の戦いの神話の

解体についてまとめている[6]。また、アルバレス・フンコも、近年の研究の多くは、戦争をより大きな国際関係においてとらえたり、各地域の戦闘やゲリラの実情に焦点を当てることによって、ナショナルなものから距離を取る傾向があるとしている[7]。たとえば、地域毎の出来事を分析することにより、民衆を戦闘に駆り立てた要素として、統一的な国民感情というよりも共同体的なつながりや地域への帰属意識が指摘される[8]。こうして、1808-14年の戦いが有していた複雑な諸要素が明らかになるにつれて、それを愛国主義的なものだけに還元することはもはや不可能となる。アルバレス・フンコの議論に依りながら、この戦いが有した多様な側面について、国内の分断、排外主義、宗教といった点から確認しておく。

戦いが起こった当時、啓蒙思想家ホベリャーノスがこの戦争を「内乱(guerra civil)」と称したように、当時のスペインは大きな分断を抱えていた。まず、「親仏派」と「愛国派」と呼ばれる勢力が挙げられる[9]。「親仏派」と呼ばれた一部の者たちは、ナポレオンの支配を受け入れ、近代化のための改革の実現を目論んでいた。一方、大多数の者たちは「愛国派」だったとされ、彼らはフランス軍を追い出し、フェルナンド7世を王として復帰させることを希望した。だが、「愛国派」も決して一致団結した勢力ではなく、王と宗教を守るために戦う守旧派たち、近代化のための改革を行いつつ、伝統的な王政を支持する啓蒙改革者たち、そして、旧体制を終了させようとする自由主義者たちがいた。こうした異なる勢力関係にも関わらず、後述するように、やがて戦争の神話的な解釈が共有されることになる。

1808-14年の戦いを特徴付けるもう1つの要素として、排外主義が論じられてきた。アルバレス・フンコは、この感情を、スペイン宮廷に対するフランスからの強い影響への反発であり、スペインのアイデンティティ構築につながるものだとする見方に疑問を投げかける[10]。それは、スペインという独自のアイデンティティを賞賛するような積極的な愛国主義ではなく、むしろ「反仏」という消極的なものだった。5月2日の蜂起において

民衆たちが叫んだのは、「スペイン万歳！」という積極的な言葉ではなく、食料を奪ったり、粗暴な振る舞いをする兵士たちへの怒りから来る「フランス人に死を！」という攻撃的な言葉だったとされる[11]。

また、エリート層ではない人々、すなわち民衆たちにとって、フランス・ナポレオン軍との戦いは、過激な革命に対して信仰を守る聖戦という性格も有していた[12]。こうした「反革命」の側面は、戦争終結後から2世紀に渡って論じられてきたものの、1808-14年の戦いを国家制度の改革を求めるものとして、すなわち反絶対主義の表明として解釈したいという自由主義的歴史家からは拒絶されてきた。だが、民衆たちや下層の聖職者たちを戦いに駆り立てた要素のなかには、伝統的な宗教の保護への訴えがあったことを否定することは難しい。

こうした複雑な諸相を有する戦いに統一的な名称を与えることも、長い時間と議論を要した[13]。戦争初期の段階で、この戦いは単純に「現在の戦争」あるいは「ここ数ヶ月の出来事」と呼ばれるか、地理的な視点から「スペイン戦争」と呼ばれていた。そこに宗教的な修飾が加わって「スペインの聖なる反乱」と呼ばれたり、自分たちを賞賛するように「我々の名誉ある蜂起」と称されることもあった。1809-10年の間に、戦いを「革命」と呼ぶ出版物が現れ始める。フェルナンド7世が王政を復古させた時期には別の名称が優勢となるものの、1830年代から40年代まで、「革命」という語が使用されることも多かったようである。1820年代に入ると、1808-14年の戦いを指して「独立」という語を用いる例が現れる。だが、「独立戦争」という呼び名が定着するまでには長い時間がかかった。

このように、その起源から複数性と曖昧さを抱え込んでいるにも関わらず、1808-14年の戦いの解釈には一定の方向性が与えられることとなった。戦争中に発足したカディスの議会において、自由主義者たちは、この戦いを改革の機会としようとした。議会では、国家の主権はスペイン国民にあることが確認され、これにより、ナポレオンによる専制は不当なものであり、彼に対する抵抗には正統性が付与されることとなった。戦いに勝つこ

とだけを目標としていた穏健派は、これ以上「国民」に力を持たせることを好まなかったが、自由主義者たちはさらに論理を展開させる。そして、「ナポレオンの専制に対する拒否」を、「あらゆる専制——フランス人によるものであろうとスペインに人によるものであろうと——に対する拒否」へと帰結させたのである[14]。こうして、その後に広く受け入れられることになる自由主義的な戦争の解釈が形作られることとなる。それは、愛国主義と自由を組み合わせた以下のようなものだった。

> フランス軍に対する蜂起と、それと共に始まった6年間の戦いは、大衆的で、自然発生的で、一致団結したものであり、外国からの支配に対してスペインのアイデンティティと独立を守ろうとするものだった。民衆（el pueblo）は、エリートたちからは見捨てられていたが、長いあいだに作り上げられてきた彼らの伝統的な「生き方」を守るために一斉に蜂起したのだ（……）。[15]

このような見解は、戦争勃発直後から作り上げられた。そして、19世紀の不安定な政治状況のなかで、この戦争は「国民の叙事詩」として記憶されていくことになる。1808-14年の戦いは、「自由主義的国民国家がスペインに誕生したという神話の要」となり、「5月2日の蜂起」の犠牲者のイメージやその記念式典は、スペイン・ナショナリズムの主要な「記憶の場」となったのである[16]。19世紀も半ばをすぎると、「独立戦争」という呼び名が定着していくが、それは、スペイン国家が旧体制を廃棄し、国民国家を打ち立てていく過程においてであった[17]。

　こうした神話化において特に強調されたのは、1808-14年の戦いが「民衆によるもの」であったという点であった。立石によれば、実際のところ、この「民衆」は小商人、職人・徒弟、奉公人といった下層の「群衆」であったとされるが、次第にほぼ「国民」を意味するかのように理想化されて語られるようになる[18]。こうして、国家の自由と独立を守るために民衆

が自発的に結集し、抵抗するという物語は、19世紀のロマン主義と相まってナショナリズム構築の基本路線となる。さらに、このような基本路線は、この戦いを絵画や版画といった視覚的メディアにおいて表現しようとする際にも引き継がれることとなる。

2. 出来事の視覚化・結晶化
ゴヤの《5月2日》および《5月3日》とエンギダノスの版画

　1808年5月2日にマドリードで起こった民衆の蜂起と処刑は、象徴的な出来事としてその後の文学や芸術において語られ続けた。これらの作品のなかで、現代においてもっとも広く知られたものとして、ゴヤの《5月2日》と《5月3日》を挙げることができるだろう。ここで、改めて、本章が主題とするゴヤの2点の油彩作品を見てみよう。

　《5月2日》には、マドリードの民衆たちとフランス軍の兵士が入り乱れる市街戦の様子が、画面いっぱいに描かれている。武器を振りかざす兵隊たちを乗せた馬群は画面左から右へと駆けていくが、その四方から民衆たちが奇襲をかける。画面右の最前景には、手綱を引きながら白馬に剣を突き刺す男が描かれる。彼は、鑑賞者に背中を見せながら、画面の奥へと駆け込んでいく。画面中央には、白馬からだらりと崩れ落ちるマムルークの身体と、その身体に最後の一刺しを加えようと短刀を振りかざす男性が描かれている。その背後には、馬上のマムルークに飛びかかる男性が後ろ向きで描かれている。戦う人々の足下には、戦死者たちの傷付いた身体が投げ出されている。また、背景には建物が薄く描かれており、その前の空間には、戦いに加わる者たちの顔がびっしりと描き込まれている。一方、《5月3日》では、1808年5月3日の午前2時から3時にマドリードのプリンシペ・ピオの丘で行われた処刑の場面が描かれている。ゴヤは、昼間の騒乱の後に行われた処刑の様子を、画面の左右に兵士と民衆を対置させる構図で描いた。構図のみならず、両者の人物像も対照的に表現されている。

顔も見せず、一様に同じ構えをした機械のような集団としてのフランス兵に対し、処刑される民衆たちには多様な身振りと表情が与えられている。画面中央の奥から処刑場に連行される者たちは、恐怖から顔を覆っている。そして、遂に銃の前に辿り着いた男たちには強い光が当たり、両手を上げる男性とその脇で同じように銃に眼を向ける男性の表情が細部まで照らし出されている。カンテラに照らされた人物たちの衣服の色に加えて、画面最前景に置かれた死体から流れる血液の鮮烈な色彩が、処刑の残酷さと恐怖を率直に表現する。

　ゴヤは、1814年2月24日付で当時の政府に《5月2日》と《5月3日》の制作を申し出て、同年3月14日には、大蔵省が作品制作に必要な費用と報奨金を支払うべく反応した記録が残っている。制作を申し出る請願書において、ゴヤは次のような言葉を発したとされている。

> ヨーロッパの暴君〔ナポレオン〕に対する我われの輝かしき叛乱におけるもっとも注目すべき英雄的な偉業あるいは場面を、絵筆をもって永遠化したいとの熱烈なる願望……[19]

この請願書における言い回し等から、19世紀を通して、愛国主義的なゴヤ像が形成・共有されることになった。だが、こうした神話は、現在の美術・歴史研究では解体されている。本節では、近年の研究成果に基づきながら、この点について見ていくこととする。始めに、ゴヤが請願書提出後のいつから作品制作に着手したのかについて確認しておこう。

　1813年にフランス軍がスペインから撤退すると、その時点では未だフランスにいたフェルナンド7世が戻るまで、ルイス・デ・ボルボンが主宰する摂政府が統治を行うこととなった。ゴヤが2点の油彩画の制作を申し出たのは、この摂政府である。摂政府は、フェルナンド7世がかつての絶対王政に復帰するのではなく、戦時中の1812年に発布された憲法の下で統治を行うことを望んでいた。だが、1814年に帰国した王は1812年憲法

の無効を宣言し、絶対主義を復古させる。プラド美術館の研究者マヌエラ・メナは、このような不安定な政治状況に鑑みて、ゴヤが2点の作品を完成させたのは1814年のフェルナンド7世の帰国後から同年の秋にかけてだとしている[20]。メナは、その解釈の根拠として、ゴヤの2点の作品の額縁に関する請求書の存在を挙げている。2008年にプラド美術館で開かれた展覧会のカタログによれば、《5月2日》と《5月3日》と思われる2点の油彩画の額縁に関する請求書が、1814年の7月と11月に作成された。額縁の金具や装飾に関するこれらの請求書には、額縁は1808年5月2日を題材とした絵画作品のためのものであることが記されており、そこで言及されている額のサイズもゴヤの《5月2日》および《5月3日》と一致している。メナは、ゴヤは2作品の制作に1814年6月に着手し、夏いっぱいあるいは秋の初めまでかけて完成させたと結論付けている。また、この請求書自体が王室関連文書において発見されたことからも、ゴヤの2作品が、最終的にはフェルナンド7世の宮廷のために制作された可能性が示されたのである。

　19世紀を通して創られた伝説的なゴヤ像では、ゴヤが1808年の騒乱の現場に実際に遭遇し、さらには処刑後の死体のスケッチさえ行ったとされてきた[21]。だが、メナによる新たな資料提示に見られるように、現在のゴヤ研究ではこうした神話は解体されており、《5月2日》と《5月3日》もゴヤが現場に遭遇したことの証として考えることはできない。この点に関連して、先行研究を参照しながら、ゴヤの油彩画と同時期に制作された版画作品の描写を比較してみよう。

　これまでの研究において、ゴヤの《5月2日》・《5月3日》と関連付けていくつかの版画作品が取り上げられてきた。たとえば、19世紀を通して広く流通したトマス・ロペス・エンギダノス作画・彫版による版画（図3-5）もそのひとつである。エンギダノスが版画を発表したのは1813年であり、それはゴヤが2点の作品の制作を申し出た1814年の直近の時期であるため、着想源のひとつと考えられたからである[22]。また、後述するよ

図3 トマス・ロペス・エンギダノスによる版画 第1図《スペイン国民に／1808年5月2日マドリード／フランス人が民衆の怒りをひきおこす》

図4 トマス・ロペス・エンギダノスによる版画 第2図《1808年5月2日マドリード／兵器廠を守って死ぬダオイスとベラルデ》

第4章　スペイン独立戦争の記憶と表象　　125

図5 トマス・ロペス・エンギダノスによる版画 第3図《1808年5月2日マドリード／ソル広場にてフランス人と戦う愛国者たち》

うに、19世紀に制作された歴史画には、エンギダノスの版画の背景と構図を借用したものもある。エンギダノスの作品は、1813年6月11日、マドリードのキローガ書店にて販売された4枚1セットの版画で、「第1図は、王宮の広場において、民衆の怒りを引き起こすフランス軍を描いている。第2図は、ダオイスとベラルデが亡くなった兵器廠を表している。第3図は、ソル広場における愛国者たち（los patriotas）とフランス人たちの残虐な戦いを描いている。第4図には、プラドにおいて、無力な愛国者たちを殺すフランス人たちの恐ろしい場面が描かれている」[23]。

これまでも指摘されてきたように、ゴヤの作品とエンギダノスの版画は、同一の主題を表現しているものの、その視点は異なっている。もっとも大きな違いは、ゴヤの作品が人物たちの行動や出来事をクローズアップ

で描き、出来事の場所を特定する具体的な建物や背景を省略しているのに対し、エンギダノスの4枚の版画では起こった出来事とその場所を伝えるため、詳細に背景が描かれている点である。

　エンギダノスの版画からは、「5月2日」の際にフランス軍のどのような勢力が戦いに加わったのかを知ることができる。ゴヤの油彩画には、マムルーク兵に混じって兜を身につけたフランス軍の騎兵が描かれているが、研究者のジェラール・デュフールによれば、史実では、兵隊たちは兜ではなく羽根つきの「シャコー帽」を装備していた[24]。デュフールが指摘するように、確かに、エンギダノスの第3図(図5)では、馬に乗る兵隊たちはほとんどすべて羽根飾りのついた帽子をかぶっている。また、デュフールは、《5月2日》に描かれたマムルーク兵は短刀を使用して戦っているが、実際には銃やサーベルといった豊富な武器を装備しており、こうした馬に乗った戦闘において短刀は使われなかったとしている。この事実と対応するように、エンギダノスの第1図(図3)中央には、馬に跨り銃で敵を撃つマムルーク兵が描かれている。デュフールは、上に指摘した部分以外において、ゴヤが驚くほど綿密にフランス兵の装備品を描いていることを認めているが、それでも2点の油彩画からゴヤが戦闘や処刑の現場に居合わせたと判断することはできないとしている。

　また、ゴヤ研究者のジャニス・トムリンソンは、エンギダノスの版画とゴヤの作品の相違点として、描かれている民衆の階級に着目している。トムリンソンは、エンギダノスの第3図における戦う民衆のなかには、膝下までのズボン、チョッキ、トップコート、帽子を身につけた男性たちが描かれている一方、ゴヤの油彩画では、明らかに下層階級の男たちが主役として描かれている点を指摘している[25]。だが、エンギダノスの他の版画を見てみれば、彼が下層階級の者たちを描かなかったわけではないことがわかる。第1図の王宮の場面には、前景左側で倒れる人物を槍で突く女性とその脇から短刀を手に襲いかかる女性が描かれているが、その服装は、版画集『戦争の惨禍』でゴヤが描いた暴徒と類似しており、彼女たちが庶民

の階級であることを示している。エンギダノスの版画では、戦いに参加した者たちの多様性——異なる階級のスペイン民衆たちのみならず、描き分けられた装備から判断される多様なフランス軍部隊——が詳細に印されている一方で、ゴヤの油彩画からはそうした記録の意図は読み取れない。

　戦争期間中から発表された版画は、「独立戦争」および「5月2日」という出来事の視覚化において重要な役割を果たした。これらの版画は、主にプロパガンダや風刺のために制作され、戦いに参加する者の戦意を高めることを目的としていた[26]。また、1813年にホセ1世がマドリードから撤退した時期から戦争終結後には、起こった出来事を叙述するための版画が多く作られた。こうした版画は、描かれている出来事が起こったのと同時期にそれを報道するような目的で作られたわけではなく、むしろ、戦争の記念として制作された[27]。だが、これらの版画は出来事の記憶が未だ鮮明な時期に制作されたため、その後、19世紀を通して繰り返し図像化されることになるいくつかの象徴的な事件のイメージソースとなっていった[28]。

　こうした版画と比較してより一層明らかとなるように、《5月2日》と《5月3日》における背景の省略や服装の差異は、それが実際の出来事の忠実な再現を目的としたものではないことを物語っている。また、ゴヤは2点の油彩画において、庶民の男性たちを主役に据えた。版画集『戦争の惨禍』においては、勇ましく戦ったり、暴力の犠牲になったりする女性をテーマとした場面を描いているが、「5月2日」の出来事を描いた2点の油彩画においては女性の姿は目立たない。1808年の戦いの表象における民衆の姿の多様性——階級・年代・性別のヴァリエーション——は、蜂起と抵抗をスペイン民衆全体の愛国心から起こった出来事として解釈したいという19世紀の社会的要請と呼応していく[29]。確かに、ゴヤも1808年の戦いの主役に民衆を置いているが、その意図は、出来事を正確に記録することでもなければ、愛国心に突き動かされた理想化された民衆像を描くことでもなかったと言える。

3.《5月2日》と《5月3日》の同時代的な評価と受容

　ここで、ゴヤが2点の油彩画を制作した1814年の美術界に視点を戻してみよう。先述したように、これらの作品の代金は最終的に王室によって支払われた。また、戦争終結直後の1814年から公的機関による出来事の結晶化の動きが始まり、早くも記念式典やアカデミーでの賞の設置が検討され始める。たとえば、1814年5月には、1808年5月2日の蜂起を記念する行事を行う計画があり、ゴヤの2点の作品もこれらの記念行事に関連して注文されたのではないかという可能性が先行研究において指摘されてきた[30]。こうした「5月2日」という出来事の結晶化の動きに加えて、先に明らかにしたように、作品の納品先が王宮であったという可能性から、「5月2日」あるいは「独立戦争」のような象徴的な出来事を表現する絵画が、同時代の社会的・文化的コンテクストにおいてどのような役割を期待されていたのかを考えることができる。本節では、この点を明らかにした上で、そうして期待され、夢想された「5月2日」のイメージに対して、ゴヤの《5月2日》と《5月3日》の描写がどう位置付けられるのかについて検討してみよう。

　1814年の3月から4月にかけて、「5月2日」という象徴的な出来事を記念するために、各アカデミーでの賞の設置が検討された。サン・フェルナンド美術アカデミーには、5月2日にマドリードの民衆が目撃した場面を描き、優れた画家へ賞を授与することが摂政府より提案された[31]。だが、このアイディアは、それほど積極的にアカデミーに受け入れられたわけではなかった。アカデミーは、受賞作が飾られる予定の場所を測定し、当初予定されていた通りの計画では作品を展示することが難しいと判断した。というのも、設置予定の場所に5月2日の出来事を描いた絵画を飾るとすると、すでにそこにある装飾との統一が取れなくなる恐れがあったからである。また、5月2日という主題の尊さと設置場所の高貴さに相応しいサイズで人物を描くためには、十分なスペースがなかった。

こうした証言や先に触れた記念行事の計画から考えられるのは、当時、「5月2日」というテーマを「尊い主題」として結晶化することを当局が後押しし、その表現様式には、主題の尊さにふさわしいものが求められたということである。具体的に言えば、こうした公的な芸術表現において採用されたのは、道徳的な主題を高貴で簡素な様式で表す「歴史画」というジャンルであった。歴史画は本来、古典古代のテーマや宗教、神話といった主題を表現してきた。だが、18世紀後半の西欧美術において、ジャック＝ルイ・ダヴィッド等の作品を中心とした歴史画の復興と隆盛が起こるなか、同時代の出来事を歴史画の表現様式を用いて描く作品が出現する[32]。古典古代の英雄を描くような結構を用いて、共同体の過去、あるいは現在の体制を描き出すという試みは、当然、描かれている主題の審美化・象徴化につながる。後述するように、19世紀スペインにおいて、ナショナリズムの高まりと呼応するように、多くの歴史画が描かれることとなる。たとえば、1870年に歴史画に関する教本を出版したフランシスコ・デ・メンドーサは、歴史画が描くべき主題は「教養ある観衆が即座に理解できるもので、輝かしい事実を想起させてくれる歴史の1ページ」であるべきだとしている[33]。「5月2日」あるいは「独立戦争」というテーマも、こうした象徴的な主題のひとつに数えられたのであり、その表現様式にもふさわしい「高貴さ」が求められたと言えよう。

　偉大な様式である歴史画には、主題の選定、画面構成、色彩といった点において、理想とされた形式や規範があった。とりわけ、人間の身体を細部まで正確に表現することが求められた。たとえば、メンドーサは、人物の造形に関して、身体の各部位の描き方や理想的なプロポーションを詳述している[34]。等身大の人物たちをバランス良く配置しながら大画面を構成できるかどうかは、歴史画家の資質を判断する材料のひとつだった。先に述べたように、1814年に美術アカデミーの賞の設置が検討された際も、5月2日という主題の尊さと設置場所の高貴さに相応しいサイズで作品を描けるかが問題となっている。さらに、メンドーサの理論では、絵のテーマ

図6 ホセ・アパリシオ《マドリードの飢饉》1818年、キャンバスに油彩、315 x 437 cm、マドリード、マドリード歴史博物館

を伝える主要な人物集団と脇役たちを適切に区別すること、画面を美しくまとめ上げるためにはあまり多くの人物や事物を描き込まないことが指摘されている。その上で、主要な人物たちと付随する人物たちの間に調和をもたらすためには、主題に沿う範囲内で描かれる人物たちの性別、年代、特質に多様性をもたせることや、ピラミッド型の人物配置が重要だとしている。

　ゴヤが2点の作品を描いたのとほぼ同時期に、こうした歴史画の規範に応えるような表現方法で独立戦争を主題とした作品を描いたのが、ホセ・アパリシオだった。アパリシオは、1799年にパリに留学し、ダヴィッドの下で創作を学んだ画家である[35]。アパリシオは、1818年に、ダヴィッド的とも言える歴史画の結構を用いて1808-14年の戦争を主題とした油彩画を制作した。《マドリードの飢饉》(図6)と題されたこの作品において、アパリシオは、戦いそのものではなく、それによって引き起こされたマド

第4章　スペイン独立戦争の記憶と表象　　131

リードの飢饉を表現した。古代風の衣装を纏った人物の背景に、やはり古代風の柱を配しており、この柱にはフェルナンド7世への賛辞が刻まれている。画面中央で、飢えに苦しみながらもフランス兵から差し出された食物を拒む男性の身体には、骨と筋が浮き出た指先から、陰影とともに強調された鎖骨と肋骨、さらにそれらを覆う滑らかな皮膚の質感や腹部の皺まで詳細に描き込まれている。人物たちは飢えにより憔悴しきった様子で描かれているものの、古代の彫像を想起させる均整のとれた身体像で描かれている。こうした身体表現に加えて、奥行きを欠いた画面に主要な人物を一列に並べ、立場の異なる登場人物たちを左右の空間に区分して配置する構図も、ダヴィッドの歴史画に通じる特徴を備えている。

アパリシオの作品とゴヤの《5月2日》を比べてみると、ゴヤの作品が、先に見たような歴史画の形式（明確な構図、集団の描き分け、人物の多様性）から外れているのは明らかである。ゴヤの作品では、戦いの混乱した様子がそのままに、人物たちが入り乱れて配置されている。また、この画面には、歴史画が伝えるべき英雄や高徳な人物が明確に描かれていない。むしろ、戦う無名の人々の群れが、画面いっぱいに散りばめられている。

こうしたゴヤの作品が、最終的に展示されたのかどうか、あるいはどう受け止められたのかについての同時代的な記録は見当たらない。研究者のトムリンソンは、フェルナンド7世が好んだのは新古典主義様式であり、ゴヤの作品は王の好みに合わなかったと指摘する[36]。一方、アパリシオや、アパリシオと共にパリにおいてダヴィッドの下で学んだ他の画家たちは、フェルナンド7世の宮廷画家として活躍している[37]。先のアパリシオの作品は、宮廷によって版画化されて広められ、多くの称賛を得た。

ゴヤの《5月2日》と《5月3日》は、その表現様式のみならず内容も、フェルナンド7世の復古政権にとって好ましいものではなかったのかもしれない。第1節で取り上げたように、独立戦争に関する神話的解釈は結果的には広く浸透したものの、絶対王政を復活させたフェルナンド7世の時代には影を潜めた。また、フェルナンド7世は、戦いを想起することにも

消極的だった。なぜなら、1808-14年のあいだ彼はフランスにおり、戦いには参加していなかったからである[38]。そのため、復位したフェルナンド7世を賞賛するイメージを作り出そうとした宮廷画家たちは、戦いの勝利者としての王を直接的に描くことはできなかった。この点を解決するために、画家たちは、民衆が王のために戦ったという構図に頼るほかなかった。アパリシオは、敵から食物を受け取らずに飢えを選ぶ民衆を描くことで、フェルナンド7世への民衆の忠誠を視覚化したのである。さらにアパリシオは、王と祖国を取り戻すためにスペイン各地の民衆たちが結集するという、よりプロパガンダ的な作品も描いている[39]。こうしたアパリシオの作品において、民衆は、王を待ち望み、王のもとに結集する「臣民」として描き出されている。一方、ゴヤの作品で描かれる民衆は、より闘争的で、自立している。それ故、フェルナンド7世の絶対王政にとっては好ましいものではなかったのだろう。ゴヤの作品では、戦う民衆の姿が力強く描写されるが、そうした民衆の強大なエネルギーがどこへ向かうのかは、決して明確に示されてはいない。

　19世紀の中頃まで、《5月2日》と《5月3日》に関する記録はそれほど多くない。フェルナンド7世の死後、1834年に作成された王家の財産目録には、ゴヤの2点の作品が、《1808年5月2日の夜の犠牲者》と《前作の対作品：1808年5月2日の革命》として記録されている[40]。「革命」と称されている後者の作品は、現在の《5月2日》だと推測できる。目録が作成された1834年の時点で、1808年5月2日の蜂起が「革命」と呼ばれていたことは、本章第1節で見たように「独立戦争」という名称が未だ一般的には定着していなかったことと関連するのだろう。この目録には、それぞれの作品の価格が付されており、この時代、すなわちフェルナンド7世時代の美的な価値観や基準を伺うことができる。ゴヤの2点の作品には、それぞれ8900レアルの値が付けられているが、この値段は、たとえば先のアパリシオの《マドリードの飢饉》が6万5000レアルと査定されていることと比較すると、かなり低い評価だと考えられる[41]。

第4章　スペイン独立戦争の記憶と表象

さらに1840年には、フランスの作家ゴーティエが、ゴヤの《5月3日》が「マドリード美術館の控えの間に敬意も表されずにしまいこまれてある」のを目撃している[42]。「控えの間」がどこなのかは明確ではないが、ゴヤの2作品がそれほど恵まれた展示場所に置かれてこなかったことについては、他にも記録が残っている。1854年11月、『ラ・イベリア』紙は、ゴヤの《5月2日》と《5月3日》が美術館の暗い展示室に閉じ込められていると批判をしている[43]。これに対して、当時のプラド美術館館長ホセ・デ・マドラーソは、ゴヤの作品はマドラーソが職に就いた当時から同じ場所にあり、確かに主要な展示室とは言えないかもしれないが、それほど暗い場所ではないと答えている。その上で、作品そのものについて次のように評価している。

> 前述の「5月2日」の絵画は、画家の名を永遠化したものではない。また、単なる実習のための習作以上のものと考えるべきではない。従って、ゴヤが卓越した才能で制作した他の作品において彼を傑出させたような、芸術的な功績とは全く別のものだ。[44]

　マドラーソは、先のアパリシオと同様にパリでダヴィッドの下で学び、その後ローマを経てフェルナンド7世やイサベル2世の宮廷画家を務めた。プラド美術館の館長のみならず、アカデミーの要職にも就いた画家である。そのようなマドラーソの言葉から、《5月2日》は19世紀半ばになってもそれほど評価されてはいなかったことがわかる[45]。
　これまで、戦争直後の1814年にゴヤが制作した《5月2日》と《5月3日》を中心に、ゴヤの作品と比較的近い時期に制作されたイメージ2点との比較を行ってきた。第一に、エンギダノスによる版画との比較を行った。その作業を通して、5月2日という出来事のイメージの原型のひとつを確認することができた。第二に、本節で見てきたように、アパリシオによる歴史画との比較を行った。アパリシオの模範的な表現に比して、ゴヤ

の作品は歴史画において求められる条件を満たしていたとは言い難い。また、その表現内容も、戦後の政治体制のなかでは好ましいものと評価されなかったのだろう。

　先に見たように、19世紀のスペインにおいて、ナショナリズムの高揚とともに1808-14年の戦いが神話化されていくが、そうした文脈において「5月2日」という主題も繰り返し描かれていくことになる。同時代の社会的要請に応えるように過去を理想化して描く19世紀の歴史画と比較して、ゴヤの《5月2日》と《5月3日》は、ときに批判的に引用される。次節では、ゴヤの以降の画家たちによって描かれた「5月2日」に焦点を当てながら、それらの作品に期待された社会的役割や「5月2日」の理想的なイメージについて明らかにしてみよう。

4. 神話にふさわしい表現を求めて
19世紀の歴史画における「5月2日」のイメージ

　スペインでは、19世紀を通して合計で100回以上の政権交代が行われた。そのような不安定な状況のなかで政権に就いた者は、自身の統治を正統化する必要性や近代国民国家としての統一を得るために、過去のイメージに頼る必要があった。こうした社会状況のなかで、芸術に教育的−道徳的役割を見出そうとする前世紀の啓蒙主義から引き継がれた芸術観が、ロマン主義によってもたらされた「ナショナルなもの」への希求によってより強固になっていったことを、研究者のヘスス・グティエレス・ブロンは指摘している[46]。芸術に社会的機能を求めるなかで、国家が芸術を保護することが正当化され、芸術の方でもそれに応えることが求められるようになる。だが、当時のスペインでは、共同体をまとめ上げていくために芸術が果たす役割がますます意識されてきたものの、芸術が衰退していることが指摘されてもいた。それは、前世紀にメセナ的な役割を果たしていた旧勢力が弱体化していたからであった。

こうした状況を打開すべく、1856年より「全国美術展」が開催され始めた[47]。全国美術展の目的は、芸術作品に購買先を与えて芸術家を保護すること、そして、国民の情操や美的感覚を向上させることであった。そのため、毎年の展覧会を国家が主導で開催し、優れた作品に賞を与えるとともに、国家や自治体による作品の買い上げが行われた。特に高く評価されたジャンルは、自分たちの社会の理想的な過去を描き出す歴史画だった。19世紀を通して全国美術展は17回開催されたが、1位のメダルを獲得した70点の作品のうち40点、2位の196点のうち62点、3位の131点のうち62点が歴史画だった[48]。また、賞の選定は、純粋に造形的な面を基準にして判断されるのではなく、描かれている主題やイデオロギー的な傾向によって判断される場合もあった。いくつかの作品は、ナショナリズムの欠如ゆえに批判されたりもした[49]。全国美術展の歴史画部門には通算で600点以上の作品が出品されたが、そのうち52点が独立戦争を扱ったもので、さらにそのうちの8点が「5月2日」を題材としたものだった。8点の作品について簡単に記述しておこう[50]。

　（1）マヌエル・カステリャーノ《ダオイスとベラルデの死》（出品年：1862年）、（2）マヌエル・カステリャーノ《ペドロ・ベラルデの死》（1864）、（3）ホセ・マルセロ・コントレーラス《1808年5月3日の早朝》（1867）、（4）ビセンテ・パルマローリ《1808年5月3日、モンクロアの埋葬》（1871）、（5）ホセ・ニン・イ・トゥドー《スペイン独立の英雄たち》（1876）、（6）ホアキン・ソローリャ《5月2日》（1884）、（7）エウヘニオ・アルバレス・ドゥモント《フランス人と戦うマラサーニャとその娘》（1887）、（8）ミゲル・エルナンデス・ナーヘラ《5月2日の前夜》（1901）。

　これら8点の作品は全てメダルを獲得し、国家かマドリード市に買い上げられた。受賞した8点の作品についての当時の批評を見てみると、19世紀スペインにおいて「5月2日」というテーマを通して何を表現することが求められていたのかがよく分かる。受賞作のうちのいくつかの作品を見た上で、ゴヤの2点の作品と比べてみよう。

第1節において確認したように、「5月2日」が愛国的な出来事として神話化される際に重要だったのは、それが「民衆による自発的な行為」であったという点だった。祖国の危機に際して民衆が団結するというストーリーであるからこそ、「5月2日」はスペイン・ナショナリズムにとって「記憶の場」となったのである。しかしながら、その「民衆」を視覚化すること、特に歴史画というもっとも権威的な領域において表現することには困難が付きまとった。なぜなら、本来、歴史画が描くのは英雄の物語だからであり、高徳な目的のために犠牲となった理想的な個人を賞賛するものだからである。こうした点にどう折り合いをつけるのかが、「5月2日」を描こうとする画家たちにとっても大きな問題だったと言えよう。

　解決策のひとつとなったのが、5月2日の蜂起の英雄とされた人物たちの存在だった。たとえば、スペイン軍に所属していた将校ダオイスとベラルデを挙げることができる。1808年5月2日にマドリードの民衆たちが暴動を起こすが、スペインの軍隊は兵舎に留まるよう命令されていた。そのなかで、兵器廠の守りについていた軍人のダオイスとベラルデは、民衆に武器を渡し、共に戦った英雄として記録されている[51]。民衆に武器を解放したダオイスは、フランス兵に対抗するために大砲を配備したが、最終的には背後から敵兵に刺されて亡くなったとされている。ダオイスとベラルデは、この蜂起においては貴重な「名前」のある英雄であり、彼らの姿は、絵画や彫刻をはじめとして多くのモニュメントにおいて繰り返し表現された。第2節で取り上げたエンギダノスの版画においても、ダオイスとベラルデによる兵器廠の守りが描かれている。

　マヌエル・カステリャーノは、1862年と64年の全国美術展に、ダオイスとベラルデをテーマとした2点の作品を出品した。どちらもメダルを獲得し、マドリード市に購入された。62年の《ダオイスとベラルデの死》（**図7**）は、エンギダノスの版画の舞台装置をそのまま使用している。城壁や門を背景として中央には大砲が置かれ、その大砲の前には、膝をつくダオイスの姿が描かれている。カステリャーノの作品は、メダルを獲得した

図7　マヌエル・カステリャーノ《ダオイスとベラルデの死》1862年、キャンバスに油彩、299 x 300cm、マドリード、マドリード歴史博物館

ものの、同時代の批評家からはいくつかの欠点も指摘された。研究者のグティエレス・ブロンは、カステリャーノに対する批判のなかには、英雄のイメージに対する「期待はずれ」があったことを指摘している[52]。すなわち、1862年にカステリャーノが描くまでに、ダオイスとベラルデという主題は様々な媒体で繰り返し表現されており、19世紀の人々は、この英雄についてすでに一定のイメージを有していた。だが、カステリャーノの絵は、人々が期待する英雄のイメージを描き出すことはできなかったようである。1862年の展覧会評は、次のように書いている。

　　観衆は、ダオイスの表情のなかに5月2日の英雄の叙事詩を見出そうと熱望したが、それは叶わなかった。〔描かれているのは〕ひとりの軍人で、兵器廠を守る将校であるが、英雄が有する神聖な霊感に

欠けている。[53]

　こうした同時代の批評は、歴史画において観衆が見たいと期待する英雄のイメージがいかに強力だったかを明らかにしてくれる。そして、その期待から外れてしまうことは、批判の対象となったのである。カステリャーノと同様に、ニン・イ・トゥドーは、1876年の美術展にダオイスとベラルデを主題とした作品を出品した。だが、戦いの後にサン・マルティン教会の地下に安置された英雄たちの遺体を描いたこの作品は、ダオイスとベラルデという英雄のテーマが表現すべき詩情を忘れているとして批判された[54]。

　ダオイスとベラルデという英雄像の求心力は、「5月2日」という民衆による出来事を歴史画の領域において描く際の座りの悪さを解決してくれる。全国美術展において、5月2日の蜂起を主題としてメダルを獲得した8点の油彩画のうち、その半数がダオイスとベラルデを題材としていることからもそうした点がうかがえる。カステリャーノの《ダオイスとベラルデの死》には、制服を着た軍人たちに混じって戦う民衆の姿が描かれている。画面右の前景には、銃を振り上げる男が描かれ、中央のダオイスの背後には、彼にとどめをさそうとしている敵に目を向ける男性が描かれている。ダオイスとベラルデのような英雄が中心的な役割を担い、さらに彼らと共に戦う民衆の姿を描写することは、あらゆる職種・階層の国民が自ら参加した象徴的な出来事として「5月2日」を想起したいという社会的要請に合致するものだった[55]。

　8点の作品のうちには、より一般的な人物を主役として描いた作品もある。たとえば、1887年の展覧会においてアルバレス・ドゥモントは、5月2日に命を落とした少女マヌエラ・マラサーニャとその父親を描いた作品を出品した（図8）。画家は、通りでフランス兵にナイフを突き刺すマヌエラの父親と、地面に倒れたマヌエラの姿を劇的な構図で描いた。マヌエラはまだ10代であったが、紛争のなかで戦う父親に薬莢を届ける際に亡く

図8　エウヘニオ・アルバレス・ドゥモント《フランス人と戦うマラサーニャとその娘》、1887年、キャンバスに油彩、365 x 207cm、サラゴサ、サラゴサ美術館

なったとされる。マヌエラが亡くなったという知らせを受けた父親は、それでも自分の任務を続け、娘の元へ駆けつけるようにという命令を二度拒んだ後にやっと銃を置いた[56]。こうした逸話は、愛国的なヒロインとしてのマヌエラ・マラサーニャのイメージを一層強化する。ダオイスとベラルデは軍人であり、戦場で戦う英雄であったが、マヌエラとその父親のイメージは、5月2日が象徴するナショナリズムを少女に担わせ、家族や親子の情愛の領域へと結びつける。

ダオイスとベラルデ、さらにマヌエラ・マラサーニャのような逸話のある人物を描くことは、歴史画の造形的な規範を満たしてくれるものではあったが、その一方で、「5月2日」の神話の真の主役であったはずの民衆たちを補助的な役割に置くことにもなる。カステリャーノの絵は、確かに民衆の姿を描いてはいたが、その描かれ方はあくまで脇役にとどまっている。この点については、「5月2日」の神話化とその表象を研究したドゥマンジュが述べるように、「歴史画は、民衆の英雄的行為を賛美することも、彼らを歴史の主役として認識することもできなかったようである。そして、この点において、ゴヤの民衆的な精神から遠く隔たっていた」[57]と言える。

　「5月2日」を描いた8点の受賞作のうちで、ゴヤのように無名の民衆の姿に焦点をあてた作品としては、ホセ・マルセロ・コントレーラスの絵を挙げることができるだろう。1866年の展覧会において、コントレーラスの《1808年5月3日の早朝》は賞を獲得し、マドリード市によって買い上げられた。コントレーラスの絵は、5月3日の早朝にマドリードのブエン・スセソ病院の中庭において処刑を待つ捕虜たちを描いている。1867年に雑誌に掲載された展覧会評は、この絵に、多様な年代の人物が調和的に描かれていることを評価している[58]。画面中央で手を挙げる壮年の人物は、祖国へ最後の賞賛を送りながら、処刑へと進んでいく。その足下には、未来を担う世代である子供の姿が描かれ、処刑場の様子に怯えながら、父親の歩みを何とか引きとめようとしている。さらに画面には老人や若い女性の悲しむ姿も描かれている。こうした人物の多様性とそれらが一体となって描かれている様子は、「5月2日」の神話に求められるイメージに合致するものであり、同時に、第3節で見たような歴史画の規範にも沿うものだった。

　ここまで繰り返し言及したように、「5月2日」という記憶に相応しい「かたち」において重要な要素であったのが「民衆」の姿だった。だが、その民衆を描く際に問題となったのは、美術、具体的に言えば歴史画という専門領域内での規範と慣習だけではなかった。そもそも、「民衆」とい

う存在、あるいは概念が示すものが非常に曖昧で、ひとつの具体的なイメージで表現することの困難が指摘できる。その一方で、旧体制が崩れようとする時代において、「民衆」が持つ力は——それが現実的な力であれ、象徴的な力であれ——ますます増していく。「民衆」という語が持つこうした曖昧さとイデオロギー的な喚起力こそが、「5月2日」や独立戦争のイメージを巡って成される造形的・美学的な議論の背後にあったのではないか。第3節で見たアパリシオとゴヤが描いた民衆像の差異にも、その存在の捉え難さが現れていたと言える。ゴヤが描いた民衆の姿は、独立戦争直後の体制やその後の歴史的文脈においては、受け入れ難いものだったのかもしれない。そのために、次のような批判の言葉を生むことにもなったのだろう。

　ホセ・デ・マドラーソの子であるペドロ・デ・マドラーソを苛立たせたのは、ゴヤが「5月2日」の出来事で犠牲となった民衆を理想化することもせず、名もない下層階級の人々の群れで描いたことだった。マドラーソは、アントニオ・ヒスベルト・ペレスが1888年に完成させた《マラガの海岸におけるトリーホスとその仲間たちの銃殺》（図9）を賞賛するなかで、ゴヤの《5月3日》を引き合いに出しながら酷評している。自由主義の軍人ホセ・マリア・トリーホスは、フェルナンド7世の絶対主義に対する反抗を企てたものの、マラガの海岸で捕えられ、銃殺された。画面中央右で、フロックコートから白い襟をのぞかせ、眉間に皺を寄せた表情で目を伏せる人物がトリーホスである。彼とその仲間たちは手を縛られ、銃殺される瞬間を待っている。ヒスベルトのこの作品は、これまで取り上げてきた歴史画とは異なり、全国美術展に出品されたわけではない。未来の世代への模範として、自由を守るために亡くなったトリーホスを讃えるために、当時の政権からヒスベルトに直接発注されたのである。この作品は、その造形表現のみならず思想的な内容も大いに評価されたが、ペドロ・デ・マドラーソは次のように作品を評した。

図9 アントニオ・ヒスベルト・ペレス《マラガの海岸におけるトリーホスとその仲間たちの銃殺》、1888年、キャンバスに油彩、390 x 600cm、マドリード、プラド美術館

　　　画家〔ヒスベルト〕は、そのドラマの主人公と仲間たちに対して彼
　　に共感を抱かせる深い信念を、凛々しく表現した。〔180〕8年5月3
　　日の犠牲者を醜く、下品な、マドリードの住民の塵芥たちの集団で
　　描き出したゴヤよりも巧みに、ヒスベルトは、夭逝したトリーホス
　　とその仲間たちの不屈の魂を鮮やかに描き出す術を心得ていた。ヒ
　　スベルトの絵において、登場人物たちは威厳に満ちた雰囲気で描か
　　れており、その描写によって人物たちは賞賛され、まるで詩のよう
　　に表現されている。[59]

　この段落に続いて、マドラーソは、ヒスベルトの作品に描かれている登場
人物一人一人を同定していく。マドラーソは、歴史とはあくまで偉大な個
人、英雄の業績によって語られるものだと述べているようで、ゴヤが「5
月2日」の犠牲者たちを「群衆」として描いたのとは対照的である。ヒ

第4章　スペイン独立戦争の記憶と表象　　143

スベルトの作品もゴヤの《5月3日》も、銃殺を待つ人々を描いているが、ヒスベルトが描出した、感情を内に秘め、抑制された仕草で死を待つ人物と比べると、ゴヤが描いた人物の表現は全く異なっている。

　さらに、「5月2日」を描く際に、誰が主役となるかという点ばかりではなく、どう描くかという点についても批評がなされた。そして、ゴヤが描いた民衆像における「理想化の欠如」は、別の批判も生み出した。たとえば、先に取り上げたコントレーラスの《1808年5月3日の早朝》に関する批評を見てみよう。

　　　歴史画家が到達すべき目標のうちのひとつは、芸術の力によって、すなわち彼の絵画によって、国民の歴史の輝かしきページ、美の感覚によって不朽のものとされているページを教示することである。画家は、このことが可能であるにも関わらず行わない時には、非難されるべきである。

　　　(……) その〔コントレーラスの〕絵は、民衆たちに、祖国の独立を守ろうとする時に果たすべき手本と教えを与えている。困難なのは、画家が描こうとする思想を、過剰なリアリズムによって、大仰な感情や恐怖あるいは嫌悪を催させることなく表現することである。我々の不朽の画家ゴヤが描いた5月2日の処刑の場面では、〔これらの特徴が〕出現してしまっているけれども、コントレーラス氏は、より相応しい瞬間を見つけ出した。[60]

最初の段落には、これまで述べてきたような歴史画というメディアに期待された社会的機能が明確に表明されている。その次の段落では、コントレーラスの絵が伝えるのは、「祖国の独立を守ろうとする時に果たすべき手本と教え」であるとして、5月2日の出来事がナショナリズムと結びつけられて象徴化されている。注目すべきなのは、そのようなメッセージを歴史画において表現する際には、過剰なリアリズムによって引き起こされ

郵便はがき

料金受取人払郵便

本郷局承認

9647

差出有効期限
2018年5月31日
まで
（切手不要）

113-8790

（受取人）

文京区本郷1—28—36

鳳明ビル1階

株式会社 三元社　行

1138790　　　　　　　　　　　17

冊から送料無料☺（国内のみ／冊子小包またはメール便でお届け。お支払いは郵便振替で）

名前（ふりがな）		年齢
住所（ふりがな）		
	（電話　　　　）	

mail（一字ずつ正確にご記入ください）

職業（勤務先・学校名）	所属学会など

買上書店	市 区・町	書店

20160513/10000

愛読者カード

ご購読ありがとうございました。今後、出版の参考にさせていただきますので、各欄にご記入の上、お送り下さい。

書名

▶本書を何でお知りになりましたか
　□書店で　□広告で（　　　　　　　　　）　□書評で（　　　　　　　　　）
　□人からすすめられて　□本に入っていた（広告文・出版案内のチラシ）を見て
　□小社から（送られてきた・取り寄せた）出版案内を見て　□教科書・参考書
　□その他（　　　　　　　　　　　　　　　　　　　　　　　　　　　）

▶新刊案内メールをお送りします　□ 要　　□ 不要

▶本書へのご意見および今後の出版希望（テーマ、著者名）など、お聞かせ下さい

●ご注文の書籍がありましたらご記入の上お送り下さい。
（送料無料／国内のみ）
●ゆうメールにて発送し、代金は郵便振替でお支払いいただきます。

書　名	本体価格	注文冊数
		冊
		冊

http://www.sangensha.co.jp

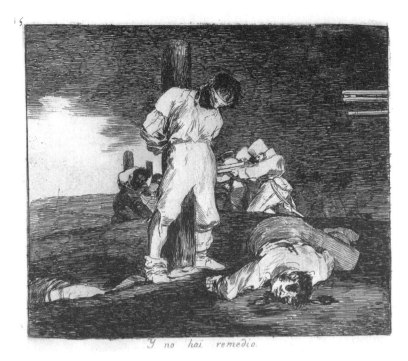

図10　ゴヤ『戦争の惨禍』15番《もう助かる方法はない》エッチング、ドライポイント、ビュラン、バーニッシャー、142 x 168 mm

る恐怖や嫌悪感を避けるべきだとされ、その悪しき例としてゴヤの作品が挙げられている点である。

　確かに、コントレーラスの絵はあくまで処刑に向かう場面を描いたものであり、戦いそのもの、あるいは処刑そのものを描いてはいない。祖国の独立のために処刑されるという運命が暗示されているにすぎない。だが、そのようにして「相応しい瞬間」を選ぶことによって、過剰なリアリズムから残酷な表現に陥ってしまうことが避けられている。他方、ゴヤの《5月2日》と《5月3日》には、武器を身体に突き刺す様子や、処刑され、生々しく血を流して倒れた死体が最前景に描かれてしまっている。こうした描写が、この引用における批判的な言葉を導き出したのだろう。

第4章　スペイン独立戦争の記憶と表象　　145

ゴヤが描いた民衆の姿は、アパリシオが描いたような「臣民」でもなければ、第1節で見たような、「5月2日」という神話の主役としての理想的な「国民」でもない。もし、そうであったなら、マドラーソの言葉にあるような批判を生み出すことはなかったはずである。《5月2日》と《5月3日》において描かれた人々は、戦い、傷つき、死んでいく肉体を持っている。こうしたゴヤの描写について、版画集『戦争の惨禍』における表現と比較することもできるだろう。たとえば、《5月3日》と同じように処刑される民衆を描いた《もう助かる方法はない》(図10)では、身体を拘束され、銃撃を待つのみの男が描かれる。目隠しをされたこの人物は、もはや抵抗することも、何らかの意思を表現することもできない。表情も身振りも取り上げられた身体の足下には、すでに銃撃を受け、頭部から血を流す死体が描かれている。戦争期間中の1810年頃から制作が開始されたと思われる版画集『戦争の惨禍』は、ゴヤの生前に出版されることはなく、1863年にアカデミーによって初版が出版された。この版画集では、《5月2日》と《5月3日》を超える程に暴力的で残酷な場面が連ねられていくが、その表現は、歴史画のような出来事の「象徴化」からは程遠いところにある。ここでは、暴力、飢え、病に傷つく肉体の様子や、積み重ねられる死体の様子が、繰り返し描かれている。これまでに見てきたように、神話としての「5月2日」を描くためには、主役としての民衆たちは、神話に相応しい「理想化」を施されなければならなかった。19世紀の歴史画というメディアにおいて、祖国や自由といった理念を担うのは、生々しい肉体ではなく理想的＝理念的な身体であり、その傷や死は、高尚な理念へと「昇華(sublime)」されなければならないのである[61]。それに対して、ゴヤは、そうした出来事の昇華あるいは象徴化の作用を拒否するように、物語や理念には容易に回収され得ない肉体の傷や死を描いたと言える。こうしたゴヤの表現が、本節で見てきたような批評を生み出したのだろう。

おわりに
「記憶」にふさわしい「かたち」をめぐって

　本章では、象徴的な出来事としての「1808年5月2日」のイメージについて、ゴヤの《5月2日》と《5月3日》を中心としながら、戦争終結直後から19世紀後半に渡って制作されたいくつかの作品を取り上げてきた。本章で取り上げた、ゴヤの作品やその他の作品に対する批評の中心にあるのは、「出来事にふさわしいかたちとは何か」という問いであり、これらの批評は、記憶を巡る社会的闘争のひとつであると考えることもできる。国家によって主導された全国美術展に出品された歴史画は、造形的な表現のみならず、描かれている主題やイデオロギー的な視点からも評価を受けた。このことは、19世紀のスペインにおいて、歴史画というメディアには、視覚表象を通して「正史としての歴史」、あるいは「国家（国民）の歴史」を補強するような役割が期待されていたということを示している。

　アントニー・D・スミスがまとめるように、19世紀のヨーロッパ諸国において、こうして描かれる「歴史」は、人々に帰属意識と集団的なアイデンティティを自覚させ、「ネイション」を生み出す「象徴的枠組み」として機能した。スミスの指摘においてさらに興味深いのは、こうした「神話・象徴・価値・記憶」はネイションを構築するための合理的な「道具」には止まらないという点である。そうした象徴的枠組みは、後の世代の「感情」をも生み出すのだ[62]。たとえば、ペドロ・デ・マドラーソによるゴヤの評価には、ほとんど生理的・感情的とも言える反発の言葉があったが、そうした言葉を生みだす根元には、自分たちの共同体が共有する英雄のイメージへの強い感情があるからだろう。絵画や文学といった芸術による過去の表現は、そうした感情的な沈殿とその社会的紐帯に直接的に触れるからこそ、反発や議論、あるいは熱狂を呼び起こすのだろう。

　本章では、長い期間に渡って様々な作品を取り上げてきたが、それ故、個別の作家・作品を巡る文脈については十分に論を展開させることができ

なかった。今後、機会を移して、それらを掘り下げるつもりである。また、19世紀を通じて、スペインのアイデンティティが具体的にどのようなイメージと共に作り上げられていったのかについて、それを「ナショナルなもの」へと収斂させるのではなく、多様な要素の葛藤や交渉という視点から探っていきたい。

付記

　本章の執筆にあたり、日本学術振興会科学研究費助成事業・若手研究(B)「18世紀末のスペインにおける啓蒙知識人の美的趣味に関する研究」(課題番号：25770044)の成果の一部を使用した。また、昭和女子大学の木下亮先生には文献や作品について貴重なご助言をいただいた。記して感謝申し上げたい。

註

1　ポール・コナトン著、芦刈美紀子訳『社会はいかに記憶するか——個人と社会の関係』新曜社、2011年、20-21頁。

2　Jeffrey K. Olick, Joyce Robbins, "Social Memory Studies: From "Collective Memory" to the Historical Sociology of Mnemonic Practices", *Annual Review of Sociology*, Vol. 24, 1998, p. 122.

3　『戦争の惨禍』については、以下を参照されたい。José Manuel Matilla, et al., *El libro de los desastres de la guerra*, Madrid: Museo Nacional del Prado, 2000.

4　José Álvarez Junco, "La guerra napoleónica", Exh. Cat., *Miradas sobre la Guerra de la Independencia*, Madrid: Biblioteca Nacional de España, 2008, p. 15.

5　独立戦争に関するまとめは、以下の文献を参照した。立石博高「炎のイベリア半島——スペイン独立戦争とウェリントン」志垣嘉夫編『ナポレオンの戦争』講談社、1984年、149-189頁。また、「5月2日」の詳細については、以下を参照されたい。ヒュー・トマス著、都築忠七訳『ゴヤ——1808年5月3日』みすず書房、1978年。ジャニス・トムリンソン著、立石博高・木下亮

訳『ゴヤとその時代——薄明のなかの宮廷画家』昭和堂、2002年、185-192頁。Juan Pérez de Guzmán, *El dos de mayo de 1808 en Madrid*, Madrid: Establecimiento Tipográfico Sucesores de Rivadeneyra, 1908; ed. facsímil, Valladolid: Maxtor, 2008, pp. 361-416.

6　立石博高「スペイン独立戦争と「国民意識」——カタルーニャに関する最近の諸研究を中心に」『一橋論叢』第110巻第4号、1993年、613-625頁。
7　Álvarez Junco, "La guerra napoleónica", p. 21.
8　José Álvarez Junco, *Mater Dolorosa*, Madrid: Taurus, 2001, p. 125.
9　この段落における諸勢力については、主に以下を参照した。J・アロステギ・サンチェス、M・ガルシア・セバスティアン他著、立石博高監訳、竹下和亮・内村俊太・久木正雄訳『スペインの歴史——スペイン高校歴史教科書』、明石書店、2014年、142頁。
10　Álvarez Junco, "La guerra napoleónica", p. 29.
11　Álvarez Junco, *Mater Dolorosa*, p. 121.
12　Álvarez Junco, "La guerra napoleónica", p. 30.
13　この段落の内容は、以下を参照のこと。Álvarez Junco, *Mater Dolorosa*, p. 125. 立石、「スペイン独立戦争と「国民意識」」、615-616頁。
14　Álvarez Junco, "La guerra napoleónica", pp 31-34.
15　*Ibid*., p. 16.
16　*Ibid*., p. 35.
17　立石、「スペイン独立戦争と「国民意識」」、615頁。
18　立石博高他『スペインの歴史』昭和堂、1998年、175-176頁。
19　フランシスコ・ゴヤ著、大髙保二郎・松原典子編訳『ゴヤの手紙』岩波書店、2007年、資料283番、491頁。Francisco Goya, *Diplomatario*, Ángel Canellas López (ed.), Zaragoza: Librería General, 1981, no. 240, CXXIV.
20　以下のまとめは、2008年の展覧会のカタログによる。Exh. Cat., *Goya en tiempos de guerra*, Madrid: Museo del Prado, 2008, pp. 357-360.
21　Gérard Dufour, *Goya durante la guerra de la independencia*, Madrid: Cátedra, 2008, pp. 37-38.
22　エンギダノスの版画の他にも、ゴヤの《5月2日》と《5月3日》と関連して論じられる作品に、聖職者の銃殺を主題としたミゲル・ガンボリーノによる版画がある。この版画については、以下を参照されたい。展覧会カタログ『ゴヤ——版画にみる時代と独創』読売新聞社、1999年、254-255頁。
23　*Diario de Madrid*, 11, VI, 1813. エンギダノスの版画セットについては、以

下も参照のこと。José Manuel Matilla "Estampas españolas de la guerra de la independencia", Exh. Cat., *Goya: Cronista de todas las guerras*, Las Palmas de Gran Canaria: Centro Atlántico de Arte Moderno, 2009, p. 48. 『ゴヤ——版画にみる時代と独創』、前掲書、222頁。

24 以下《5月2日》と《5月3日》に描かれたフランス兵の装備品については、次を参照。Dufour, *op. cit.*, pp. 33-42.

25 トムリンソン、前掲書、197-198頁。

26 Jesús Gutiérrez Burón, "La fortuna de la guerra de la independencia en la pintura del siglo XIX", *Cuadernos de arte e iconografía*, tomo 2, núm. 4, 1989, p. 347. これらの版画については、註23に挙げた展覧会カタログを参照されたい。

27 Matilla, "Estampas españolas de la guerra de la independencia", p. 47.

28 Gutiérrez Burón, "La fortuna de la guerra de la independencia en la pintura del siglo XIX", p. 348.

29 *Ibid.*, p. 354.

30 あるいはフェルナンド7世の帰還のために建てられる凱旋門を飾るという可能性も言及されてきた。トムリンソン、前掲書、182-183頁。

31 以下、アカデミーからの賞とそれに対する反応については、次の文献を参照。*Goya en tiempos de guerra, op. cit.*, pp. 353-356. また、以下に挙げる当時の刊行物にも、アカデミーでの賞の設置と記念に関する布告が掲載されている。*Gaceta de la regencia de las Españas*, núm. 49 del martes 5 de abril de 1814.

32 歴史画の源流とダヴィッドによるその復興、その後の歴史画の盛衰については、以下の文献を参照されたい。鈴木杜幾子『画家ダヴィッド——革命の表現者から皇帝の首席画家へ』晶文社、1991年。

33 Francisco de Mendoza, *Manual del pintor de historia*, Madrid: Imprenta de T. Fortanet, 1870, p. 31. 傍点は引用者による。なお、メンドーサについては、以下も参照のこと。Carlos Reyero, *La pintura de historia en España*, Madrid: Cátedra, 1989, pp. 42-43.

34 以下のメンドーサによる理論は、次の箇所を参照されたい。Mendoza, *op. cit.*, pp. 12-36.

35 Jean-Louis Augé, "Los alumnos españoles de David. Mito o realidad y estado actual de las obras en las colecciones francesas", *Boletín del Museo del Prado*, tomo 25, 2007, pp. 161-165.

36 トムリンソン、前掲書、176-216頁。
37 Augé, *op. cit.*, pp. 162-163.
38 Álvarez Junco, "La guerra napoleónica", p. 35.
39 フェルナンド7世を賞讃するために、フランスから帰国する王の凱旋の旅を描いた画家もいる。これらの作品についての詳細は、以下の論考を参照のこと。José Luis Díez, "«Nada sin Fernando». La exaltación del rey deseado en la pintura cortesana (1808-1823)", *Goya en tiempos de guerra, op. cit.*, pp. 99-123.
40 Gonzalo Anes, *Las colecciones reales y la fundación del Museo del Prado*, Madrid: Amigos del Museo del Prado, 1996, p. 204.
41 ゴヤの作品の価格については、註40の箇所を参照。アパリシオの価格については以下を参照のこと。Anes, *op. cit.*, p. 139.
42 テオフィル・ゴーチエ著、桑原隆行訳『スペイン紀行』法政大学出版局、2008年、132-133頁。
43 *La Iberia*, 23 de noviembre de 1854, p. 4. Manuela B. Mena Marqués, et al., "Goya: el *Dos* y el *Tres de mayo de 1808 en Madrid*. Estudio y restauración", *Boletín del Museo del Prado*, tomo 27, 2009, nota 9, p. 147.
44 *El Clamor público*, 30 de noviembre de 1854, p. 2. Mena, *op. cit.*, nota 9, p. 147.
45 19世紀におけるゴヤの2作品の評価について、以下の文献ではマドラーソ以外の証言も引用されている。Christian Demange, *El dos de mayo: Mito y fiesta nacional (1808-1958)*, Madrid: Marcial Pons, 2002, p. 108.
46 Gutiérrez Burón, "La fortuna de la guerra de la independencia en la pintura del siglo XIX", pp. 346.
47 Jesús Gutiérrez Burón, *Cuadernos de Arte Español, 45. Exposiciones nacionales de Bellas Artes*, Madrid: Historia 16, 1992, p. 10.
48 Gutiérrez Burón, "La fortuna de la guerra de la independencia en la pintura del siglo XIX", p. 350.
49 *Ibid.*, p. 353.
50 Demange, *op. cit.*, p. 106. なお、8点の作者の氏名表記および作品タイトルは、以下の文献に基づく。Bernardino de Pantorba, *Historia y crítica de las exposiciones nacionales de bellas artes celebradas en España*, Madrid: Alcor, 1948.
51 Pérez de Guzmán, *op. cit.*, pp. 389-416.

52 Jesús Gutiérrez Burón, "El reflejo de la Guerra de la Independencia en la pintura de historia", Emilio de Diego García, *El nacimiento de la España contemporánea: Congreso Internacional Bicentenario de la Guerra de la Independencia*, Madrid, 7-9 de mayo 2008, pp. 376-378.

53 *Ibid.*, p. 378.

54 Demange, *op. cit.*, p. 115.

55 Gutiérrez Burón, "La fortuna de la guerra de la independencia en la pintura del siglo XIX", pp. 353-354.

56 Pérez de Guzmán, *op. cit.*, p. 406.

57 Demange, *op. cit.*, p. 113.

58 J. D. de la Rada y Delgado, "Exposición de Bellas Artes. III", *El Museo Universal*, núm. 7, Madrid, 17-II-1867, p. 50.

59 "Fusilamiento de Torrijos y sus compañeros. Cuadro de D. Antonio Gisbert", *España artística y monumental: Cuadros antiguos y modernos, monumentos arquitectónicos, objetos de escultura, tapicería, armería, orfebrería y demás artes de los Museos y Colecciones de España en reproducciones fototípicas / (por J. Laurent y C^a) Con ilustraciones por D. Pedro Madrazo*, Madrid: Viuda de Rodríguez Casa editorial, 1889. マドラーソによる言葉は、以下の文献にも転記されている。Reyero, *op. cit.*, p. 158. なお、引用中の傍点は、引用者による。

60 J. D. de la Rada y Delgado, *op. cit.*, p. 50. 引用中の傍点は、引用者による。グティエレス・ブロンは、この批評の次の段落から、コントレーラスの作品の評価がその主題に大きく依存していることを示している。Gutiérrez Burón, "La fortuna de la guerra de la independencia en la pintura del siglo XIX", p. 351.

61 新古典主義が理想とした身体像とそれが担う政治的な理念や理想的な人間像については、以下の文献を参照されたい。Alex Potts, *Flesh and the Ideal: Winckelmann and the Origins of Art History*, New Haven & London: Yale University Press, 2000.

62 アントニー・D・スミス著、巣山靖司・高城和義他訳『ネイションとエスニシティ』名古屋大学出版会、1999年、235頁。

図版出典

図1、 図2、 図6：Exh. Cat., *Goya en tiempos de guerra*, Madrid: Museo del Prado, 2008.

図3、 図4、 図5：Exh. Cat., *Miradas sobre la Guerra de la Independencia*, Madrid: Biblioteca Nacional de España, 2008.

図7：*Guía del Museo Municipal de Madrid: La historia de Madrid en sus colecciones*, Madrid: Ayuntamiento de Madrid, 1993.

図8：Exh Cat., *La pintura de historia del siglo XIX en España*, Madrid: Museo del Prado, 1992.

図9：Exh. Cat., *El siglo XIX en el Prado*, Madrid: Museo del Prado, 2007.

図10：José Manuel Matilla, et al., *El libro de los desastres de la guerra*, Madrid: Museo del Prado, 2000.

第 5 章
「呼びかけと応答」
日系カナダ人アーティスト、シンディ・モチズキの
アート・アニメーションにおける「記憶」の表現

西村 龍一・西村 美幸

はじめに

　エスニック・マイノリティが表現行為において自己のエスニシティを記憶化し、アイデンティティを見いだすその〈かたち〉は、マジョリティのそれとどのように自身を差異化しようとするのか。この問題を考察するうえで、日系カナダ人シンンディ・モチズキのアート・アニメーション『白山羊（*Shiro Yagi*）』（2013）[1] は、次のような文脈において興味深い。第一に、作者が日本からカナダに移住してきた自身の母方のルーツを、インタビューや記録によって再構成するという作品構成は、典型的なオート・エスノグラフィーの作品、すなわち「自己の集団のエスノグラフィー」あるいは「エスノグラフィー的関心を持った自伝的著述」[2] と見なしうる。かつこの作品には、『アジア系カナダ的に書くこと——オート・エスノグラフィーを超えて』という論文集の序で、編者たちがカナダの新世代のオート・エスノグラフィーの特徴だと言う「多様性と実験性」が強く現れている。そうした新世代の「マイノリティ作者たちは、支配的な文化に抗しつつ、彼らのエスニックなあるいは人種的な背景と単純に同一化しているのではない。多くの作者たちは、意識的にエスニックなアイデンティティと文学的生産との結合を疑問視し問題化するが、他方では依然として彼らが書くことの人種化されたコンテクストを再認しているのである」[3]。『白山

羊』には、そうした新世代のアジア系カナダ人表現者の、表現欲求やアイデンティティ意識の〈かたち〉がよく現れていると考えられる。

　第二にこの作品の〈かたち〉は、アニメーションにおける「実験性」として見ても興味深い。モチズキはその映像作品のなかで、実写映像をトレースするアニメーション技法であるロトスコープを頻繁に用いてきたが、この作品はそこに立版古（紙で組み立てられるジオラマ。江戸時代後期から明治にかけて歌舞伎の名場面等を再現して庶民の間で流行した）、紙芝居的な画面の運動、墨絵風のタッチといった日本的・アジア的な要素、さらには実写映像や写真を組み合わせることで、きわめて複雑な映像作品になっている。加えて音声としての英語と日本語の併用も、アニメーションとしては実験的である。にもかかわらずその全体はけっして観念的なものに陥らず、むしろ一種の素朴さをもって、見る者の感性に直截に訴えてくるのである。

　『白山羊』におけるオート・エスノグラフィーと映像作品としての実験性、さらにはその複雑さと素朴さを架橋するものは、本論集のテーマである「記憶」である。ただしここでの「記憶」とはきわめて広くまた特殊な意味での記憶、作品のもっとも決定的と思われる言葉で言えば「呼びかけと応答（a call and response）」としての記憶である。なぜなら記憶を「呼びかけと応答」として捉えるとき、エスニシティ、過去、アイデンティティ、そして政治が、表象としての記憶の問題に、一挙に収斂してくるように思われるからだ。あらかじめ要約してしまえばこの作品が行っているのは、表象に紛れ込むノイズをその方法論とする、エスニシティの記憶の表現である。そのことでまたこの作品は、先の編者たちが「ポストモダンなオート・エスノグラフィー」[4]と呼んでいる表現行為の、鮮やかな実例になっている。

1. モチズキの経歴とパウエル祭

　モチズキのアーティストとしてのこれまでの経歴を「記憶」という観

点から振り返るなら、そこでは二種類の記憶がテーマにされてきたことがわかる。まずは彼女のエスニシティのルーツとしての、「日本」あるいは「アジア」の記憶に関する作品がある。『潜水せよ：神之湯（Submerge: Kami No Yu）』(2003)[5]は日系カナダ人の日本での銭湯の記憶をめぐる映像作品、『妖怪とその他の精霊（Yokai & Other Spirits）』(2011)は、「アジア映画、文学、大衆文化によく出る」「超自然的な存在」としての妖怪に焦点を当てつつ、80年代の香港娯楽特撮映画『ハッピー・ゴーストⅢ』における幽霊の電話というモチーフを、アニメーション、音楽、そして電話のインスタレーションによって再構成した作品[6]。また『夜の物語（金縛り）(Night Stories (Kanashibari))』(2013)は、作者自身の金縛り経験を反映するという「生き物たちや幽霊たちの夢」を表した一連のドローイングである。付言すれば日本やアジアの文化的記憶に関するモチズキの関心は、超自然的な存在や現象への関心としばしば混じり合っている。2014年には横浜黄金町でのアーティスト・イン・レジデンスにおいて『夢の港（Port of Dream）』と『ロッホ／穴（loch／穴）』を創作したが、前者は現在は廃屋となっている彼女の母親の横浜の実家をモチーフとしたインスタレーション、後者は現地でのインタビューで収集した、さまざまな人々の「モンスター」にまつわる記憶を元にしたパフォーマンスである。

　もうひとつの記憶は、日系カナダ人というエスニックグループが、カナダ国家のマイノリティとして体験してきた歴史の記憶であって、この記憶の中心には当然のように第二次世界大戦中の強制移動の記憶がある。イギリス連邦に属するカナダは、1941年の日本軍のパールハーバー奇襲後、直ちに日本に対して宣戦布告すると同時に、翌1942年には、敵性外国人としての日系カナダ人の、財産没収を伴う西海岸から内陸地への強制移動を行った。対象者は2万人を超えると言われている。モチズキの『パノラマ・シリーズⅠ（Panorama Series I）』(2012)は、この強制移動の記憶を直接のテーマとしている。また「パウエル・ストリートの非線形的でグラフィックな記憶を語る」「16の永続する歴史的パネル」である『オープン

ドア・プロジェクト (*Open Doors Project*)』(2011) は、バンクーバーの中心部に近い、第二次世界大戦前に日本人街があったパウエル・ストリートに設置され、そのブロックにはかつてどのような日本人経営の商店があったか等を、「伝統的な花札の美学を利用して」視覚的に物語るものである (図1)。

図1　*Open Doors Project*のパネル (http://www.cindymochizuki.com/#/open-doors/)

　ここでしかし、パウエル・ストリートという固有名こそが、日系カナダ人にとってルーツの記憶とマイノリティの記憶が交錯する特別な場所であることに言及しなければならない。戦前に日本人街として賑わったパウエル・ストリートだったが、強制移動によって日系人の家屋は没収され、戦後もここに日系人が戻り住むことはなかった。しかし1977年、このストリートに面したオッペンハイマー公園で日系移民百年祭が開かれたのをきっかけに、パウエル祭が組織され、現在に至るまで継続されることになる（ちなみに2014年に公開された邦画『バンクーバーの朝日』は、戦前に実在した日系カナダ人野球チーム「バンクーバー朝日」の活躍を描いているが、この映画で野球が行われている公園が史実上の設定としてこのオッペンハイマー公園である。公園には現在、「バンクーバー朝日」の活躍を記念したプレートが設置されている）。またこのフェスティバルをひとつの契機に、強制移動への謝罪と補償を求めるリドレス運動が日系人の間で起こり、1988年には合衆国での日系アメリカ人に続いて、カナダ国家から一定の謝罪と補償を勝ち取ることに成功した。その後2002年にパウエル祭は政府支援による運営に切り替えられ、それに伴って運営方針もアジア系カナダ人全般に開かれたものへシフトした。多文化主義を国是とするカナダ国家の、その多文化性のひとつのデモンストレーションの場という意義づけをされたのだといえる。いずれにせよモチヅキの二つの記憶を交錯させるアーティスト活動は、たとえば

図2　移動する日本女性（*The Oblivion and The Blind*）

　その日本に限定されないアジアへの関心も含めて、どこかしらパウエル祭の歴史と現在と重なっている。

2.『忘却と盲人』

　モチズキの2007年のアニメーション『忘却と盲人（*The Oblivion and The Blind*）』[7]は、記憶という観点から見られるとき、『白山羊』の先駆をなす作品として重要である。耳なし芳一伝説に啓示された[8]というこの作品の冒頭、画面の中央には耳と耳穴のドローイングが大写しされ、耳穴からいくつかの黒い輪が現れては画面の上端に消えていく。やがて耳の背景には、殴り書きのようなひらがなと漢字のカリグラフィーがフェイドインしてくる一方で、耳穴からは一本の糸が現れ、これを親指と人差し指がつまんで耳穴から引き出していく。耳はやがて画面の左端に見えなくなっていくが、画面を横切って引き延ばされた糸の上を、やがて耳が消えた左からひとりの若い着物姿の女性が現れ、いわば糸を渡って画面中央に大きく見えてくる。彼女は顔を伏せ、足下まで届く長い黒髪を梳っている。狐や天狗の面を被った少年たちの横顔が、彼女とすれ違うように糸の上を右から左へ流

図3　北斎の象と日系カナダ人（*The Oblivion and The Blind*）

れていく（図2）。他方で背景は英語表記の地図に変わり、いくつもの記号のような目のドローイングがフェイドインし瞬いている。

　指が耳穴から引き出す糸は、記憶の糸に他ならないだろう。糸は最後にはひとつの地図の上空に張られ、女は糸を渡ることで地図上を移動していく。だがこの地図は、日系カナダ人の強制移動の地図であって、着物姿の女性は、バンクーバーから内陸の抑留キャンプへと移動していくのだ。この2分弱の作品の根幹は、作者のアイデンティティのルーツとしての「日本」の記憶と、マイノリティとしての日系カナダ人の歴史の記憶を、オーバーラップさせることで構成されている。背景では、耳なし芳一伝説の記憶、その身体に刻まれたという呪術的なカリグラフィーの記憶が、英語表記の地図が呼び起こす強制移動の記憶に重なってくる。またこの背景の上では、着物姿の黒髪の女性、天狗や狐の面といった日本の記憶が交錯する。

　だがこの作品がそうして呼び出す「日本」の記憶は、日本社会で自明の

もののように伝承され共有されるだろう記憶、その記憶の遠近感とでもいうべきものとは、どこかしら微妙にずれている。第一にそれは過剰な記憶である。すでに挙げた耳なし芳一伝説等の要素に加えて、後半では葛飾北斎の『群盲象を撫ず』の図まで登場する (図3)。第二にこの記憶には、思わず誤認ではないかと言いたくなりそうなものも含まれている。背景のカリグラフィーが、芳一伝説と関係して呼び出されているとすれば、なぜそこにひらがなが混じるのか。芳一の身体に描かれたカリグラフィーが、魔よけとしての経であるとき、それが漢字以外で書かれたはずがないのは、日本で伝承される集合的で社会的な記憶にとっては自明のことがらではないのか。

　一見したところこのずれは簡単に説明がつきそうにも思われる。要するにここで「日本」を見ている視線は、文化的他者の関心の視線、欧米人の視線なのだ。そうした視線が日本の文化的過去から、彼らの関心にあわせて芳一伝説におけるカリグラフィーの呪術性に着目し、ひらがな―漢字―象形文字のミメシス性（「目」はその起源において目の形を描いた象形文字だった）を強調する一方で、ひらがなと漢字の伝承された使用のコンテクストを無視しているのだ。またそうした視線が、天狗や着物・黒髪の日本女性から北斎までを、2分弱の時間に詰め込んで平然としているのだ。

　こうした批判は、たとえば同じ日本のカリグラフィーの呪術性をグロテスクなまでに誇張した、ピーター・グリーナウェイの映画『枕草子 (*The Pillow Book*)』には当てはまりそうだが、モチズキの作品においては、まさしくその「記憶」の原理、エスニック・マイノリティの二つの記憶の交錯という原理が、作品をそうしたオリエンタリズムから区別しているように思われる。「日本」はここでは文化的に異質なもの、異質であるがゆえに自己を刺激し、拡張させると同時に実は再確認もさせるような他者としてではなく、あくまで自己もまたそのアイデンティティ意識においてそこに帰属するような集合的な過去の記憶として扱われている。だがそうして想起される日本は、文化的他者が見る日本と無関係なのではない。なぜな

ら想起する主体、日系カナダ人という主体は、カナダ人として、そうした文化的他者の視線を自己の視線の中に内在化してしまっているからだ。かつそうした内在化は、この主体が、同じ文化的他者の視線によって、カナダ社会の中で他者化された経験の記憶と不可分のものだろうからだ。内在化されたそうした他者性によって、想起する主体は日本社会においては自明な記憶、その伝承される記憶の遠近法から切断され、その外部に立たされてしまう。あたかもその反動のようにして、この主体には、集合的な記憶として「日本」を共有することが、「日本」の過去を総体として想起するという不可能な課題のようにして現れているのではないか。そしてこの過剰で無差別な想起には、文化的他者によって他者化された経験の極限、すなわち国家権力によって他者化され差別された強制移動の記憶が混入し、重ね合わされる。

　北斎の『群盲象を撫ず』を模した映像は、そうした過剰で無差別な想起のアレゴリーとして解釈できる。「日本」の過去の総体というあり得ない巨象を、大人たちはその足を、子どもたちは背中にはりついてというように撫でまわす、日系カナダ人の諸世代。彼らは記憶の遠近法から切断されているという意味においては「群盲」なのだが、べつだん視力がないように描かれているわけではない。彼らはむしろそのことを、日常生活のひとこまとでもいったふうに、楽しんでいるようにさえ見える。「日本」の記憶にかかわるモチヅキの映像作品やドローイングには、どこかしら平静な淡々とした感じが流れているのだが、それは多文化主義的なカナダ社会の現状において、エスニシティの記憶を自己のアイデンティティとして主張することが、むしろ積極的に承認されていることの反映なのかもしれない。いずれにせよこの日常性と平静さは、オリエンタリズム的な視線とは微妙に異なることはたしかだ。内在化された他者の視線は、自己を他者化する者の視線を模すことで、日本社会の記憶の文脈、その文化的・社会的な記憶の遠近感から解放されると同時に、オリエンタリズムのいわば一歩先で、「日本」の過去のより小さなもの、目立たないもの、日常的なもの

に無差別に分け入り、それらを日系カナダ人の記憶の紐帯として表象する。耳穴から引き出された記憶の糸のアニメーションはもつれ、そのことで北斎の象、「日本」の過去の総体というありえない象は、日系カナダ人たちの日常風景のただ中に出現する。それは過去を遠近法的に〈見る〉ことによってではなく、〈撫でる〉ことによってでなければ感じることのできない、記憶の中の象である。

3.「呼びかけと応答」としての記憶

　モチズキのホームページの記載によれば、『白山羊』のインスピレーションになったのは、母方の祖父スエオ・モリが1927年に作った楽曲と詩だったという。だが「この物語は部分的に事実でありまた虚構である」[9]。そうした事実的なものとして、作品には多くのドキュメントの映像が挿入されている。スエオ・モリとその二人の娘とおぼしき家族の写真、「森須江夫」の署名がある楽譜『宵之春』、横浜の森家宛の古いハガキ等々。したがって作品は、次のようなオート・エスノグラフィーとして成立しているように見える。まずシンディ・モチズキが祖父スエオ・モリの遺した楽譜を発見し、これをきっかけに母方の家系に関するドキュメントを収集し、また母タズコ・モチズキから祖父の記憶、および彼女自身がカナダに渡った前後の記憶を聞き取る。不足する部分、たとえばスエオ・モリの独白のような部分は、ドキュメントから想像したもので補う。モチズキは自身の作品全般について「彼女の作品は、フィクショナルなものとドキュメンタリーとの間の空間を踏査するのだが、その際に史料とインタビューを統合し、その作品の中の共通の導きの糸として用いるのである」[10]と述べるのだが、『白山羊』は現時点でその集大成だと言っていいだろう。だがここでの「フィクショナルなものとドキュメンタリーとの間の空間」とは、実はそんなに簡単な空間ではない。

　ここにスエオ・モリが遺した楽曲がある。「彼は歌によって自分の娘に

ひとつの手紙を書く」と言われる。これに対応するように後に一人の女の顔がアニメーションでアップになり「もしあなたの手紙の重要性を知っていたなら」と嘆く。この嘆きが、女にスエオ・モリを想起すること、彼の「記憶」を忘却から救い出すことを促したように見える。だがこの女、スエオ・モリの思い出を語る女は誰なのか。それは現実のスエオ・モリの娘で、シンディ・モチズキの母親であるタズコ・モチズキであって、しかもそうではない。この女は、仮構されたハルエという名前の女、「眠りの国」にいる二児の母親である。だが他方でハルエの顔は、現実のタズコ・モチズキの実写から作られたとおぼしきロトスコープの画である。またハルエとして語っている声は、そのまま「森田津子・志津子」宛ての巨大なハガキの前に立っている少女の声に移行する。要するに『白山羊』の種々のドキュメントが指し示す現実の娘の名は森田津子、カナダに渡って結婚してタズコ・モチズキなのだが、虚構としての物語でスエオ・モリの記録と記憶をたどっている女はハルエなのである。

　なぜ後者の名前はハルエなのか。その由来は明白だ。1927年作のスエオ・モリの楽曲『宵之春』は、実はその時点ではまだ存在しなかった娘（このことは作中の他のナレーションから導き出せる）に宛てた手紙なのであり、だとすればそれは「春へ」宛てた手紙だからこそ、この想像上の娘はハルエと名付けられたのだ。ということはしかし、スエオ・モリの思い出を語るハルエとは、『宵之春』を自分に宛てた手紙として受け取り、この「手紙」を書いた人物に関する「記憶」を種々の史料やインタビューから再構成しようとしている人物、すなわちタズコ・モチズキというよりはシンディ・モチズキその人でもあるのである。この構成を通じて、ハルエの語るスエオ・モリの記憶には、タズコの記憶に重ねてシンディ自身の「記憶」が二重に焼き付けられていくのだと言ってよい。「呼びかけと応答」としての記憶は、何よりもまず作品のこうしたフィクションの基底を決定している。森須江夫が遺した楽曲『宵之春』は、それが作曲された1927年にはまだ存在しなかった娘に宛てられた手紙として「呼びかけ」なので

あり、フィクションであるハルエを通じて構成される作品『白山羊』全体が、この呼びかけへの現在のシンディの「応答」として、その記憶の表現なのだ。

「呼びかけと応答」というモチーフは、そもそも作品のタイトルがそこから引かれている「やぎさんゆうびん」の歌詞を初め、「秘密の恋人たちがたがいにメッセージをやりとりする手段」としての短歌、あるいはタズコが死期の迫ったスエオ・モリの代筆をした年賀状のエピソード等で変奏されるのだが、作品冒頭部の「蛾」についての母と子の会話は、このモチーフがルーツの記憶として持つ意味を、ひとつの寓話によって言い表している。「やぎさんゆうびん」が英語で紹介された後、『宵之春』とおぼしき楽曲が尺八で流れ、音楽と重なってバタバタというノイズが聞こえる。子は「なぜ部屋に蛾がいるの。こんなに暗いのに」と尋ね、母は「彼らは窓へ行こうとしているの、月の光が見えるから。彼らは光へ旅をしているのよ」と答える。

ここで「蛾」は、エスニック・マイノリティとしての日系カナダ人の比喩であり、また彼らの「記憶」の比喩でもあるだろう。彼らに呼びかける月の光とは、ルーツとしての「日本」の呼びかけなのであり、これに対応して背後で流れる楽曲は子にとって「おじいちゃんの歌」、すなわち日本における自己のルーツを象徴する歌である。だとすればルーツの呼びかけ、「日本」という過去の呼びかけに対する彼らの応答はきわめて単純なのだ。呼びかけるもののところへ行くこと、行けるはずのないところへ行くこと、周囲の何も目に入らないほど過剰にそこに行こうとすること。あるいはその記憶が光と一致すること、他者の視線の混じらない完全な遠近感を回復すること。けれども彼らの行く手はいつも何者かに阻まれている、彼らはいつまでも暗い部屋の中にいて、かつ永遠に「旅」をしている。ルーツの呼びかけへ応答する彼らの想起には、呼びかけるものに連なり一致しようとする単純な情熱と不可分に、いつもノイズが紛れ込む。

図4　砂丘のダンス（*Shiro Yagi*）

4.『宵之春』のメッセージ

　だが「呼びかけと応答（a call and response）」という言葉そのものは、この作品の決定的な場所に、しかも奇妙なしかたで登場する。作品の半ば過ぎで「もしあなたの手紙の重要性を知っていたなら」と嘆いたハルエは、そのまま眠りの国の索漠とした風景の中へ飲み込まれていく。画面は突然、仮に「砂丘のダンス」とでも呼んでおく一連のシークエンスに切り替わる（図4）。このシークエンスでは、画面の端に「宵之春」という手書き文字が表示され続けていて、かつこの箇所のナレーションは日系男性のものとおぼしき英語で語られる。つまりこの場面だけは、スエオ・モリの声で語られる楽曲『宵之春』のメッセージであり、その映像化のように受け取られる。

　声が言葉として語るメッセージは、表面上は1927年の北丹後地震の記憶とその教訓のようなものだ。「雲が見える、丹後、丹後、そうだあいつだ」とナレーションは語る。「空を通って進んでいくこの黒蛇の雲」と地震との関係が「何か呼びかけと応答によく似たもの」なのだ。蛇の尻尾の先

端は震央を指し示し、雲のサイズは「断層周囲の圧力を反映することで、我々に来たるべき危険のマグニチュードを教えることができる」。要するにこれは、日本で地震雲と呼ばれるものであり、その科学を装った迷信にすぎないように聞こえる。声はあたかも地震雲の日本的な迷信性、あるいは文化性を強調するかのように最後に言う。「この雲の最初の出現から四十九日後に、我々は地震への途上にある（we are bound for quake）」。

　作品構成からしても映像の迫力からしても、このシークエンスが作品全体のクライマックスを成すことは疑いようがない。だがそれとは裏腹に、声が語るメッセージの表面的な内容はあまりにも乏しい。いったい1927年に作曲された『宵之春』にこめられたスエオ・モリのメッセージとは、森須江夫が1927年に経験したとおぼしき北丹後地震と、そこから引き出された地震雲に関する迷信的な教訓に過ぎないのか。

　そもそもこの声は、現実の森須江夫を再現するための声なのか。だとしたらなぜそれは日本語ではなく、日系男性の英語で語っているのか。同じことは映像についても言える。このシークエンスの映像は、砂丘のような開けた場所に立つ子供や若者たちの集団を映すショットと、同じとおぼしき場所で体を揺する奇妙な緩やかなダンスを踊る年配者たちのショットの切り替えで成り立っている。ロトスコープの子供や若者たちは、その服装と容貌からして、1927年の日本人ではなく現代の日系カナダ人であるように見える（推測するにモチヅキ本人さえ混じっている）。彼らの視線は何者かの、おそらくは地震雲の到来を見ているかのように、おしなべて上空に向けられているのだが、神秘的でどこか不吉な印象を与えるエコーのかかった効果音と対照的に、その表情は無表情か笑みを浮かべている。年配者たちはより簡略化された線で描かれ、髪型も衣装も没個性的である。二つのグループの位置関係ははっきりしない。一瞬だが、年配者たちの集団が画面を横に歩み去るショットでは、左端に年少者グループが一人一人立っていた台座の一端が巨大な柱のように写る。もしそうなら年配者たちは、非現実的なこびとたちだったことになる。他のショットでは彼らは沸

き立つ雲の中に浮かび、その揺れる線はほとんど雲の中に溶解してしまう。

　これは1927年の日本での出来事に関する記憶とその教訓なのか？　大胆に解釈すればこの夢幻的な不吉さはむしろ、1942年のカナダで日系人にふりかかった出来事の記憶とその教訓ではないのか。"we are bound for quake" とは、地震を対象に言うには奇妙な表現だ。「我々」がそこに向かうひとつの巨大な災厄、あるいはそこに向かうように「縛られている (bound)」、権力によってそうすることを「義務化されている (bound)」災厄の本当の名前は、地震ではなく抑留キャンプであるように思われる。空に現れる地震雲を見つめている、しかもそれとして認識しているのかどうか不明な日系カナダ人の新しい世代の映像と交錯するのは、記憶の中でこびとになり今にも溶解してしまいそうな、強制移動を経験したかつての日系カナダ人の残像であるように思われる。

　先に述べたように、『宵之春』に込められたメッセージを思い出そうとしているのは、森田津子ではなく虚構の人物ハルエであり、つまりは母親タズコ・モチズキの記憶と彼女の所有する記録から、この作品を紡ぎ出しているシンディ・モチズキである。一方で作品のドキュメント的な層をたどれば、森田津子は日系カナダ人男性が見合い結婚で日本から花嫁を呼び寄せるというよく見られたパターンで、モチズキ姓の男性と結婚してカナダでの生活を選択したと推測される。ということは母方のルーツをハルエの記憶としてシンディが再現しようとするとき、過去への「応答」としてのその記憶には、父方に由来する強制移動の記憶が重ね合わされる必然性が、作品構成として仕組まれていると言っていい。これは『忘却と盲人』での記憶の重ね合わせをより洗練したものだが、その意味合いは同じである。日系カナダ人というエスニック・マイノリティが、自己のアイデンティティのルーツを「記憶」として想起するとき、そうした過去への応答には、応答する主体がこのカナダ社会で他者化された経験の記憶が、内在化された他者の視線と共にノイズのように混入してくるのだ。その極限の象徴的でトラウマ的な記憶が、カナダ国家によって他者化され社会の一員

である権利を剥奪された経験の記憶、すなわち1942年の強制移動の記憶なのである。だがこの記憶は「地震雲」と二重写しにされることで、どのようにいわば教訓化されているのか。

5.「日本に人種的起源を有するすべての者」

　地震雲の教訓が語るのは、「呼びかけと応答」の、雲と地震との迷信的で不条理な照応である。1942年の強制移動の経緯にも、そうした不条理な照応がある。

　パールハーバーは日系カナダ人にとって空に現れた黒雲、「日本」からの不吉な呼びかけのようなものであったろう、と想像してみる。彼らはおそらくはその帰結として自らにふりかかるだろう不条理な災厄をかなり正確に予想できただろう[11]。この「呼びかけ」に対する彼ら自身の「応答」として、たとえば日系カナダ人が時のカナダ首相に対して日本と戦うカナダ軍への入隊を懇請した手紙が研究者によって言及されている[12]。だがそれはカナダ国家の速やかで正式な「応答」にとっては、当然のように何の力も待たない些細なノイズとして無視されてしまう。12月16日には市民権の有無にかかわらず「日本に人種的起源を有するすべての者」[13]の敵性外国人登録。そして1942年2月の強制移動発令。最後に1943年1月には、この強制移動の費用に充てるという不条理な口実のもとでの、全財産の強制処分。

　カナダ政府の一連の「応答」の不条理さは何に由来し、何によって正当化されているのか。日系カナダ人は、彼らがその一員であるカナダ社会において、国家によって完全に他者化され、他者であることによって社会の成員に自明のこととして承認されていた権利を剥奪される。このことはとりわけ二世にとっては、彼らがその「自己」を形成したカナダ社会において、唐突にこの「自己」のアイデンティティを否定され他者化されることを意味しているだろう。だがその根拠は、形成された彼らの自己そのもの

にも、この自己の具体的な社会的なふるまいにもない。彼らを完全に他者化し、自身には社会的に認められている権利を、同じ社会の中でこの他者から奪い平然としているまなざし、すなわち差別するまなざしにとっては、彼らの現存はひとつのドキュメントであり、このドキュメントからは彼らの「過去」が呼びかけてくる。まなざしは自身の「記憶」を探り、この呼びかけに応答する。呼びかけと応答は、差別される者の現存が示すあらゆる差異の具体性を排して、否定的かつ絶対的に一致する。彼らは他者以外の何者でもない、というように。「日本に人種的起源を有するすべての者（all persons of Japanese racial origin）」——敵性外国人を規定するこの法的表現は、他者を否定的に他者化する特異な記憶、そのことで呼びかけと応答が不条理かつ絶対的に一致する特異な記憶に訴えかけているように思われる。そうした記憶の中で、「日本」とは否定的に他者化された場所、「起源」とは差別される者の現存が具体的に想起させる個別的な「過去」を、ひとしなみにこの他者化された場所に帰属させるための概念装置として働いている。差別される者たちの現存からは、ひとつの同じ「過去」がその「起源」として呼びかけ、この呼びかけが彼らを否定的に他者化し想起することを正当化するのである。だがそうした想起は、彼らの「起源」の呼びかけに絶対的かつ同語反復的に一致するひとつの表象の形式を立てるのであり、この表象が彼らが他者であることに関する具体的な諸々の記憶（彼らはおおむね顔が平たく、おおむね米をよく食べる。しかし彼らはおおむね——自分たちと同様に——我が子を愛し、またカナダの法律をよく守る）を、ひとしなみな差異へ他者化してしまうのである。すなわち「人種的起源」。「人種」という表象の抽象性と具体性。過去の呼びかけとそれへの応答とが、他者を「人種」として他者化し差別するときに、絶対的に一致するものとして想起されるという不条理な記憶のメカニズム。この意味でカナダ政府がパールハーバーに聞くものは、日系カナダ人の「起源」の「呼びかけ」だったのであり、その記憶がこれに照応するものとして正当化した「応答」とは、彼らを「人種」としてこの社会の中で完全に他者化し、抑

留キャンプに追放することだったのだといえる。もちろんこの照応の正当性は、ただ差別する側の記憶の中にしかないのであって、日系カナダ人の側の記憶の中にも、その社会的な行為にもない。最初の照応の自己の側での自明さと社会的な不条理さを取り繕おうとするかのように、後付けでこの照応は、日系人の側に押しつけられる。財産の強制処分が、強制移動の費用に充てられるという照応がそれだ。しばしば比較の対象となる日系アメリカ人の強制移動においては、こうした財産の押収はなかった。市民権の扱い等、比較可能な多くの点において、カナダ政府の振る舞いはアメリカ合衆国政府のそれよりはるかに差別的で過酷だった[14]。

『宵之春』の地震雲の教訓を、1942年の経験の教訓と解釈してよいとすれば、「日本」という過去は、日系カナダ人を否定的に他者化する記憶のまなざしによって、呼びかけと応答がそこで絶対的に一致する「人種的起源」として彼らに刻印され、彼らの自己のアイデンティティを自己自身の社会の中で他者化し分裂させた。自己のルーツの記憶を辿る『白山羊』のオート・エスノグラフィーは、一見したところまるで「日本に人種的起源を有する者」という他者化の規定を、忠実になぞっているように見えるかもしれない。だがそれはまったく別の記憶の運動、いわば逆向きの運動なのだ。ルーツの線はむしろ、日本の過去そのものの中に引かれていることに留意するべきだろう。この線はその具体的な個別性において、否定的に他者化された「日本」という非場所を、具体的な「自己」の記憶の場所として奪還するためにこそまず引かれるのだ。だが『白山羊』における記憶の主体は、そうした過去の個別的な呼びかけにかぶさるように、同じひとつの過剰な呼びかけを、そのエスニシティの呼びかけを聞く。あたかもあの「人種的起源」からの呼びかけがもたらした他者化のトラウマは、このエスニシティの呼びかけに応答しそれを自己の記憶とすることで、ようやく癒えるのだとでもいうように。エスニシティの記憶はしかし、前者とはちがってこの過剰な呼びかけに一致する応答を、具体的な「起源」のどんな表象にも求めはしない。逆に記憶の中の表象は、そこで表象されている

はずの個別的な過去とは一貫して微妙にずれ続けるのであり、このずれがもたらすノイズにおいて記憶の主体は、ひとつの同じエスニシティの呼びかけに応答し、これをルーツの記憶における「自己」のアイデンティティとしようとするのである。

6. ロトスコープ——ドキュメントとその知覚

　これは当然予想されることだが、ポール・ワードは「現実模倣」としてのロトスコープは、アニメーションの歴史の中で常に論争を呼んできたと指摘している。「一方でそれは技術的・美学的な進歩とみなされる。自然主義的なアニメーションを驚くような水準で作りだすことを可能にするからだ。他方、ロトスコープはアニメーションではないという人たちがいる。実写映像を『単にトレースするだけ』という理由で」[15]。ロトスコープのこの論争性は、土居伸彰が言うアニメーション・ドキュメンタリーの「隆盛」とそのアウトサイダー性とも深く関連しているように思われる。「アニメーション・ドキュメンタリーがどういう題材を取り上げるかといえば、たとえば自閉症の人間の内的な風景など、社会的にはアウトサイダーとなってしまっている人々の内的真実のようなものです」[16]。日本でも劇場公開された作品で言えば、疑いのない傑作である『ウェイキング・ライフ』(2001)、あるいは『戦場でワルツを』(2008) が、そうしたアウトサイダーの「内的真実」のロトスコープによる映像化にあたる。

　この文脈ではモチヅキの作品のロトスコープは、エスニック・マイノリティというアウトサイダーの「内的真実」を、そのフィクショナルな「記憶」として映像化するためのものだと言えそうである。だがその技法の用いられかたは、いま挙げた2作品のそれとは大きく異なっている。彼女の「現実模倣」は、被写体の形態に制限されていて（これと関連してほとんどがモノクロである）、その運動と運動の空間性に関しては、実写のものでも商業セルアニメのものでもない、一種のプリミティブさが強調されている

図5 回想する Harue（*Shiro Yagi*）

からだ。

　過去はその諸々のドキュメントを通して現在に呼びかけ、現在はこれへの応答において過去を記憶化する。呼びかけと応答としての記憶のこの連関に照らすならば、『白山羊』はトレースされる実写をドキュメントして、ロトスコープをこれへの応答として、すなわち記憶として扱いたいのだと言っていい。たとえば回想するハルエの顔が、現実のタズコ・モチズキをモデルにしたロトスコープによって画面に大写しにされる（図5）。それは商業セルアニメではついぞ見たことがないようなリアルな日本人の顔、むしろできれば見ずにすませたかったようなリアルに〈醤油くさい〉老女の顔だ。現実のタズコの実写は、彼女のエスニシティのひとつのドキュメントである。だがそのロトスコープは、実写のたんなる不完全な再現なのではない。実写をもとにロトスコープを描いている目と手、たとえばその頰の中に、彼女の顔の〈醤油くささ〉を印象づける一本の線を発見し共感しそして引くのは、シンディ・モチズキその人以外ではなく、ゆえにタズコというドキュメントへのシンディの応答としてシンディの記憶であり、記憶の中で構成されるエスニシティなのである。それは内在化された他者の

図6 ラジオを聴く Harue (*Shiro Yagi*)

視線によって、自己のエスニシティを見ている者が想起し発見する一本の線なのだ。この表現技法は、ハルエはタズコのドキュメントに基づきながら、しかもフィクショナルな存在であるという作品全体の構成と符合している。

　一方でモチズキのロトスコープは、多くの場面で切り絵のように扱われていて、それが『白山羊』に立版古や紙芝居に比すことができる鄙びた味わいを与えている。たとえばラジオに日がな一日耳を傾けて過ごす、初老のハルエの室内が立版古のように再現される。床に膝を抱えて座った彼女の横からの切り絵だけはロトスコープだが、他の要素は手前のラジオの切り絵を含めて素朴なタッチの墨絵のような画である（図6）。やがてハルエの回想の進行と共に、この室内には雪山、雪を被った木々、SONYの看板を含む無数のビル、実際にカラー映像（戦後まもない日本のものと推測される）が流れているテレビモニター、広壮な日本家屋、そして最後にはうねる波の群れが、すべて切り絵として、左右から紙芝居のようにスライドしてなだれ込みまた引っ込められる。横向きのハルエの切り絵は波の群れの中にひっくり返って消えたかと思うと、次の瞬間には同じ切り絵は小舟

第5章 「呼びかけと応答」　　173

図7 ハガキの前の森田津子（*Shiro Yagi*）

に乗ってより深い記憶の旅にこぎ出していく。

　要約すればこの作品でのロトスコープは、他のドキュメント（ハガキや写真や実写映像）や自由なドローイングと同様に、切り絵としていわば平準化され、この平準化において一種独特な均一な事物性を強調されている。一般に映像の均一な質じたいが前景化されるとき、とりわけそれが同じ映画の中で差異化されるとき、この差異は映像が個々に表象するものの、現実性の相違を表徴するために用いられる。たとえばカラー映像からモノクロへの切り替わりは、しばしば後者が表象するものが記憶であることを示す。『白山羊』の映像の平準化された均一な事物性も、第一義的には記憶の表徴である。だが『白山羊』の表現技法の特質は、これらのドキュメントでありながらまた切り絵でもあるものが、互いに配列され運動するその事物性において、逆にそれらが単独で表象するもの、さらにはその配列と総和とが表象するものを裏切ってしまうときに、もっとも明確に現れてくる。ハルエの切り絵が波間に沈み、次の瞬間には同じ切り絵が船のそれに乗せられ浮上するとき、この一連の運動の事物としてのプリミティブさは、ハルエが実際に船に乗ったと表象することを逆に妨げる。あるいは少女の

タズコの小さな全身像の切り絵が、クローズアップされた切り絵的事物であるハガキ上の「森田津子」の宛名の前でたたずむとき(図7)、それはハルエと信じられた少女が実はタズコという名前であったことを示すという意図以上に、背景の何枚かのハガキはまるで岩の渓谷のように左右に重なり合い、その前を波か雲か判然としない切り絵がスライドしていく。もっとも皮肉な裏切りの例は、スエオ・モリの横浜の家の写真だろう。彼は地震に備えて、耐震性に優れたもう一つの家を、元からの家の隣に建てたとハルエは回想する。だがそのドキュメントして提示される二つの写真は、同じひとつの家の写真の、ポジとネガでしかないのである。
　こうした映像において、記憶として知覚されるものは、映像がナレーション等を伴って表象するものとは微妙にずれつづけるのであり、このずれにおいてドキュメントやドローイング等の事物性、そのプリミティブな空間関係や運動性は、表象に対するノイズとして働くのである。知覚が表象からずれつづけ、ノイズを生み出し続けること。そこに作品『白山羊』の、現実の透明な再現前を否定するたくらみや実験性という意味での、ポストモダン性は認められていい。だがこれが「ポストモダンなオート・エスノグラフィー」であるとき、そのオート・エスノグラフィー性は他方でまた実に直截で生真面目なものでもあるのだ。表象されうるのはいわば個別化された過去であり、そうした過去の呼びかけへの応答としての記憶である。だがエスニック・マイノリティが問題としている呼びかけ、そこに帰ってこいという呼びかけとは、そうした個別化されたすべての過去から共通して聞こえてくるように信じられる、ある過剰なひとつの同じ呼びかけなのだ。そうしたひとつの同じ呼びかけの象徴として『宵之春』の旋律は流れ、作曲したスエオ・モリの声、だが実際には日系男性の英語の声は「私はそれを前にどこで聴いただろう」と自問するのである。自己のルーツ、自己のエスニシティへのこの過剰な信と固執において、『白山羊』はその形象の切り絵的な事物性に固執する。作品の表象を支える知覚は、その事物性において均一でありひとつなのだが、それがひとつであることは、

第5章　「呼びかけと応答」　　175

たとえば商業セルアニメに典型的な、表象することの自然さや自由さに対して、プリミティブであること、ノイズであることにおいてしか表現されない。諸々の過去から同じひとつのエスニシティが呼びかけるとき、このエスニシティそれ自身の記憶は、個々の想起がもたらす具体的な表象の過去との一致の中にはない。逆にエスニシティの記憶は、想起に紛れ込む絶え間ないゆがみ、表象に紛れ込む絶え間ない知覚のノイズにおいて、同じひとつの呼びかけに応答しそれと一致しようとする、あるいはそこに行こうとしているのだ。記憶の中のエスニシティの場所——それはあくまで個別的で具体的な自己のルーツの線上に構成されながら、内在化された他者の視線に現前する過剰な「日本」の記憶を、表象に一貫して紛れ込む知覚の事物性、そのノイズによってはじめて統一しているような場所である。ドキュメントであり同時にまたモノでもあるハガキ、遠い山水画の記憶のようにたなびく雲、その前に微笑むおかっぱの森田津子の切り絵——内在化された他者の視線は、ここではその他者性のまま自己化されている。すべては写されたドキュメントの映像としては自己の記憶の中にありながら、しかし事物としてはすべてはそうした記憶の外に外化されている。帰還をうながしながら帰還を静かに拒むような森田津子の笑みは、構成されたこの「場所」が、記憶のノイズを収斂させ消し去る「起源」なのではなく、ノイズのままに肯定し統一する構成された記憶の中の場所、他者化された自己を他者化のノイズのままに包摂し自己化する、アイデンティティの場所であることの象徴であるように思われる。

　作品のタイトルが取られている「やぎさんゆうびん」[17]は、作品のこうした構成原理の寓話、そのノイズにおいてのみ過去からの呼びかけと一致する記憶の寓話ではないだろうか。しろやぎからの手紙をくろやぎは読まずに食べてしまう。なぜなら問題となっているのは、過去からの個別的な呼びかけではなく、その個別性にとっては過剰なものである同じひとつの呼びかけなのであり、これへの固執が、手紙の具体的なメッセージ以前にその物質性への固執へ転化されてしまうからである。くろやぎはモノとし

ての手紙を食べ、過去からの呼びかけが具体的に何だったのか知ることができない。彼は「さっきのてがみのごようじなあに」という返事をしろやぎに出す。しろやぎもまたその手紙を食べ、まったく同じ返答をよこす。両者が手紙を食べるノイズだけが増殖し、このノイズの中で呼びかけと応答は、最初のもはやそれが何だったのか知ることができない「起源」の呼びかけをすり抜けつつ、実は一致している[18]。だが当のやぎたちはそのことを知ることができない。そして手紙の往還は、すなわちエスニック・マイノリティの記憶の旅は続くのである。

おわりに
1927, 1942, そして1988

「1927。重要な年。フリッツ・ラングの『メトロポリス』の封切り。1000名のアメリカ海兵隊が、アメリカ市民の財産の保護のために中国に上陸する。バイエルンはヒトラーの演説の禁令を解く」。『白山羊』の第三の声、英語ラジオ放送の男性アナウンサーの声、グローバルで無機質で全知の声は、『宵之春』が作曲された1927年をそう要約する。1927年を「重要な年（a significant year）」とする列挙された出来事は、明らかに任意のものだろう。1927年は、たんにシンディのルーツであるスエオ・モリが、ある楽曲を作曲した年だからこそ、彼女のエスニシティの記憶にとって「重要な年」なのである。だとすれば別の日系カナダ人にとっては、そのルーツの別の理由によって、たとえば1928年もまた「重要な年」であってなんら不思議ではない。要するに任意の年が、偶然の巡り合わせによって、日系カナダ人のエスニシティの「記憶」にとって重要な年でありうるのだ。この任意性において、『白山羊』で想起されるエスニシティの記憶は、『忘却と盲人』と同様に、日本社会で伝承される記憶の遠近感、典型的にはネーションの記憶とでも言えそうなものとは最初から異質である。それは後者に異を唱えたり、例外を認めさせたりして自己の距離感をはかるの

ではなく、たんにこれを無視しすり抜ける。エスニシティの記憶は、ネーションの伝承とは無関係に、私的なルーツのドキュメントが提示する過去の任意の点から想起される。したがってネーションの記憶と化した1923年の関東大震災はたんに無視され、1927年の北丹後大地震によって地震雲の教訓は語られるのだ。他方でこの記憶はネーションの記憶を無視しているからこそ、ネーションがもはや忘却しているような日本の過去を、内在化した他者の視線の一歩先で拾い集め、自己の記憶として応答することが可能になるのである。たとえば立版古はその一例だろう。

「日本」の具体的なあらゆる過去の呼びかけは、ひとつの同じエスニシティの呼びかけであり、私的なルーツの任意の点は、この呼びかけが聞こえるときに等しく「重要な年」でありうる。だが「宵之春」という銘の中での「砂丘のダンス」が示すのは、もはやそのようにして1927を起点に想起される、あの北斎の象を撫でまわすようにして想起される、エスニシティの個々の表象なのではない。それはそうした想起の根源にある歴史的経験の年、真に重要な唯一の年、すなわち日系カナダ人の1942を、もはやどんな表象によってでもなくただその静かに荒れ狂う力において知覚させるのだ。エスニシティの記憶は、それが内在化された他者の視線によって記憶化されるかぎり、そのあらゆる年の呼びかけは、潜在的には他者化のトラウマの象徴としての1942を経由して想起する者に届くのだから。

「砂丘のダンス」が映像としてもたらす夢魔的な印象は、形象を浮き上がらせるその光が、記憶の屈折点としての1942、それ自身はもはや見られもせず語られもしないひとつの屈折点によって、激しく曲げられ散乱させられているように感じられるからではないか。その地震雲の真のメッセージが、他者を他者化する記憶と表象の暴力、呼びかけと応答のノイズを排除する不条理なその一致、これと連動する国家の暴力を警告するものだとすれば、しかしその地震雲という比喩自身が、他者化された日本のエスニシティ、その地理的な異質性や迷信性といったものにいわば汚染されている。そのことを語る語り手の英語は、ともすればまるで他者の言語で

語ることを強制されているかのように聞こえる。実写への応答としてのロトスコープ、想起としてのロトスコープは、ここでは通常のアニメーションとして被写体を自然主義的に追おうとする。しかしその線は激しくちらつき、砂丘を吹く風のようにかぼそくなり、解体してゆく。「黒蛇の雲」のような影が、輪郭線を無視してすべての形態を汚染してゆく。それは依然として墨絵のようなタッチではあるが、墨はしかし形態そのものを忘却の淵に飲みこもうとしているかのようだ。内在化した他者の視線は、あらゆる制御を失った映像の直接的なノイズとして荒れ騒ぐ。

　ところで1942年は、自己がその社会の中で他者化された経験の象徴、それゆえに内在化された他者の視線の根源として、エスニシティの記憶の特異点だけではない。過去の呼びかけとこれへの応答としての記憶という、本論がここまでエスニシティの記憶に即して追ってきた原理は、むしろ別の型の記憶に適用されるのが普通であるように思われる。それは過去になされた深刻な不正の記憶、それが深刻であるがゆえに、この過去の呼びかけ、〈私を正せ〉という呼びかけに、どんな応答もけっして満足に応えられないであろう出来事の記憶だ。事後の謝罪や補償が、けっしてその不正の深刻さと一致することがなければないほど、そうした出来事は永続的に記憶され想起されることを要求するのではないか。アウシュビッツを持ち出さなくても、たとえば第二次世界大戦中の朝鮮人強制労働者の遺骨。北海道フォーラムが進めているような遺骨の発掘や返還が[19]、「記憶」の問題と深く結びつくのは、そうした遺骨が、応答されなかったゆえに（現在でも謝罪や補償は行われていない）応答を求めている、返還や埋葬という形式で現在の応答を求めている過去の、具体的な象徴だからであるように思われる。

　日系カナダ人の強制移動に関して言えば、その謝罪と補償を求めるリドレス運動は、1988年にアメリカ合衆国に続いて一応の成功を収めて終わった。時の首相マルルーニの議会での謝罪演説はよく知られている。

議長、戦時中、日系カナダ人に課せられた処遇は、道徳的にも法律的にも不当なものであったのみならず、わたくしたちの国、カナダの国本来の姿にも反しているのです。わたくしたちの社会は、多元社会なのです。個々人が隣人の言語や意見や信仰を互いに尊重しあい、言語的二元性や文化的多様性を賛えあっているのです。わたくしたちは、この国の力が地域の集団的活力にあることを承知しています。わたくしたちは、富裕の地で自由に生活する寛容な人々なのです。それが、わたくしたちの先祖のカナダなのです。それが、わたくしたちの先祖が築こうとしたカナダなのです。それが、権利および自由に関するカナダ憲章、新公用語法そしてカナダ多文化法をわれわれの子供たちに残したいと願う国家像なのです。常にそしてどんな状況の元でも、国内外で人種差別の撤廃に全力を尽くすカナダという国なのです。[20]

　1971年のいわゆる多文化主義宣言以来、多文化主義はカナダの国是となった。マルルーニは言う、それはカナダという国の本来の姿なのだ。そして彼は「わたくしたち」が持つカナダの記憶に訴えかける。「わたくしたちの先祖のカナダ」がすでにそうだったのだと。「わたくしたちの先祖のカナダ」？　だがそれは誰が作った誰のためのカナダだったのか。イギリスとフランスからの植民者のためのカナダ、その植民地闘争の歴史から派生する「言語的二元性」、いわゆる「白いカナダ」。マルルーニが訴える記憶の中で、マジョリティのエスニシティの起源と、多文化主義カナダのネーションの起源は、同じひとつのもののように想起されるのである。だがそれは他ならない多文化主義そのものに反する記憶ではないだろうか。「わたくしたちの先祖」は、エスニシティましてや人種とは別の表象に置き換えられなければならない。「富裕の地で自由に生活する寛容な人々」と。
　だがこれは元来が日系カナダ人に対して、戦時中の人種差別的な政府の施策を謝罪する演説である。皮肉に言えば、富裕の地で暮らすそれほど寛

容でなかった人々が、あまり富裕でない人々から「人種的起源」を理由に
その全財産と居住の自由を奪った行為を謝罪する演説である。マルルーニ
は続けて言う。「カナダとは、過去の過ちに臆せず立ち向かうことができ
る国であり、そうすることで将来の難題に立ち向かうべく備えるのです」。
だが彼は「臆せず立ち向かう」その力をどこから引き出すのか？　カナダ
のあらゆる過去から、共通して呼びかけてくるように思われるひとつの呼
びかけに応答し、これを自己の起源として表象することによって。この表
象のうちに、個々の呼びかけの具体性を抽象し、場合によってはノイズと
して排除することによって。すなわち「わたくしたちの国、カナダ本来の
姿（the very nature of our country, of Canada）」を「富裕の地に自由に暮らす
寛容な人々」だった「わたくしたちの先祖」において想起し表象すること
で。だとすれば日系カナダ人の強制移動を通して呼びかけてくる過去の記
憶は、そうした「本来の姿」の記憶に反するノイズ、ノイズとして認めら
れ、謝罪され、そのことでまた他者化され排除されるべきノイズなのであ
る。強制移動を命じたカナダ、それは法的関係がどうであれ、「わたくし
たち」の記憶の中ではカナダではなかったのだ。ちょうど抑留キャンプに
追放された日系カナダ人が、カナダ人のふりをした日本人でしかなかった
ように。日系カナダ人はこの演説において、一貫して「わたくしたち」で
はないのである。

　1942の呼びかけに応答しようとするマルルーニの1988の演説において、
多文化主義国家カナダは、自己の過去をその記憶の中で自己化する。特
定のエスニシティの記憶に即しつつ[21]、1942の出来事を他者化し、カナ
ダの「本来の姿」に反する記憶のノイズとして排除することで。この少し
前に同じ首相の手によって、カナダ多文化主義法は成立し、現在にいたる
多元社会カナダの上からの器は完成した。首相の演説に潜在するイデオロ
ギーによって、この器そのものの成否を判断するべきではないだろう。重
要なのはこの器に、その器にふさわしい内実を下から注入することではな
いだろうか。その総和が「カナダ本来の姿」という起源を頂点に収斂する

多文化ではなく、そのノイズのざわめきによってそうした収斂を逃れ去るエスニシティの記憶を。にもかかわらずカナダ社会で自己を形成することでその記憶に産み落とされた、そうしたノイズによる諸々のエスニシティの連帯を。モチズキの作品は、そうしたノイズの表現の見事な一例であるだろし、またアジア系カナダ人の祝祭に「パウエル」の名前が残り続けているのも、そうした連帯の精神を象徴するものであるように思われる。「なぜ部屋に蛾がいるの。こんなに暗いのに」「彼らは窓へ行こうとしているの、月の光が見えるから。彼らは光へ旅をしているのよ」。

付記

本稿は同じタイトルで2014年10月に刊行された論文[22]に基づきつつ、本論集の主旨を考慮しつつ若干の加筆修正を行い、また図版を新たに加えたものである。『闘争する記憶　生産する記憶』[23]に載せられた『白山羊』に関する西村龍一の論考もごく一部ではあるが組み入れた。旧稿の執筆に当たっては、日系カナダ人およびアジア系カナダ人研究における歴史資料と先行研究の収集と整理、シンディ・モチズキ氏からの資料提供の交渉とインタビューの設定、北米でのエスニシティ概念に関する先行研究の分析を西村美幸が行い、全体の構想と執筆は西村龍一が行った。

なおシンディ・モチズキ氏には、2012年秋のバンクーバーでの最初のインタビュー以来、資料の提供や図版の掲載許可などさまざまな形でご協力いただいた。彼女の協力なしには本論はそもそも構想されることはなかっただろう。ここに改めて深く感謝したい。

註

1　Cindy Mochizuki, *Shiro Yagi*, Vancouver: Video Out Distribution, 2013. 作品は現在http://www.videoout.ca/catalog/shiro-yagiで入手可能である。

2　Eleanor Ty and Christl Verduyn "Introduction", in Ty and Verduyn (ed.), *Asian Canadian Writing Beyond Autoethnography*, Waterloo, Ontario:

Wilfrid Laurier University Press, 2008, p. 3.
3　Ibid., p. 3.
4　Ibid., p. 3.
5　Cindy Mochizuki, *Submerge: Kami No Yu*, https://www.nfb.ca/film/37. Mochizuki, 2003（最終アクセス日2014.4.22.）参照。
6　Cindy Mochizuki, http://www.cindymochizuki.com/about/（最終アクセス日2016.6.4.）参照。以下この章でのモチズキの作品に関する引用と記述は、すべてこの彼女のホームページ上の記述に基づく。
7　Cindy Mochizuki, *The Oblivion and The Blind*, Video Out Distribution, 2007. *Shiro Yagi* と同じサイトで入手可能。
8　Cindy Mochizuki, http://www.cindymochizuki.com/#/oblivion-the-blind/
9　Ibid.
10　Ibid.
11　マリカ・オマツによれば、当時19歳のフランツ・モリツグは、パールハーバーのラジオ・ニュースを聞いて、「バンクーバーのこのちっぽけな日系カナダ人の世界が『これでおしまいだ。もう決してもとには戻らないのだ』と理解した」という。マリカ・オマツ著、田中祐介・田中デアドリ訳『ほろ苦い勝利——戦後日系カナダ人リドレス運動』現代書館、1994年、103頁参照。
12　Ann Gomer Sunahara, *The Politics of Racism: The Uprooting of Japanese Canadians During the Second World War*, Ottawa: Ann Gomer Sunahara, 2000, p.24.参照。現在 http://www.japanesecanadianhistory.ca/index.html（最終アクセス日2016.6.4.）で読むことができる。
13　1941年12月16日内閣令（Order-in-council P.C. 9760）。
14　ロイ・ミキ、カサンドラ・コバヤシ著、佐々木淳二監修・解説、下村雄紀・和泉真澄訳『正された歴史——日系カナダ人への謝罪と補償』タロンブック・全カナダ日系人協会、1991年、59頁参照。
15　ポール・ワード著、土居伸彰訳「ロトショップの文脈——コンピュータによるロトスコーピングとアニメーション美学」『表象07』月曜社、2013年、79頁。
16　ユーリー・ノルシュテイン、土井伸彰（聞き手）、アナスタシア・プシュコーワ（通訳）「交わらぬはずの視線が交わるとき」『表象07』月曜社、2013年、48頁。ノルシュテインへのインタビューにおける土居伸彰の発言。
17　まど・みちお作詞、團伊玖磨作曲で1952年に発表された。
18　作品冒頭の英語のナレーションでは、「くろやぎは友達のしろやぎに手紙を

書いた」と、日本語オリジナルとは「しろやぎ」と「くろやぎ」の関係をひっくり返している。対して作品の終わりでは、タズコ・モリ＝タズコ・モチズキとシンディ・モチズキの母娘であるかのような声が、「やぎさんゆうびん」のオリジナルを日本語で正しく唱和している。つまり転倒した英語版と正しい日本語版は、作品『白山羊』を挟んで向かい合いつつ「起源」の童謡を相対化している。

19　北海道フォーラムの活動についてはLukasz Zablonski and Philip Seaton, "The Hokkaido Summit as a Springboard for Grassroots Initiatives: The "Peace, Reconciliation and Civil Society" Symposium", *The Asia-Pacific Journal: Japan Focus*, 2008, http://www.japanfocus.org/-Lukasz-Zablonski/2973Zablonski and Seatonを参照。

20　ミキ、コバヤシ、前掲書、152頁。英文はJennifer Henderson and Pauline Wakeham (ed.), *Reconciling Canada Critical Perspectives on the Culture of Redress*, Toronto Buffalo London:University of Toronto Press, 2013, pp. 436-7.に依る。なお邦訳は英文で確認の上、a pluralistic societyを「多元社会」、the Canadian Multicultualism Actを「カナダ多文化主義法」と、この2語だけ現在定着している訳語に変えた。

21　マルルーニが「わたくしたちの先祖」の記憶に訴えるトーンは、ジョアン・ナーゲルが言う「移民世代の文化へのノスタルジックな忠誠によって特徴付けられる象徴的エスニシティ」の好例だろう。Nogel, Joane, "Constructing Ethnicity: Creating and Recreating Ethnic Identity and Culture", *Social Problems*, Vol. 41, No. 1, Februar 1994, p. 154.参照。

22　西村龍一・西村美幸「「呼びかけと応答」──日系カナダ人アーティスト、シンディ・モチズキのアート・アニメーションにおける「記憶」の表現」『国際広報メディア・観光学ジャーナル No.19』、2014年、3-20頁。

23　西村龍一「ノイズとして産出されるエスニシティの記憶──*Shiro Yagi*における知覚と表象の関係に即して」浜井祐三子編『闘争する記憶　生産する記憶─記憶・メディア・アイデンティティ』北海道大学国際広報メディア・観光学院、メディア・コミュニケーション研究院、2015年、63-71頁。

第 6 章

ネット空間上の集合的記憶
転換期中国における「80後(バーリンホウ)」の集団的ノスタルジア

周 倩

はじめに

　2000年代から、中国ではそれまでの世代の人々とは異なる価値観や消費志向を持つ1980年代生まれの若者を「80後」と呼び、その特異性に関心が寄せられてきた。一般的に、「80後」とは中国の「一人っ子政策」が始まった1980年代生まれの世代を指すが、実際、これまでの様々な言説によって構築された集団でもある。新聞・雑誌・テレビといった伝統メディアはこの集団に対して、「ドロップアウト世代」から「鳥の巣世代」まで時代ごとに異なったラベルを貼り付けてきている。ところが、近年、ニューメディアと呼ばれるインターネットの空間においては、「80後」と自称するユーザーは自ら自分の集団を構築し始め、内面化しつつある。そこで、彼らが用いた主要な手段と道具は、集団的ノスタルジアであり、一種の集合的記憶でもある。

　M.アルヴァックスが「集合的記憶」という概念を提起し[1]て以来、記憶の社会学的研究が盛んになり、研究対象も広がってきている。ところが、これまでの先行研究では、集合的記憶の視点から若者の集団意識の形成について検討するものはほとんど見当たらない。そこで、本章は近年、現代中国のネット空間に現れた「80後」の集団的ノスタルジアに焦点を当てて、「80後」の集合的記憶を具体的に分析し考察することにより、既存の記

研究に新たな素材と視点を導入し、従来の記憶研究を補完する。

　本章は主に次の3つの課題を検討する。①中国のネット空間上に現れた「80後」の集合的記憶の特徴と内容構成。②ネット空間上の「80後」の集合的記憶のテーマ。③「80後」の集合的記憶の形成要因。こうして、本章はネット空間上の「80後」の集合的記憶に対する分析を通じて、「80後」という集団の内から考察するほか、既往の集合的記憶の研究対象と議論範囲を拡大することもできる。また、集合的記憶の視点に基づき、「80後」という中国の一世代の自己構築をネット空間から考察し、今日の中国の新しい変化を把握し、「リアルな中国」に対する理解を深めることにつなげられるだろう。

1. 中国の「80後」という世代

　中国では、「80後」という世代は通常、1980年から1989年生まれの人を指している。2003年、「80後」という用語が初めて中国のインターネットに現れて以後、この世代に対する関心がより一層高まり、「80後」はこの世代を表わすアイコンとして日常的に使用されるようになってきた。「80後」がここまで注目される背景には、彼らの世代は70年代生まれの「７０後」や90年代生まれの「９０後」とは異なった嗜好や行動様式という特徴を持っているからである。また、今日「80後」は既に30代になり、中国社会の中核を担いつつあり、さらに政治界、産業界において無視できない存在になりつつあるからでもある。

　K.マンハイムは「世代の問題」（1928）の中で、世代成員の構成について論じている。マンハイムによれば、共通の運命を持ち、類似の社会経験や歴史過程を体験した個人は、特定の世代の成員になりうる。彼らは互いに親近感を持っており、その親近感は彼らの共通行動や社会経験に基づいたものである[2]。マンハイムの考え方に基づくならば、中国の「80後」に共通する行動の特徴を把握するには、この世代にとっての共通した社会経

験と歴史過程をまず理解する必要がある。

　社会経験と歴史過程という点から言えば、世代としての「80後」の特徴として次の3つの点を挙げることができる。

　第一に、「80後」は中国の改革開放の初期に生まれ、彼らのほとんどが安定した社会環境と急速な経済成長の下で育ってきた世代である。同時に、「80後」は「一人っ子政策」の申し子として生まれた世代でもある。「一人っ子」としての彼らは子供の時に、父母とそれぞれの祖父母から愛情を注がれ、いわゆる「6つの財布で育てられてきた」過保護な「小皇帝」であった。彼らの上の世代が体験した社会の混乱や貧しさを体験せず、比較的幸せな子供時代を過ごした。その結果、彼らの「わがまま」で、「自己主張が強く」、「自信にあふれ」、「負けず嫌い」な性格は、「打たれ弱く」、「協調性に欠けている」と評され、社会的にこのように認知されている。

　第二に、「80後」は中国の市場経済の発展とグローバル化とともに育った世代でもある。90年代以降、中国市場のさらなる開放とともに、外国企業に対する規制が緩和され、マクドナルドやケンタッキー、ハリウッド映画に代表されるような、様々な海外の製品や文化が中国市場に流れ込んだ。こうした背景の下に、それまで批判されていた欧米の価値観やライフスタイルを「80後」はごく自然に受け入れ、彼らの考え方や行動に深い影響を与えてきた。「80後」のうち、特に都市で育った人はそのほとんどがコカ・コーラを飲み、マクドナルドやケンタッキーで食べて、NikeやAdidasの服や靴を着用し、日本のアニメを見て、欧米や日韓のPOPミュージックを聞きながら成長してきた。そのため、従来の世代と比べて、「80後」は「新鮮な物事に対して強い好奇心を持ち」、「流行や消費文化に敏感で」、「伝統的観念にとらわれず、他人とは異なった個性を示したく」、「個人の権利や自由を求める」といった新しい価値観、世界観、行動様式を持っている。

　第三に、「80後」は学生時代からインターネットに慣れ親しんでいる世代でもある。中国では1995年からインターネットのサービスが開始され、

2000年代に入ってから本格的に普及しはじめた。「80後」世代にとって、多くの人が中高生の時期にインターネットに触れることができたということを意味する。インターネットの中国での普及にともない、インターネットは「80後」の生活、勉強や仕事の不可欠な部分となり、彼らの考え方や価値観の形成などに重大な影響をもたらしている。現在、「中国のインターネット利用者全体からみた、最大の特徴は若い世代の利用者の偏りが大きいことである。39歳以下の利用者が全体の8割以上を占めており、いわゆる"80後"、"90後"世代がインターネット世論の主役となっている」[3]。「一人っ子」としての「80後」は、そのほとんどが共働きの父母とそれぞれの祖父母から可愛がられて育ってきた。彼らは兄弟のいない寂しい子供時代を過ごし、また親の期待に応えなければならないというプレッシャーを受け、さらに親の世代と異なる価値観と考え方を持っているため、親と世代間の溝が深い。そのため、「最も寂しい世代」とも呼ばれた彼らは友達とのつながりを何よりも重視していると言われている。こうした「つながり欲求」の強い「80後」は自分と友人とつながるために、インターネットを利用すると考えられる。したがって、上の世代と比べると、「80後」はインターネットの利用頻度が極めて高いのである。

このように、「一人っ子」として「80後」は安定した経済発展という社会環境の中で、またグローバル化、インターネット、消費文化、情報爆発といった時代背景の中で成長してきた。彼らの共通した社会経験と歴史過程は、彼らの「80後」という一世代になりうる原因と理由ともなっている。彼らは共通の社会経験や歴史過程を体験したからこそ、本章で論じる「80後」の個々人のノスタルジアは集団的ノスタルジアになりうるし、集合的記憶とも見做されうるのである

2. 集団的ノスタルジアと「80後」

では、集団的ノスタルジアとは何か。「80後」との関係はどのようなも

のなのか。

　ノスタルジア（nostalgia）という言葉はギリシャ語の「帰郷（nostos）」と「苦痛（algia）」から由来した。17世紀のスイスの医師ヨハネス・ホッファーは医学論文の中でノスタルジアの概念を最初に提起した。F. デーヴィス（1979=1990）の整理によれば、ノスタルジアは元々、17世紀後半に故国から離れて戦っていたスイス人傭兵によく見られた、憂鬱、情緒不安定、食欲不振などの「症状」を指すものであった[4]。17世紀から19世紀までの間、ノスタルジアは病気として扱われていたが、19世紀末から20世紀になって、ノスタルジアは病気から心理状態へ、さらには社会的問題として扱われるようになってきた。工業化と近代化の進展とともに、ノスタルジアの概念は医学から心理学、社会学へと、さらに文化研究、消費者行動研究などの分野に入り、時代とともにその定義も絶えず変化してきており、今日、ノスタルジアは「病気」というよりも、一種の文化現象として捉えることが一般的になっている。

　これまで、ノスタルジアに関する研究は欧米の人文科学分野で蓄積されており、欧米の学者はノスタルジアに対して情緒的なものとして捉えるだけではなく、理性的分析も様々な角度から行ってきた。たとえば、デーヴィスの『ノスタルジアの社会学』（1979=1990）のほか、スヴェトラーナ・ボイムの『ノスタルジアの未来』（2002）が代表的なものとして挙げられる。社会学の視点からノスタルジアを捉えるデーヴィスと異なり、スヴェトラーナ・ボイムは哲学の立場から、民族主義的、亡命的、文学的、個人主義的といった様々なノスタルジアの形式を分析し、今日のグローバリゼーションに依拠しながらも、過去の事物や時代に対する思慕の感情を抱き、好意的・感傷的なまなざしで現代社会を描き出している[5]。

　現代中国の文脈の中で、ノスタルジアが1つの重要な文化現象となったのは20世紀の半ば以降のことである。20世紀90年代以降、中国社会では流行歌、散文、小説、絵、服装、映画、建築といった様々な分野においてノスタルジアの傾向が見られるようになった。特に、新旧世紀の変わり目

の時期になって、ノスタルジアの現象について検討する文章が大量に現れた。たとえば、戴錦華は論文『想像的懐旧』(1997)において、ノスタルジアが一種の文化的な需要を伴うものとして、中国人の精神世界を守っていると指摘した[6]。また、趙静蓉は著書『懐旧——永遠の文化的郷愁』(2009)で、中国人のノスタルジアを現代化の表現形式として、文化的転換と結び付ける形で現代中国におけるノスタルジアの意味について論じた[7]。

　本章がこれから具体的に検討する「80後」のノスタルジアはこうした20世紀90年代以降に発生した中国社会全体のノスタルジアの延長線上に位置づけられる。その幕開けは2008年2月に、「80後」と自称するネットユーザーが『80後の追憶録』という動画映像をインターネット上にアップロードしたことである（図1）。

　この動画映像はアップロードされた後、1か月以内に大量のネットユーザーの注目を集め、インターネット空間上の集団的ノスタルジアを引き起こした。それ以降、中国のインターネット空間では「80後」の追憶や思い出に関する動画映像が数えきれないほど生まれた。多くの「80後」はインターネット空間に起こったこうした集団的ノスタルジアのイベントに積極的に参加し、彼らは動画を自ら作成し、映像を通じて自分の過去を語り、同世代からの共感を得ている。2010年になってから、「80後」の集団的ノスタルジアについて各メディアが報道しはじめ、メディアの報道によって、この集団的ノスタルジアがさらにブーム化してきた。2008年7月、『中国青年報』の社会調査センターが中国のポータルサイトの大手、網易（NASDAQ: NTES NetEase）を通じて、2493人のネットユーザー（そのうち、89.7%が「80後」である）を対象に、ノスタルジアに関する調査を行った。その調査結果によると、43.7%が「時々ノスタルジアを感じる」、37.5%が「いつもノスタルジアを感じる」、1.5%が「ノスタルジアを感じない」[8]と回答している。『中国青年報』のこの調査結果は多くの中国人を驚かせた。まだ若い「80後」がなぜもうすでにノスタルジアを感じているという現象について、多くの中国人が意外性を感じている。

図1 『80後の追憶録』という動画映像 (出所：http://ku6.com/watch)

　ただ、「80後」の集団的ノスタルジアについての研究はまだそれほど行われてきていない。近年、中国国内において、何本かの修士学位論文がこの現象について部分的な検討を行い始めている。たとえば、呉亮の修士論文「80後の懐旧研究」(2009) では、「80後」の集団的ノスタルジアを子供時代のゲームから検討している[9]。韓金の修士論文「生活はほかのところにある」(2010) では、文化産業の立場から「80後」の集団的ノスタルジアについて論じている[10]。また楊迪の修士論文「審美的視点から見た映像の記憶——"80後"のアニメに対するノスタルジア」(2011) では、「80後」の子供時代に流行っていたアニメに焦点を当てて、「80後」のノスタルジアにおける「審美的意義」について論じている[11]。だが、「80後」の集団的ノスタルジアに関する全体的かつ十分な議論はまだなされていない。そこで、本章は中国のインターネット空間における「80後」の集団的ノスタルジアという現象に焦点を当てて、その現象の生成と特徴、内容について考察し、既存の関連研究の不足を補いたい。

　これまで、ノスタルジアについて、最もよく使われている定義は「人が、若かった時（成人期初期、青年期、幼少期、さらには生まれる前までも）、今より一般的だった（流行していた、ファッショナブルだった、あるいは広く流布していた）もの（人、場所、物）に対する嗜好（一般的な好意、肯定的態度、あるいは好意的感情）」[12]である。これに対し、本章では「80後」の行為を考え、

次のようにノスタルジアを定義する。本章では、ノスタルジアを個人が様々な誘因によって誘発した、過去に経験した出来事を想起し、過去を懐かしむ心理的活動として捉える。また、それら過去を懐かしむ誘因として主観的・抽象的要素と客観的・具象的要素を含めることを念頭に置く。さらに、集団的ノスタルジアは文化の一表現として、文化、世代、国家などの過去に対するほろ苦い憧れであるため、個人的な概念ではなく、集団的な概念である[13]ので、本章で「集団的ノスタルジア」という用語を主に用いる。

いわば、ノスタルジアを感じる出来事の多くは、大切な他者が関わる出来事であり、ノスタルジアを感じることで自身の人間関係を想起できる。そのため、ノスタルジアは、集団的アイデンティティの構成、維持、再構成と深く結びついており、その変化と順応を最も強く必要とされ、不安に苛まれるライフサイクルの移行期(例えば、青年から成人へ、独身から結婚へ、職業生活から退職後の生活へ等)に顕著に現れ、アイデンティティの構成、維持という目的に役立っている。これを今日の中国の「80後」に当てはめると、インターネット空間上の集団的なノスタルジアは、急激な社会変化の中で、潜在的に個人が抱える自己の現在と未来に対する不安や懸念により、自らの拠り所として独特の集合的記憶として現れるものだと言える。すなわち、ノスタルジアは「80後」自身に不安からの逃避の場を提供し、集団的アイデンティティの構成に働きかけていると考えられる。

3. 集合的記憶とインターネット

さて、集合的記憶とはどのような概念なのか。インターネットというニューメディアとはまた、どのようにかかわっているのか。

記憶とは元々、心理学的なものであり、過去の出来事を忘れずに頭の中で覚え、後でそれを思い出すことを指している。1925年、フランスの社会学者M.アルヴァックスは個人と社会との関係性から記憶を捉え、個人

の記憶も「社会的枠組み」によって条件づけられていることから、「集合的記憶」という概念を提起した。アルヴァックスによれば、記憶は単に個人の生理的・心理的な現象や反映のみならず、社会性を持ち、社会的に構築されたものである。

このアルヴァックスによって提起された「集合的記憶」の概念は実際、E.デュルケームの「集合意識」の概念を受け継いだものである。デュルケームも純粋な個人の記憶が存在しないとの考え方に基づき、記憶は社会成員が付き合っているうちに共同の利益や需要、共同の価値によって形成された意識であるとしている。

20世紀80年代、アメリカの社会学者P.コナトンはデュルケームとアルヴァックスの説に呼応し、歴史文化の中で集合的記憶ないし社会的記憶が継続存在していることを指摘した。そこで、彼は著書『社会はいかに記憶するか』(1989=2011)の中で、主に集合的記憶が儀礼を通じていかに保存・継承されたのかについて検討している。コナトンによれば、1つの集団の儀礼によって構築された集合的記憶は、単なる成員個々人の記憶による累積ではなく、その集団独自の記憶そのものである[14]。コナトンがアルヴァックスと異なっているのは、主に実践の面から過去のイメージと記憶を論証しているところである。

集合的記憶に関する先行研究の知見を基に、本章で扱う集合的記憶の概念を次のようにまとめる。集合的記憶とは1つの集団の過去に対する（物質的、実践的、知的、感情的な）認識と評価に関する総称である。人々は社会的実践活動（儀礼や記念イベント、メディアの利用など）の中で、あるいは物質的実在（図書や公文書、建築など）の中で、集合的記憶の存在を見出し、集団的感情を分かち合う。さらに、自分の集団と他の集団との相互作用の中で、集合的記憶の影響と制約を感じる。集合的記憶はある集団が自らの継続を重視し、自分たち自身の存在を確認するために、物質的・精神的な表現形式を用いて、事実と情景を結び付けるかたちで集団の存在を実証するものである。集合的記憶はまた集団成員の感情や態度、志向などを表し、

集団成員の過去に対する見方と評価を暗示するほか、集団成員の今現在の生活様式や行動志向にも影響を及ぼしているものである。

　このような「集合的記憶」が成立するには他者との共有が必要となるため、メディアの媒介が不可欠である。従来、メディアは集合的記憶の継承のために必要となる空間を提供し、人と情報とを媒介してきた。メディアの介入と影響によって、集合的記憶の共有と伝達は時間と空間の障害を乗り越えることが可能となり、集合的記憶の時間軸を伸ばし、その空間を拡大してきた。ニューメディアとしてのインターネットが普及するにつれ、集合的記憶の生成に作用するメディアの力がさらに強まった。インターネットはユーザーに記憶の相互参照、加工、再伝達を可能とする情報源を提供しているほか、伝統的メディアと異なり、即時性とインタラクティブ性を持っている。これらはインターネットの強みだと言える。即時的なユーザー間のインタラクティブな情報交換により、ユーザーは受信者であると同時に、発信者でもある。また、こうしたインターネットの特性により、集合的記憶は普遍性を持ち、英雄やエリートだけではなく、一般人による集団的な記憶の構築が可能となる。したがって、インターネットというニューメディアは、従来のメディアよりも優れた即時性を持ち、大衆による集合的記憶の構築に大いに貢献していると言える。

4.「80後」の集団的ノスタルジアの特徴と内容構成

　では、現代中国の「80後」はいかに集団的ノスタルジアを構築しているのか、その内容と特徴についてこの節で具体的に考察する。

　先述したように、インターネット空間は「80後」の集団的ノスタルジアの発祥地である。20世紀90年代、中国の集団的ノスタルジアは印刷メディア、ラジオ、テレビ、映画といった伝統的メディアを中心に広がっていた。ところが、「80後」の集団的ノスタルジアは伝統的メディアではなく、インターネットというニューメディアを主に利用している。インター

ネットは伝送速度が速く、伝達範囲が広く、さらに文字、音声、図像、動画といった多様な表現形式を用いることができるため、「80後」の集団的ノスタルジアは立体感を持って、人々の前に現れている。

　2008年から今日まで、中国のインターネット上の各種のフォーラムやコミュニティでは、「80後」と自称するユーザーは、子供時代の出来事を懐かしむ文章を掲載したり、昔の写真を載せたり、過去にヒットしたテレビドラマやアニメをアップロードしたりして、大々的にノスタルジアのブームを作り上げてきた。現在、中国の検索エンジンである百度で、「80後ノスタルジア（80後懐旧）」をキーワードにして検索すると、関連リンクが216万にも達している[15]。大手ネットショッピングの「淘宝」で、「80後」を入力すれば、7万4500件以上の「80後」の集団的記憶に関連する商品がヒットする。さらに、「当当網」などの書籍販売ウェブサイトでは、「80後」のレトロブームと関連する書籍が1266件あり、人気を呼んでいる。このように、「80後」の集団的ノスタルジアと呼ばれる復古風潮が今日の中国全体に蔓延(はびこ)っている。

　こうしたネット上で起こったことは「80後」の集団的ノスタルジアの最も大きな特徴だと言える。繰り返しになるが、ネットというメディアでは情報伝達の範囲が広く、速度が速いからこそ、情報の発信源となった掲示板や動画は短期間に、広い範囲で人々の注目を集めることができた。また、ネットの平等性と開放性により、「80後」は自由に発言することができる。同時に、ネットの能動性と双方向性によって、より多くの「80後」が自由にフォーラムとコミュニティでの相互交流に参加し、一緒に過去の出来事を分かち合うことができる。すなわち、「80後」はインターネットというメディアの特性を活用し、集団的ノスタルジアに適用できるプラットフォームとして、インターネットを利用している。

　次に、2008年以降から今日まで続くこの「80後」の集団的ノスタルジアは、中国の「80後」にとって、初めて彼ら自身が「80後」という自らの世代に貼られたラベルを彼ら自身が用いてネットに登場した最大規模

図2　80年代の代表的な消費財（出所：「80後之窓」www.80hou.cn）

図3　「80後ノスタルジア」レストラン（筆者撮影）

の集団的行為だと言える。「80後」はこれまで他者によって報道される側、構築される受動的な存在から、彼ら自身が主体となって、集団的ノスタルジアを通じて、自分の世代に貼られたラベルを自覚し、構築している。後に詳述するが、ネット上における「80後」の集団的ノスタルジアは、また「間メディア」的な集合的記憶でもある。すなわち、「80後」は写真や動画など、様々なメディアを活用し、ネット上の集合的記憶を表現しているのである。

　現在、消費主義は中国人のあらゆる領域に深く根付いているが、「80後」の集団的ノスタルジアも消費主義の影響を受けている。たとえば、「80後」たちが懐かしむ物を見ると、80年代のおもちゃ、おやつのほか、この年代を代表するすべての消費財がノスタルジアの記号として打ち出されている（図2）。これらの消費財は「80後」の成長の過程を証明し、また「80後」の子供時代と学生時代の思い出を喚起している。

　さらに、ネット空間上の「80後」の集団的ノスタルジアの影響を受けて、現在、中国社会では、80年代をモチーフとしたレストラン（図3）や80年代を時代背景とした映画やテレビドラマ、「80後」のためのトークショーも流行している（図4）。これらは「80後」の集合的記憶が引き起こした

図4 「80後」のトークショー(出所:東方衛視)

消費市場のノスタルジアだと見做されよう。

したがって、「80後」のノスタルジアの特徴をまとめると、以上の3つになる。つまり、それはネット上に起こったブームであり、「間メディア」の特性を示し、消費主義の影響を受け、「80後」が自ら構築している集合的記憶である。

他方、こうした「80後」の集団的ノスタルジアを内容的に考察すると、そこには「80後」という集団が持っている自分自身に関する記憶にまつわるものがほとんどである。その記憶にまつわるものとはまた集団成員の過去に対する認識と評価に基づいたものでもある。その認識と評価は事物や体験、知識や感情などを含んでいる。

たとえば、「80後」の集合的記憶を全面的に打ち出した代表的なサイト(「80後記憶網」、「80後懐旧網」、「80後懐旧館」など)やフォーラム(「80後社区」、「80後BBS」、「80後論壇」など)がある。

それらに焦点を当てて、資料収集と分析を行った結果、「80後」の集団的ノスタルジアの構成には、以下の6つの要素が欠かせないことが明らか

になった。すなわち、①子供時代のゲーム：お手玉投げ、輪ころがしゲームや、スーパーマリオなどの初代テレビゲーム。②子供時代のおやつ：スノーマン・アイスクリームや、「大大」風船ガムなど。③学生時代のキャンパス生活や教科書。④ヒットした子供時代のテレビドラマ：『西遊記』、『新白娘子伝奇』など。⑤子供時代のアニメ：『トランスフォーマー』、『ひょうたん童子』、『アファンティー』など。⑥子供時代の童謡と80年代の流行歌手。

　以上、ネット空間における「80後」の集団的ノスタルジアは子供時代や学生時代のゲーム、おやつ、学校生活、教科書、テレビドラマ、アニメ、童謡、流行歌手といった多様なメディア（「間メディア性」）によって構成されていることがわかる。

　また、様々なメディアによって構成された「80後」の集合的記憶は、その表現形式もその「間メディア性」の下で多様性に富んでいる。そこで最も普遍的な表現形式とは画像と文字の同時使用である。その次によく使われているのは映像と文字を組み合わせた表現形式である。さらに時には昔の歌やメロディーも付け加えられている。記憶を伝達する画像は昔の写真もあるし、手書きの漫画もある。

　例を挙げると、図5で示すような、文字、画像、音声、動画、映像など様々なメディアを有効に再編集し活用して、「80後」の集団的ノスタルジアを表現し構築しているサイトが典型的である。

　かつて、中国人の「文化大革命」時代に対する集合的記憶や、「知識青年時代」に関する思い出はすべて文字を中心に表現されてきた。それに対して、「80後」の集合的記憶の表現形式に「間メディア性」が見られるのは、メディアの進展と変化によるものと考えられる。中国の「80後」はテレビの世代でもある。彼らは子供時代からテレビに接しており、テレビの視聴は彼らの思考様式と表現法に影響を及ぼしている。そのため、デジタル画像の表現と記号の応用は「80後」の主な表現方法となっている。さらに中国のインターネット第一世代として、彼らは文字による記憶を蓄

図5 「80後」の集団的ノスタルジアに見られる「間メディア性」(出所:「80後BBS」http://www.80houbbs.com/)

える昔の形式と比べて、画像や映像、様々な視覚的な記号による記憶を直観的・可視的に伝える形式を好むだけではなく、ネット上で公開することによって、他人と分かち合うことで集団全体のノスタルジア情緒を醸していく。こうした集合的記憶の表現方法はかつての中国人にはなく、「80後」に特徴的で新しいものと言える。

5.「80後」の集合的記憶のテーマ

では、「80後」の集合的記憶の実践はどのようなテーマで行われている

のだろうか。ここでまとめると、主に過去への回帰、過去に対する反省、自己認識としてのノスタルジアという3つになる。以下、具体的に見てみる。

　まず、過去への回帰というテーマがある。そこには、「80後」の集合的記憶には子供時代の出来事が多く含まれている。集団的ノスタルジアのテーマは主に幼年時代の記憶と幼年時代に対する評価と見られる。「80後」は子供時代の断片的な記憶を思い出し、同世代の人々と分かち合うことで、美しい過去を懐かしがり、残酷な現実を批判する気持ちもある一方、そこには過去に戻れない憂いと悲しみも混ざっており、さらに自分を励ます前向きな姿勢も含まれている。こうした複雑な感情を抱いている「80後」の集合的記憶は過去への回帰としてまとめられよう。

　ここで言う「回帰」は2つのことを意味している。一つは過去の様々な出来事が美しく見えて、すべて懐かしむに値するものと見做す姿勢である。しかし、美しい過去を覚えているあまり、現在をまともに見られなくなり、現実の世界が平凡で不満に満ちていると強く感じる。そのため、「80後」は過去に戻りたいという気持ちを強く持っている。もう一つは過去の「光」を重視するあまり、当時の貧しい生活の苦しさや「影」がほとんど無視されているという点である。さらに、過去の良さを現実の欠陥と比較するにとどまらず、イデオロギーの上から現在を批判している。

　ただし、「80後」の集合的記憶に現れた「過去」は、具体的な歴史的時間帯を明示していないものである。集団的ノスタルジアの中に現れた時間を表す用語は「子供時代」、「昔」、「以前」、「幼年期」、「小学校の時」、「中学校の時」、「高校時代」といった語であり、これらは確実な時間を表す言葉ではない。だが、いずれの用語も「現在」に対応する「過去」を示しているのである。たとえば、次の文章は「小学校の頃」を使って「過去」を表している。

　　　小学校の頃、"80後"は"太陽が照らし、花は僕に微笑む"の

童謡を歌いながら、跳んだりはねたりして学校に行く。中学校の頃、"80後"の男の子は金庸の小説を研究するが、女の子は布団の中で瓊瑶のラブストーリーを読む。ウルトラマンサーガ、鉄腕アトム、トランスフォーマーが再び"80後"の視野に入ってきた時、中学校の教科書の中で李雷と韓梅梅が再び"80後"の前に現れた時、さらに"回力"スニーカーやBreton topシャツを再び"80後"が身につけた時、すべての"80後"は子供時代の暖かい思い出とロマンを思い出した。(「80後の集団的ノスタルジア」http://www.rongshuxia.com/zt/2010/8002/)

また、「80後」は集団的ノスタルジアを表現する際に、「すばらしい」、「暖かい」、「悩みもなく心配もない」、「無邪気な」、「無垢な」といった修飾語をよく用いて、昔の子供時代を描き出している。たとえば、次の掲載文章がある。

　　今の私がポップコーンを抱え、黄色のスイート・コーンを味わってみると、人工的なミルクの味がした。確かに味は悪くないが、記憶の中にある、米で作られた白いポップライスのほうが馴染みある。そうだね〜あの時のポップライスは純粋で温かい味がしたのを、当時の人と同じく、私はぼんやりと覚えている。正月や祭日のたびに私たちの町にやってくるポップライスを売るおじいさんのことも覚えている……今になっても我々"80後"が心の中に持っている、あの時に対する美しい気持ちは永遠に消えない。その気持ちは"80後"のノスタルジアの中の欠かせない部分である。(「80後社区」http://www.m80.cn/)

そして、こうした「80後」が持っている美しい過去と対応するのは、彼らの現在に対する「疲れ」、「抑圧」、「孤独」である。以下に挙げる文章

はその代表例である。

> 私たちが小学校に通っていた頃は、無料で大学に行けた。
> 私たちが大学に通うようになると、無料で小学校に行けた。
> 私たちがまだ就職していない頃は、仕事は国による統一分配だった。
> 私たちが仕事を探し始めると、様々なことにぶつかって、散々な目にあった。
> 私たちがまだお金を稼げなかった頃は、家も国による分配だった。
> 私たちがお金を稼げるようになると、家はもう買えないことに気付いた。
> 私たちがまだ株を買えなかった頃は、馬鹿でもお金を儲けた。
> 私たちが株を買えるようになると、自分が馬鹿になったことに気付いた。
> 私たちがまだ結婚の年齢に達していない頃は、自転車に乗っていても嫁をもらえた。
> 私たちが結婚の年齢になると、家と車がないと嫁をもらえない。
> ……(「80後、苦しい一世代」http://bbs.tianya.cn/post-free-2333431-1.shtml)

　以上は主に「80後」の集合的記憶に見られる、否定されるべき現在に対して、賛美されるべき過去を求めるような「過去への回帰」のテーマである。
　ところが、このように「80後」は過去と比べて現在を否定するが、その過去に対して単に懐かむ感情だけではなく、過去から現在、また未来へ結びつくようなエネルギーも引き出している。他方、確かに今でも中国のネット空間において「80後」のノスタルジアは子供時代を懐かしむ情緒に浸りつつも、過去の思い出を喚起できる事物を探したり繰り返し消費したりしている。ネット空間上に現れた関連の掲示板もほとんど子供時代の

記憶を伝え、他人と感想を分かち合うための内容である。そのテーマはほとんど過去への回帰である。しかし、過去を表す各種の記号（商品やメディアのテクストなど）が絶えず生産され、複製されている中で、「80後」はだんだん落ち着きを取り戻し、文字によって個人の記憶を書き留めるようになった。こうした文字で書き留めた個人の記憶は、画像、映像、音声などの記号を通じて記述されてきた「80後」の集団的ノスタルジアの主流と比べて、過去を懐かしむ集団的感情を喚起するというより、過去に対する理性的回顧の情を表現すると同時に、現在にエネルギーをつけるように見られる。

　たとえば、以下の掲載文章がある。

　　あの時代には、インターネットがなく、私たちはネットサーフィンができなかった。動物園に行くお金もなかった。しかし、私たちは仲間と一緒に鬼ごっこやビー玉ゲームで遊んでいて、家に帰る時間も忘れるぐらい楽しかった。あの時、私たちはテレビドラマ『西遊記』や『還珠姫』を夢中になって見ていた……私たちの服やカバン、筆箱やスニーカーの上には孫悟空と小燕子が載っていた……あの時代、学校では恋愛が禁止されていたため、私たちは男の子を好きになっても、告白できず片思いのままだった……これらすべては単純で美しかった。……これらすべては、我々"80後"にとって戻れない過去になった。私はいつもこのような美しい過去を思い出している。過去には戻れないが、その美しい記憶は私たちにとって前に進むためのエネルギーでもある。（「80後励志網」http://www.201980.com/gushi/riji/2058.html）

　このように、「80後」の過去に対する回顧の情は現実に基づき、過去を振り返り、さらに未来に向っているものである。過去に戻れないものの、「80後」は過去と現在を比較する中で、現在の自分を確認している。さら

に、現在における過去の価値を見出し、自分自身の無限の可能性を暗示している。たとえば、以下の掲載文章は典型的である。

> "80後"にとって実際に直面しなければならない道はまだ長く、どんな困難に直面しようとも、生きていくのが最も根本的なことである。自分は何がほしいのか、どのように努力していくのか、この2点は最も重要なことである。思考と自責は、他人に対する最もよい"反抗"である。簡単に満足できない"80後"は必ず再び勢力を盛り返す。最初の夢をまだ覚えているか。前世紀の末に我々はいかなる約束をしたか。たとえ夢がすべて消えたとしても、たとえ約束が全部破られたとしても、"80後"のくじけない精神は今でも残っている。我々自身が将来、必ず贐を払うことができる。立身出世できる。先の見えない成功をぼんやりと眺めるより、目の前にある明確な仕事を完成させよう。人生の道では、まず自分にとって本当に必要なものを知り、次にその必要なものをいかに獲得するかがわかれば意味がある。その意味は金銭より重要である。(「迷う80後は30歳になる前に過去を振り返って確認したほうがいいのだ」　http://blog.renren.com/share/221740251/4303127470)

　上記の文章内容から見ると、「80後」の記憶に対する描写は単なる個人の過去に対する記述と評価と見做されるだけでなく、現在進行中のノスタルジアに対する反省とも見える。また、このような個人の記憶に関する記述は「80後」にとって過去と現在の自分をよりよく理解するためのものだとも言えよう。
　そして、3つ目のテーマとして挙げられるのは、過去に対する反省からさらに発展した「自己認識としてのノスタルジア」である。
　周知のように、中国は90年代に市場化改革を始めてから、国の経済構造、社会構造、イデオロギー形態が転換してきた。転換期を迎えた今日の中国

では、貧富の格差が拡大し、社会的矛盾が顕著になり、社会は計画経済の下で形成された共同体が解体し、個人主義の時代に突入した。「80後」はちょうどこのような社会的背景の下で成長してきた一世代である。さらに、「80後」が大学を出て社会に入ろうとした時、中国社会は様々な矛盾が最も激化する時期になっていた。90年代以降、中国の社会的な評価基準はますます曖昧になり、信念の危機、アイデンティティの危機が生じている。こうした時代的背景の下で、中国人は「自分が誰なのか」を問い始めた。他方、90年代はまたポストモダン思想が中国に入り、こうした思想的潮流が「80後」に深い影響を与えた時代でもあった。ポストモダン思想の影響を受け、「80後」は反主流的になり、脱中央的な思考様式と行動様式を形成し、様々な事物の意味合いに対して独自の読みを求めるようになってきた。

　先述のように、最初、「80後」は社会的に構築された一集団の概念として生まれ、1980年1月1日から1989年12月31日までに生まれた一世代の人を指している。かつて「80後」に対して評価したり批判したりしていた人たちは大体、1960年代に生まれた「60後」と1970年代に生まれた「70後」である。元々、「60後」と「70後」から見ると、「80後」は「ドロップアウト世代」であった。「最も利己的な世代」「最も反逆的な世代」「世間知らずで最も期待できない世代」として「80後」を厳しく批判していた。ところが、2008年のオリンピックと四川大地震をきっかけに、「80後」は気骨ある精神を持ち、中堅の力として愛国ブームの火付け役となり、精力的に愛国、正義、人間らしい積極的な思想を広めたことで、「60後」と「70後」は「80後」に対する見方を変え、各種メディアも「80後」について積極的な報道や宣伝を行うようになった。

　こうした「80後」に対する評価の変化にも起因し、「80後」は自らで「自分探し」を始めることに至った。そのため、今日、「80後」という言葉を使う主体も「60後」や「70後」から、「80後」自身に代わってしまった。こうした背景に関連して、ネット空間上に現れた「80後」の集団的ノス

タルジアには、「我々80後」といった表現が頻出する。「80後」の集合的記憶を記述するネットの掲示板や文章の中に、「我々80後」や「80後としての我々」といったような表現が題目の一部として存在したり、本文の主語として使用されたりしている。このような「我々80後」という用語の使用は、まさに「80後」による自己認識としてのノスタルジアと見做される。これらの表現によって記述された「80後」の集合的記憶は、「80後」自身が交流しているうちに知らず知らずのうちに構築してきたものであり、また彼らの共通した経験によって裏づけられたものでもある。

　他方で、「80後」の集合的記憶は強い排他性を持っている。たとえば、「80後の子供時代のことは、90後にはわからない」、「80後の若い時のことは、90後には理解できない記憶」、「80後の学生時代、90後にはわからない」といった文章の題目はネット空間上の「80後」の集団的ノスタルジアに散在している。「80後」はこのような排他的な集合的記憶を通じて、自分たちを他の集団と区分しようとしている。このような区分はまた「80後」と他の集団との差異を強調することによって、集団的アイデンティティを確立するという効果があると見られる。

　以上、見てきたように、自己認識としてのノスタルジアを通じて、「80後」は共通した過去を共有できる一世代の人々の集団として統合し、集合的記憶を構築している。記憶を分かち合う際に、使われている「我々80後」や「80後の我々」、「我々はみんな80後」といった表現は「80後」が自分自身の集団アイデンティティを内面化させ、さらにその集団のアイデンティティに賛同していることを意味している。こうして、集合的記憶は集団のアイデンティティに結び付き、集団のアイデンティティを形成することに寄与しているのである。

6.「80後」の集合的記憶の形成要因

　では、「80後」の集合的記憶はなぜ形成されているのか。その形成要因

についてこの節で検討する。

　再び「80後」の集団的ノスタルジアの内容を検討すると、そのほとんどが過去と現在を比較するものである。

　　　子供時代、私たちはおはじき遊びをしていた。国産アニメ『黒猫警部』に満足していた。私たちの記憶の中で、子供時代は最高の時代だった。今の私たちは大人になったが、子供を育てることに疲れている。今の私たちにとって幸せは無縁な言葉だ。仕事では、"官二代"[16]にいじめられている。恋をすると、"富二代"[17]との競争に負ける。結婚の話になると、車と家がなくて断られる。今の時代は最悪の時代だ。……私たちは過去を懐かしむ心を持っている。なぜ過去を懐かしむのか、それは残酷な今に直面できず、過去を思い出さざるをえないからだ。昔の単純さと美しさは、今どこに行ったのか。……私たちは過去を懐かしむ。私たちは昔を思い出す。私たちはかつての時代に戻りたいのだ。しかし、戻れない。帰れない。私たちは最悪の時代にいる。(「最高の時代と最悪の時代」http://blog.ifeng.com/article/19153498.html)

　中国のネット空間において、「80後」は今の時代を「最悪の時代」と決めつけるほか、今の時代を「奴时代（奴隷時代）」とも呼んでいる。同時に、彼らは自分自身を「房奴（高額の住宅ローンに喘ぐ奴隷）」、「車奴（車の維持費に苦しむ奴隷）」、「孩奴（子どもの教育費負担に苦しむ奴隷）」、「婚奴（結婚費用の負担に苦しむ奴隷）」、「卡奴（カードローンの負担に苦しむ奴隷）」、「上班奴（社畜）」、「税奴（重税に苦しむ奴隷）」などと定義している。このように、多くの「80後」は自分自身の生活状態が理想的ではないと意識している。彼らの集団的ノスタルジアはまず現実の抑圧を受けていることに起因していると考えられる。

　また、「80後」の成長にともなう最も重要な時代背景とは、90年代初期

の市場化改革である。この改革は90年代の中期になって実質的な段階に入り、国家の経済的構造と社会的構造が急激に変化し始めた。「80後」は中国の転換期にもたらされた様々な不都合を被っているだけではない。インターネットの時代の到来にともない、膨大な量の情報に曝されてもいる。その中で、「80後」は各種の情報や従来と異なる見方に対して、戸惑いや不安を持ち始めている。現実に対する混乱が生じたことから、「80後」はまだ若いのに、ノスタルジアを持ち始めている。

　　先日、友達と食事している時に、お互い交わした会話だったが、なぜ80後はこんなに脆いのか。なぜ20代なのに、すでにノスタルジアを持ち始めているのか。どうしてなのか。私はずっと考え込んでいた。きょうになってその答えを見つけた。信念を失った私たちには前進する理由が見つからない。そこで、我々80後は過去を振り返るしかない。(「80年代に生まれたということ」http://www.rongshuxia.com/zt/2010/80s/index.html)

したがって、「80後」の集合的記憶の形成には、「現実の抑圧を受けている」こと、また「インターネット時代にともなう情報に関する混乱」という2つの主な要因が挙げられる。この2つの要因はいずれも中国社会の変革と転換にかかわっている。こうした社会の転換や外部環境の変化から圧力を受けた「80後」は、集団的ノスタルジアの構築に積極的に参与し、現実の自分を諸圧力や矛盾の中から救おうとしていると考えられる。

社会的背景のほか、2008年2月に『80後の追憶録』という動画映像のアップロードは「80後」の集団的ノスタルジアを引き起こした直接的な誘因だと言える。『80後の追憶録』をきっかけに、「80後」の過去を表す様々な動画、文字、写真、ゲームなどがインターネットというプラットフォームに登場し、ユーザーによってシェアされているうち、集団的ノスタルジアが巻き起こってきた。「80後」は生まれた時からテレビがあり、

大学に入る時からインターネットが普及していたため、彼らはこの「疑似環境」に慣れていると言える。彼らはメディアを通じて「80後」としての自分自身を認識するにとどまらず、さらにメディアを通じて、自分自身を発信し、自ら「80後」という世代を作り上げようとする欲望がある。その欲望があったからこそ、「80後」の集団的ノスタルジアは形成されてきたのである。

図6 「80後」の懐旧をモチーフとした商品（筆者撮影）

　次に、中国における消費社会の形成も「80後」の集団的ノスタルジアの形成要因の1つである。「80後」は職に就き、社会に入り、次第に中国社会の中堅になってきている。彼らは子供の時代から市場経済の環境で育ち、消費感覚が前の世代と異なっている。現在、「80後」は市場の有力な消費者となっているため、企業側も彼らを重視している。したがって、「80後」の集団的ノスタルジアがネット上に起こった後、企業側はその集団的ノスタルジアに商機を見つけ、様々な商品に「80後」の懐旧のモチーフを導入した（図6）。これら新しい商品は「80後」にとって受け入れやすく、人気を呼んでいる。そして、企業による商品の宣伝によって、「80後」のノスタルジアはさらに社会的影響力を拡大し、「80後」にも集団的ノスタルジアを加熱させている。

　また、1979年以降急激に資本主義市場経済に突入した中国は、スピードや達成度を重視するようになった。「80後」は子供の時に体感していた、何の心配事もない心の穏やかさが、社会の変化にともない、短期間に失われてしまった。「1991年に小学校、1997年に中学校、2001年に高校、2004年に大学。2008年の北京オリンピックの頃に、私はもう学校から離れ、しかたなく社会に入った……」というような、自分の成長の道程

をインターネット上で振り返っている記述は、「80後」の集団的ノスタルジアによく見られるパターンである。あっという間に過ぎてしまった青春は「80後」に緊張感を与えている。「80後」は慌ただしい日常で人生の意味や価値、信念の土台を見つけられず、さらに生活と自己も把握しかねている。そのため、「80後」は集団的ノスタルジアの構築に没頭し、集団的ノスタルジアを通じて、平和で自然な心理状態を求めている。すなわち、「80後」は社会の急速な転換を経験したからこそ、心の安らぎを求め、早めにノスタルジアを感じ始めている。

さらに、空間的な視点からみると、「80後」という世代は人口の大移動も経験している。数えきれないほどの「北漂族」[18]と「南漂族」[19]は「80後」の生存状態を表している。「80後」は改革開放の初期に生まれ、改革開放により高度発展した時期に成長し、大学を卒業した後、彼らのほとんどが故郷を離れ、飛躍的な経済発展を遂げた都市で職に就いている。にぎやかな都市は彼らにとって異郷でもある。都市のにぎわいの中で彼らは日々、孤独と不安を味わっている。こうして彼らはインターネット上で集団的ノスタルジアの空間を見つけ、子供の時代を同世代の人と一緒に振り返ることで、故郷を懐かしく思い、故郷に帰りたいという気持ちを分かち合っている。したがって、「80後」の集団的ノスタルジアはある意味で、「80後」の集団的な「郷愁」にもよるものだとも考えられる。

最後に、「80後」の成長に直接影響を与えているのは家庭、学校と同世代の人である。「80後」の家庭を見ると、「80後」の両親は皆、計画経済体制と通貨収縮の時代を経験し、さらに文化大革命の激動や、大躍進政策の後にもたらされた、3年間にわたる大飢饉の苦難を体験していた。「80後」の親は子供を教育する際に、よく自分の昔の苦しみを思い出して語り、子供に今の幸福を考えさせていた。こうした家庭教育の方法は知らず知らずのうちに、「80後」の頭に昔と今を比較する考え方を植え込んできた。このような考え方も「80後」の集団的ノスタルジアの形成を促していると思われる。

他方、「80後」が受けていた学校教育は、どちらかと言えば保守の思想や単一の観念に基づいたものである。学生時代に受けたこのような学校教育は「80後」の価値観と人生観の形成に深い影響を与えている。ところが、「80後」は学校から離れて社会に入った後、現実の世界の多様性と多元性に気付き、衝撃を受けている。したがって、彼らは伝統的な価値観を認めながらも、多様な社会的変革も受け止めている。新旧思想の衝突混乱の中で、「80後」は戸惑っている。こうした躊躇を乗り越えるため、彼らは子供時代の単純と天真爛漫を思い出している。したがって、学生時代に受けた教育が社会と不釣合であることからも、「80後」は早くにノスタルジアを感じ、集団的ノスタルジアを求めるようになったと考えられる。

　また、「80後」は一人っ子の世代として、同世代からの影響を受けやすい。彼らはこれまでの成長の過程において、兄弟がいないため、テレビやインターネットなどのメディアと同世代の人と過ごす時間が長く、メディアから情報を受け取って、同世代の人と分かち合い、同世代の人と一緒にブームに乗りやすい。それに、「80後」というラベルは元々、他の世代からつけられた呼び名であった。「70後」以前の世代からの否定と非難を受けたほか、「90後」、「００後」(リンリンホウ)(2000年代生まれ)の鋭い気勢に迫られている。こうした刺激の中で、「80後」という集団の自己意識やアイデンティティが形成され始めた。「80後」の集団的帰属意識の形成はまたインターネット上の集団的ノスタルジアと相互に作用しあっている。それに、インターネットというメディアの大衆性、双方向性、複製可能性は「80後」の集団的ノスタルジアと集団的帰属意識の形成を加速し、可能としている。

　総じて、「80後」の集団的ノスタルジアの形成要因には、少なくとも①社会的転換と変革による現実の抑圧、②インターネット時代における情報の混乱、③動画映像の最初のアップロード、④消費社会の形成と影響、⑤スピードと達成度を重視する社会環境、⑥人口の空間的大移動、⑦家庭、学校、同世代の人からの影響という7点が考えられる。

おわりに
集合的記憶におけるメディアの役割

　前文で見てきたように、中国の「80後」の集団的ノスタルジアはインターネット空間に生じて、「間メディア」性を持っているものである。では、「80後」の集合的記憶においては、インターネットというニューメディアと書籍や映画などの伝統的メディアのそれぞれの役割はどのようなものなのか。

　改めて、インターネットというプラットフォームについて考える必要がある。

　「80後」の集合的記憶はネット空間上に起こった現象である。メディア研究の視点から見ると、「80後」の集団的ノスタルジアをネットの掲示板や動画によって作り上げ、送り出した人は「オピニオンリーダー」の役割を果たしている。それら「80後」の「オピニオンリーダー」はネット上に個人のノスタルジアに関する文章や動画を掲載し、他の「80後」の共鳴を招き、そのうえより多くの「80後」が自分の記憶と物語を分かち合うことを促している。ところが、「80後」の集団的ノスタルジアにおける「オピニオンリーダー」は他人に持続的な影響を及ぼしているのではなく、インターネットは双方向性という特徴を持っているため、「オピニオンリーダー」の地位も双方向性の下で直ちに引き下げられる。つまり、インターネットという平等のプラットフォームにおいて、誰でも自由に情報を発信し、伝達できるので、発信者と受信者の境界線がなくなり、情報の伝達や更新の速度が速くなるのである。したがって、「80後」のノスタルジアが一旦喚起されると、ネット・ユーザーとしての「80後」はそれぞれ自由にネット上に自分の感想や記憶を書き出し、集合的記憶に参加してくるのである。

　こうして、インターネットというプラットフォームにおいて、「80後」は自分の記憶を書き上げ、他人と分かち合っているうちに、集団的ノスタ

ルジアの発信者になると同時に、受信者にもなる。彼らは自分の記憶を提供することで、「80後」全体の集合的記憶の形成に貢献しているのである。

では、伝統的メディアはまたどのような役割を果たしているのか。それは一言にまとめるなら、記号化の役割を担っている。先述したように、インターネットというニューメディアがノスタルジアの記号を作り出している中、伝統的メディアそのものがそこで一種の記号ともなっている。

さらに例を挙げれば、「青春を本棚に入れよう」というネット上に起こった「80後」の集団的ノスタルジアに関する書籍のイベントがある。そのイベントを通じて、「80後」の子供時代に読んでいた代表的な図書が集められ、再出版されるに至った。その代表的なものとしては、『80後の子供時代』(張偉迪、中国華僑出版社、2009年)、『80後の記憶録』(包包、時代文芸出版社、2010年)、『80後の成長記念冊』(白小帆、文化芸術出版社、2010年)、『80後の集合的記憶』(陽柳、当代中国出版社、2011年)、『80後の専属記憶』(李賢娜、華中科技大学出版社、2011年) などが挙げられる。

書籍のほか、「80後」を題材とする映画も見過ごすことはできない。たとえば、『80後』(李芳芳監督、2010年)、『あの頃、君を追いかけた』(九把刀監督、2011年) といった映画は「80後」の学生時代を再現し、過去へのノスタルジアを中心的に表現した代表的な作品である。

このように、ニューメディアの時代において、技術革新の変化にともない、伝統的メディアは逆にノスタルジアを喚起する記号として機能しているように見られる。メディア全体を見ると、メディアは「80後」のノスタルジアの記号を作り出すにとどまらず、メディアそのものが「80後」のノスタルジアの記号となってしまっている。さらに、物質的媒体としてのメディアはノスタルジアの対象となるだけではなく、メディアの伝達方式やメディア上のイメージの再現もノスタルジアの対象ともなっている。たとえば、多くの「80後」はネット上でかつての野外映画について懐かしく語っている。このような「80後」が野外映画に抱く懐かしさは、映写機やフィルムに対するものであると同時に、友達や家族と一緒に過ごし

た時間に対するものでもある。

　今でも、中国の「80後」の集団的ノスタルジアはインターネットというニューメディアの空間上で続いており、集合的記憶を構築している。「80後」の集合的記憶は「80後」という集団に属する人々の自分自身に関する記憶であり、また「80後」という集団全体が過去に対する認識と評価を表しているものでもある。それらの認識と評価は実物、実践、知識、感情などの面にわたっている。「80後」は現在に基づいて過去を振り返り、回帰、反省と自己認識という3種類のノスタルジアを表している。「80後」は過去に戻れないことを意識しながらもノスタルジアを通じて、前進することを望んでいる。

　「80後」が集団的ノスタルジアを通じて、構築してきた集合的記憶はまた取捨選択の下で形成されたものでもある。そこでは、過去の様々な記号が用いられている。ニューメディアの時代において、「80後」の集合的記憶の構築には、インターネットというメディアの双方向性と平等性が現れている。「80後」はインターネットを利用することで、情報を最大限に分かち合い、集合的記憶の形成に働きかけている。「80後」はまた伝統的メディアを融合し、「間メディア」性を利用することで、集合的記憶に映像や画像など多彩な素材を導入し、集合的記憶の形式を生き生きとしたものに作り上げてきた。

　こうして構築してきた「80後」の集合的記憶は「80後」に属するものである。「80後」はネット空間上の集団的ノスタルジアを通じて、自己の集団構築を実現してきた。「我々80後」といった主語の使い方はかつての「60後」や「70後」によって語られた他称の「80後」から、「80後」自身による自称「80後」になっている。「80後」という言葉も単なる生年月日で規定された一世代のことを表すものでなくなり、むしろ共通の体験を持ち、過去に対する記憶を共有できる集団を指すものとなっている。

　一方で、本章で語られた中国の「80後」の集団的ノスタルジアには、都市の「80後」に限定されているという限界がある。中国では、農村の

「80後」は多く存在しているにもかかわらず、メディア・リテラシーが十分でないことから、農村にいる中国の「80後」の集団的ノスタルジアはネット空間上には見あたらない。今後、中国の「80後」の集合的記憶について考察していく際に、農村の「80後」を視野に入れ、新しい分析の対象を広めていくことが必要となってくるに違いない。また、近年、若者がインターネットを利用して集団意識を構築する行為は中国だけではなく、他の国々でも見られる現象である。ところが、他国の若者はインターネット上で集団意識を構築する際に、必ずしも集団的ノスタルジアを経由してはいないようにも見られる。そこで、他国の若者と比較することで、中国の「80後」の特殊性をさらに掘り出す必要も出てくるのだろう。それらを今後の課題として、本章を締める。

註

1 Halbwacks, M., 1925, *Les cadres sociaux de la mémoire*, P.U.F.(=1992, Coser, L. A., tr., "The Social Frameworks of Memory," in On Collective Memory, Chicago: University of Chicago Press, pp. 35-189.)
Halbwacks, M., 1941, *La topographie légendaire des evangiles en terre sainte: étude de mémoire collective*, P.U.F. (=1992, Coser, L. A., tr., "The Legendary Topography of the Gospels in the Holy Land", in Coser 1992, pp. 193-235.)
Halbwacks, M., 1950, *La mémoire collective*, P.U.F.（＝1989、小関藤一郎訳『集合的記憶』行路社）.

2 Mannheim, K., 1928, "Das Problem der Generation", *Kolner Vierteljahrshefte fur Soziologie*（=1976、石川康子訳「世代の問題」『マンハイム全集』潮出版社）.

3 西本紫乃、「中国インターネット世論の内政・外交への影響」『外務省調査月報』No.4、2012, p. 16。

4 Davis, Fred (1979), *Yearning for Yesterday: A Sociology of Nostalgia*. New York: The Free Press（＝1990、間場寿一・荻野美穂・細恵子訳『ノスタルジアの社会学』世界思想社）.

5 Svetlana Boym, *The Future of Nostalgia*, Basic Books, 2001.
6 戴锦华、「想象的怀旧」、『天涯』1997年01期。
7 赵静蓉、『怀旧：永恒的文化乡愁』商务印书馆、2009。
8 「80后青年进入加速怀旧时代」、『中国青年报』、2008年7月18日。
9 吴亮、「80后怀旧研究」首都师范大学硕士论文、2009。
10 韩金、「生活在别处」山东大学硕士论文、2010。
11 杨迪、「审美视域中的影像记忆："80后"对童年时代动画片的怀旧现象研究」、湘潭大学硕士论文、2011。
12 Holbrook, Morris B. and Schindler, Robert M., 1991, "Echoes of the Dear Departed Past: Some Work in Progress on Nostalgia," *Advances in Consumer Research*, Vol. 18, pp. 330-333.
13 Baker, Stacey Menzel and Kennedy, Patricia F., 1994, "Death by Nostalgia: A Diagnosis of Context-Specific Cases", *Advances in Consumer Research*, Vol. 21, pp. 169-174.
14 Connerton, Paul, 1989, *How societies remember*, Cambridge University Press.（＝2011、芦刈美紀子訳『社会はいかに記憶するか──個人と社会の関係』新曜社）.
15 2016年5月8日午後16時45分に検索した結果に基づく。
16 "官二代"は中国共産党あるいは政府幹部の子弟。転じて、親の地位を笠に着て、特権を振り回す者を指す。
17 "富二代"は1978年の改革開放後に生まれた富豪の子弟。親が築いた財産によって、何の苦労もせず、安逸な生活を送る者を指す。
18 「北漂族」とは他の地方からやってきて北京で奮闘している若者のことを指す。
19 「南漂族」とは他の地方からやってきて上海や沿海部の広州、深圳などで奮闘している若者のことを指す。

第 3 部

忘却を超えて

第 7 章

死者の記憶が生きていたころ
吉田満と戦後

渡辺 浩平

はじめに

　吉田満が戦後を死者の記憶とともに生きたことは、多くの論者によって語られている。江藤淳の言葉を借りればそれは「死者との絆」[1]となる。また彼は、戦中派の常として、自らが生き残ったことに、強いうしろめたさを感じていた。吉田はしばしば、岡野弘彦の以下の歌を口ずさんでいたという[2]。「辛くして我が生き得しは彼等より狡猾なりし故にあらじか」。友よりも狡く立ち回った、それゆえに行き延びられたという思いが、吉田を苦しめた。同時に寺山修二の以下の歌も口にしていた[3]。「マッチ擦るつかのまの海に霧ふかし身捨つるほどの祖国はありや」。敗戦を日本人はどのように引き受けねばならないのか。戦友が命をささげた祖国日本、その戦後をどう考えればよいのか。吉田はその問題を問うた。

　吉田満は学徒兵として戦艦大和に乗り、奇跡的に生還、戦後、その体験を『戦艦大和ノ最期』としてまとめた。日本銀行に勤めながら執筆活動を続け、1979年に56歳という若さで他界している。ここで問うべきことは、吉田の生を跡付けることだけではない。そのことを通じて「死者との絆」が生きていた時代を振り返り、そこに流れていたものを書き留めておくことにある。吉田満の時代と、敗戦から70年以上を経た現在とは何が違うのか。それを、吉田の著述や対話、さらに当時の吉田評を手がかりにさ

ぐってみたい。

1. 新生日本のいとぐち

　いまだ占領下にあった1949年（昭和24年）、フランス文学者の中島健蔵は、吉田満の「軍艦大和」を例にあげて、「「戦時型」の感情や思想の再出現に対しては、やり切れない気持ちがする」とし、それはポツダム宣言と新しい日本への反逆であるとした[4]。作家の梅崎春生も同じ記事で「軍艦大和」への跋文は出版社に請われたものであったと撤回を表明した[5]。

　1952年に出版された『戦艦大和ノ最期』誕生の経緯は複雑だ。中島と梅崎が批判した作品は『サロン』という雑誌の1949年6月号に掲載された「小説軍艦大和」だ。それは吉田満の名によるはじめての大和に関する作品だった。敗戦直後に書かれた「戦艦大和ノ最期」の初稿はもともとカタカナ旧字体の文語、サロン版は口語になおされていた。「戦艦大和ノ最期」が文語に戻るのは、占領が終わり、講和条約が発効された後のことである。

　「戦艦大和ノ最期」の執筆について触れる前に、まず、大和に乗艦する前の吉田の経歴をみておこう。吉田満は1923年（大正12年）東京生まれ、対米戦開戦後の1942年に東京大学法学部に進んだ。吉田満は都会出身の秀才として育った[6]。吉田を評する言葉に、しばしば「折り目正しい」という言葉が使われる。小林秀雄も、江藤淳も鶴見俊輔もその語を使って吉田を語っている。出征まもない海軍の軍服を着た写真も、右眼を失明して以降の日本銀行行員時代の写真にも、その「折り目正しさ」があらわれている。1943年10月、文系大学生の徴兵猶予が解除され、吉田は海軍予備学生として召集された。翌年12月に通信傍受を行う副電測士として戦艦大和に乗艦、4ヵ月後に大和は特攻に出撃、4月7日に米軍との開戦に至り、沈没する。

　吉田の著作のなかで、大和乗艦以前のことを書いた文章は極めて少ない。

吉田が「われらが世代の最高の知性」と称する林尹夫は、京都大学から出征し、その死の直前まで軍隊生活のなかでの自らの思いや身辺のことを書き残しているが、吉田はそうではない。自身も文学青年ではなかったと語っている[7]。彼は大和から帰還した後、特攻を志願し高知須崎の回天基地に勤務し、そこで玉音放送をきく。戦後の著述は自ら始めたものではなく、人に薦められたものだった。つまり吉田は、はじめに著述があったのではなく、大和の記録を残すために、戦没者の記憶を継ぐために、書くことを求めるようになった。

　復員した吉田は、家族が疎開していた三多摩の吉野村に住む。そばに作家・吉川英治が移り住んでおり、父・吉田茂と吉川英治には親交があった。ある日、満は吉川を訪ね、大和での経験をとつおいつ語った。吉川は何も言わず耳を傾け、「あなたの通ってきた生命への記録をかいておくべきだ」と語りかけた[8]。その言葉に答えるべく吉田は、初稿を1日して書きあげる[9]。それはもとより発表の意志を持ったものではなかった[10]。

　吉川英治の次に、大和の記憶を残すことに尽力した人物に小林秀雄がいた。吉川の薦めで書いた初稿は肉付けされ、友人・知人の間で読まれていた。それを手にとった一人が小林秀雄だった。小林と吉田には面識はなかったが、ある日突然、小林は日本銀行に吉田を訪ねる。1946年4月1日のことだった。吉田は前年の12月から日銀に勤務していた。小林は、当時発刊準備をしていた『創元』の創刊号に「戦艦大和ノ最期」を載せるべくその依頼に訪れたのだ。しかし「戦艦大和ノ最期」はGHQの民間検閲局・CCD（Civil Censorship Detachment）の検閲に抵触し、『創元』から全文削除となる。検閲にあった作品はその後、口語体に直され、『新潮』1947年10月号に筆名で掲載される。その内容は極めて簡素なもの。上記の内容を大幅に加筆したものを、『サロン』1949年6月号に掲載した。それが、先の中島、梅崎が批判した作品であった。

　サロン版には、吉川英治、小林秀雄、林房雄、梅崎春生の推薦文が掲載されていた。梅崎はその文を取り消したのだ。中島健蔵の言葉を借りれば

それらの推薦文は作品を「絶賛」する内容だったという。私はその推薦文を読んではいない。しかし1952年版の書籍『戦艦大和ノ最期』には、吉川英治（吉田君との因縁）、小林秀雄（正直な戦争経験談）、林房雄（真実の記録）、河上徹太郎（美しい人間の現はれ）、三島由紀夫（一読者として）の跋文が掲載されており、1952年版の吉川、小林、林のそれは、サロン版の改稿ではないかと想像される。

　のちほど、1952年版の小林秀雄の文を見るが、その前にサロン版「軍艦大和」が書かれた頃の吉田満の状況を確認しておく。当時の吉田は26歳。日銀の後輩の千早耿一郎（筆名）によれば、「将来を嘱望される若年行員であった」。日銀では「統計局から外事局を経て参事室におり、ここで日本の金融政策の実情を英語に訳する仕事」をしていた[11]。サロン版は書籍出版の準備だった。単行本の発刊間近、吉田はサロン編集長と一緒にCCDから呼び出しを受ける。その取調べは「罪人あつかい」、沖縄への強制送還もほのめかされた[12]。日銀の行員がカストリ雑誌に以前発禁となった作品を改稿し発表する。それは、自らの記憶を残しておかねばならない、そのような使命感であったのだろう。講和条約発効後ようやく、文語版の『戦艦大和ノ最期』（創元社）が発刊される。吉田は29歳となっていた。

　では小林秀雄の跋文を見てみる。その冒頭、「戦艦大和ノ最期」の原稿を読んだときの感想を「大変正直な戦争経験談」としている。小林の短い文には、正直な（戦争）経験談という言葉が4度でてくる。それはその時代に「正直な戦争体験談なるものが稀れ」であったからだ。小林は、吉田の「戦艦大和ノ最期」に正直な経験談を読み取り、時代の風潮がそれを許さないことを述べた。その主張は中島健蔵の批判とは対立するものであった。

　吉田は自らの作品についてどのように語っているのか。1952年版のあとがきを見ておこう。「敗戦という空白によって社会生活の出発点を奪われた私自身の、反省と潜心のために、戦争のもたらしたもっとも生々しい体験を、ありのままに刻みつけてみることにあった。私は戦場に参ずるこ

とを強いられたものである。しかも、戦争は、学生であった私の生活の全面を破壊し、終戦の廃墟の中に私を取り残していった。——しかし、今私は立ち直らなければならない。新しく生きはじめねばならない。単なる愚痴も悔恨も無用である。——その第一歩として自分の偽らざる姿をみつめてみよう、如何に戦ってきたかの跡を、自分自身を照らして見よう——こうした気持ちで、筆の走るままに書き上げた」[13]という。自分の偽らざる姿をみつめる、そこに意図があった。

　作品は3年前に不本意な形で出ることになった。それは先のサロン版の口語体のことだ。その際に「戦争肯定の文学」であり「軍国精神鼓吹の小説」であるとの批判を受けた。そのような批判に対して以下のように反論する。「この作品の中に、敵愾心とか、軍人魂とか、日本人の矜持とかを強調する表現が、少なからず含まれていることは確かである。(中略)この作品に私は、戦いの中の自分の姿をそのまま描こうとした。ともかくも第一線の兵科士官であった私が、この程度の血気に燃えていたからといって、別に不思議はない。我々にとって、戦陣の生活、出撃の体験は、この世の限りのものだったからである。若者が、最期の人生に、何とか生甲斐を見出そうと苦しみ、そこに何ものかを肯定しようとあがくことこそ、むしろ自然ではないか」[14]。そして、執筆の意図を改めて述べる。「敗戦によって覚醒した筈の我々は、十分自己批判をしなければならないが、それ程忽ちに我々は賢くなったのであろうか。我々が戦ったということはどういうことだったのか、我々が敗れたというのはどういうことだったのかを、真実の深さまで悟りえているか。(中略)先ず、自分が自分に与えられた立場で戦争に協力したということが、どのような意味をもっていたかを、明らかにしなければならない。私の協力のすべてが否定されるのか、またどの部分が容認され、どの部分が否定されるのかを、つきとめなければならない。そうでなくて、日本人としての新生のいとぐちを、どこに見出し得よう」[15]。吉田は、戦時期の感情や思想の再来を危惧して、戦後の見方（ポツダム宣言）から過去を裁断することに抵抗した。そこからは、「日本人

としての新生のいとぐち」は見いだせないと考えた。

　千早耿一郎によれば、「戦艦大和ノ最期」の発表にあたってはCCDの検閲以外に、「国内からの妨害」が多々あったという[16]。それを支えたのは「思い出したくない」という感情であろう。戦時型の感情や思想を忘れたいとする空気、言い換えれば、戦後の思想や感情で、当時の記憶を整序し、記憶を再構築するそのような空気が時代を支配していた。それに対して、吉田は抵抗した。むしろ、その記憶の原点に立ち戻り、そこから、新しい日本を構想するしか手立てがないと考えたのである。

2. 期待の次元と回想の次元

　思想の科学研究会の『共同研究転向』は1959年から1962年にかけて出版された。その序言「転向の共同研究について」で、転向とは「権力によって強制されたためにおこる思想の変化」と定義している。転向という語は、本来「当局が正しいと思う方向に個人の思想をむきかえること」を意味していた。しかし、転向研究はそのような権力による強制に、個人の自発性を加え、「屈辱的な要素」を排除した点に特徴がある。つまり、転向は誰にでも起こりうることであり、思想を正しさの一点において、その高みから眺めるものではない[17]。転向研究の序文を書いたのは鶴見俊輔だ。鶴見は「軍人の転向」の一事例として、吉田満をとりあげた[18]。敗戦直後のアメリカ占領軍の追放政策と戦犯裁判では、日本の軍人にその責任が重くのしかかった。戦後の追放者のなかで軍人の占める比率は8割に及んだ。他方、官吏は1％に過ぎない。そのことに旧軍人は極めて大きな衝撃をうけた。

　鶴見によれば、吉田の「戦後転向はすでに戦争のまっただなかにきざしていた」。それは、『戦艦大和ノ最期』で臼淵磐が語る「敗れて目覚める」という言葉に現れているという。臼淵磐は海軍兵学校出身の大尉。大和出撃後、艦内では兵学校出身者と学徒兵との間で、これから訪れる自ら

の死の意味について激論が交わされた。その時、臼淵は日本人が「敗れて目覚める」ことが、死の意味だと説いた。鶴見はそれを書きつけた吉田のなかにすでに、戦争への懐疑がやどっていたという。

　吉田は「天号作戦（戦艦大和の沖縄特攻―引用者）の実行にさきだって、大東亜戦争の敗北を見てとり、このような無謀な戦争を国民と軍人にしいた日本国家の智恵のなさ、日本文化のたよりなさを自覚して、戦時下の国家主義からさめてしまう」。しかし吉田は、「思想としてはすでに転向しながらも、行動形態においては最もきびしく旧来の軍人としての行動ルールをまもろうという意思を最後までつらぬく」[19]。鶴見は続ける。「外部世界における旧階層秩序の崩壊を意識しながらも、それと平行して自己の内部においてはもはや外の世界と見合うところのない旧来の階層秩序の折り目正しさにしがみついている」[20]。鶴見の分析は、そのような分裂した思想のありようが、サラリーマン生活のなかにもちこされたというのである[21]。

　後述するが、鶴見は吉田満を「われらの世代の最良の人」と称する。鶴見は『戦艦大和ノ最期』に戦後性をとどめていないことを評価する[22]。吉田の作品の価値が高いのは、吉田が「期待の次元」から手を離さなかったからだと言う。「期待の次元」と「回想の次元」は鶴見にとって極めて重要な概念だ。それは、「当時の見方と、それを振り返る現在の見方とをまぜこぜにしないで、一つを歴史の期待の次元、もう一つを歴史を回想の次元として区別する」[23]という考え方だ。鶴見によれば、そのような考えはアメリカの人類学者のロバート・レッドフィールドの書籍で示されたものだという[24]。鶴見は自身の生涯を語る対話録にも『期待と回想』というタイトルをつけている。「いつの時代でも未来は期待の中で見える」ものであり、「いろいろな情緒によって動く不確実なもの」、それが「期待の次元」だ。しかし「回想の次元」になると、過ぎ去った時代は事実として固まる。よって、歴史を捉えるときには、「期待の次元」と「回想の次元」を分けて、まず「期待の次元」における復元を最初にやる必要がある[25]。

　1979年の作家・司馬遼太郎との対談で、敗戦のときの言論の指導者に、

期待の次元と回顧（回想）の次元の混同が見られたと鶴見は主張する。「自分はどういう気持ちで15年戦争をしてきたのか、その間違えたときの期待の次元をもう一度自分の中で復刻し、それを保守すべきだったのに、その時に占領軍の威を着て、嵩にかかって間違った戦争だった、わかりきっていたことだと回顧の次元だけで、あの戦争を見た」[26]。そして「期待の次元から手を離さなかった」一人として、丸山真男をあげ、次に吉田満の名をあげる。「戦争が終わって呆然とした中で、彼（吉田満―引用者注）は戦争中に自分に植え付けられた文体（文語文）で、戦艦大和が沈められて自分が漂流しているときに、自分の中を行き交った心象をそのまま定着した。期待の次元での戦争像から手を離さないでいた。そういうことが最も重大だった」[27]。鶴見は、吉田のそのような姿勢を評価した。

しかし江藤淳の解釈は異なる。江藤は米国において、吉田の「戦艦大和ノ最期」の初出原稿を発見する。CCDが検閲をし、それがプランゲ文庫に保存されていた。その原稿の最後のくだりは以下のように記されている。「至烈ノ闘魂、志高ノ錬度、天下ニ恥ヂザル最期ナリ」。しかし公刊された1952年版は以下となる。「今ナオ埋没スル三千ノ骸／彼ラ終焉ノ胸中果シテ如何」。江藤は米国から帰国後に、大学の講義で「戦艦大和ノ最期」の版の異なる原稿を学生に読ませ、レポートを書かせる。一人の学生がその結びの一文の変化に「戦後思想の流入」を指摘する。江藤は言う。「このとき（CCDに呼び出されたとき―引用者注）おそらく吉田氏のなかで、なにかが崩壊したに違いない。それは「厳重な譴責」によって崩壊したのではなく、それ以前に、発表を予期して筆写本を口語体の「小説軍艦大和」に改稿する過程で、崩壊したのである。換言すれば、吉田氏は、このときはじめて敗北したのである。それと同時に、学生の指摘する「作者への戦後思想の流入」がはじまった」。そしてそれを、敗北とは名づけず、平和と民主主義の獲得という。言うまでもなく、江藤の言う平和と民主主義の獲得は否定的な意味だ。しかし江藤は、そのことでもって、吉田一人を批判しているわけではない。「このような敗北が吉田氏のみならず、いかに多

くの人々の内部でおこったか」[28]と述べる。

　江藤は「戦艦大和ノ最期」の初出の問題を論じた書籍のあとがきで、米国行きの目的は「敗戦、占領とその結果実施された外国権力による検閲が、第二次大戦後の日本文学にどのような影響を及ぼし。痕跡を遺しているかという問題」であったと語る[29]。江藤は米国に行く前の1978年に文芸評論家の本多秋吾との間で、いわゆる無条件降伏論争を行っている。江藤の主張は、ポツダム宣言の受託による降伏は、条件付きのものであったというもの。そこから、米国の占領は、ポツダム宣言を逸脱しており、日本国憲法も不当となる。江藤の問題意識は、『1946年憲法──その拘束』（文藝春秋1980年）、『閉ざされた言語空間』（文藝春秋1989年）という米国の占領政策によって戦後の言論が大きく制約を受けていたことを明らかにした2著につながる。江藤の占領下における言論統制や、新憲法に対する指摘は戦後を考える上で極めて重要なものであり、戦後文学がその制約を受けていたことは一面の真理だ。『戦艦大和ノ最期』に戦後思想が流入したとの解釈もありえないことではない。しかし同時に、そのような変化の過程のなかで、吉田の記憶を考える必要もあろう。つまり、「転向」の強制と自発性のおりあった地点からの見方だ。その問題は千早耿一郎も指摘をしている。

　加藤典洋は、江藤淳による「戦後思想の流入」という批判に対して、むしろ二つの表現の混在に吉田の思想を読み解く。つまり「天下ニ恥ヂザル最期」と「彼ラ終焉ノ胸中果シテ如何」が「ともにそのいずれか一つへの帰着に抵抗する形で拮抗していることが、この『戦艦大和ノ最期』が、戦争世代の声を伝える書である所以であり、また、日本の第二次世界大戦の戦争文学たりえている理由」というのだ[30]。『戦艦大和ノ最期』について論じられた『戦後的思考』は、『敗戦後論』の批判に答える形で著されたものだ。『敗戦後論』の一つの主張を簡略化すると、アジア太平洋戦争における自国の死者への追悼を行い、そこで日本人の主体を立ち上げ、アジアの死者への追悼につなげる、ということだろう。その主張と「戦後的思

考」の検証の素材として、『戦艦大和ノ最期』が取り上げられる。吉田は戦後の多くの論者とは異なり「戦争への没入経験」を否定しなかった。その上に「戦後的価値」を築いていると加藤は言う[31]。鶴見が指摘するように、吉田の戦争の記憶の最も重要な点は、「回想の次元」からの検証を経ながらも、「期待の次元」から手を放さなかったことにあると言える。それは、加藤が言うところの敗戦を経て起こった「ねじれ」を、吉田が誠実に引き受けたところにあると言えるのだろう。

　ここで一つ指摘しておきたい点は、彼の信仰の問題だ。吉田は1948年に日本カトリック教会世田谷教会で洗礼を受けている。吉田はその後、カトリックからプロテスタントに信仰の場を改める。その経験も吉田の心に深い刻印を残すが、そのことはここでは触れない。吉田は受洗後、信仰に帰依した心の軌跡をいくつかの文章に残している。それらは『戦艦大和ノ最期』とは明らかに異なるトーンの文となっている。そこで深い自省の対象となっていることは、戦争中に死を目の前に自分が「死を凝視することができなかった」ことにあった[32]。その懊悩の後に、神の愛に接し、信仰に至ったことが語られる[33]。信仰を持たない私には、わかりかねる点もあるが、学徒兵として死に向かった当時の心を、キリスト者となってから、振り返る、そのような心の動きが、「戦艦大和ノ最期」を改稿する過程で起こっている。江藤淳が「戦後思想の流入」と語った変化に、信仰という要素があったと想像できるが、この問題は別の機会に譲りたい[34]。

3．死者の身代わりとして生きる

　吉田は、『戦艦大和ノ最期』を上梓した後、久しく小説を書いていなかった。それは30代から40代の時期。時代は高度成長期にあり、日銀行員として多忙な毎日を送っていたことも理由の一つだろう。しかし50歳となった1973年から、雑誌『季刊藝術』を舞台に、「臼淵大尉の場合」「祖国と敵国の間」を発表し、『提督伊藤聖一の生涯』を出版する。それは臼淵磐、

中谷邦夫、伊藤聖一（第二艦隊司令長官）とどれも、戦艦大和に乗船し落命した人物の生涯であった。中谷邦夫はカリフォルニアの日系二世で、慶応大学に留学中に学徒兵として召集された。邦夫の弟二人は米軍の一員として欧州戦線に参戦した。中谷邦夫は「純朴ノ好青年ニシテ、勤務精励」であり、英語が母語であったので、戦艦大和では英語信号の傍受を担当していた。しかし日系二世ゆえに上級士官から冷遇され、鉄拳制裁も受けていた。その姿は『戦艦大和ノ最期』で哀惜をこめて描かれている。戦後吉田は、中谷の母と音信を持ち、彼が日銀ニューヨーク事務所勤務の折に、中谷家を訪ねる。そして70年代に入ってから、祖国と敵国との間で自らの生を全うした日系二世の姿を作品として残すのだ。

　吉田満は死の前年に「戦後日本に欠落したもの」という文を発表し[35]、その主張をめぐって鶴見俊輔と対談を行い[36]、その後、粕谷一希が鶴見に対して、批判論文を提出し[37]、それに鶴見が答え[38]、という論争が行われる。さらに、鶴見と司馬遼太郎が対談し[39]、最期に「鶴見俊輔を語りかけの対象として」、吉田が「死者の身代わりの世代」を書き[40]、それが吉田の遺稿となる。本節では吉田晩年の著述と対話から、吉田が敗戦から30数年を経た日本をどのように眺め、戦争の記憶をどのように継ぐべきと考えていたのかを見ておきたい。

　「戦後日本に欠落したもの」で吉田は戦後の33年という時間を以下のように語る。「この間に日本が、太平洋戦争とその総決算である敗戦によって得た経験を反芻し、学ぶべきものを学びとるには、充分な時間と試練の場が、あたえられていた」はずなのに、しかしそれを日本人は怠ってきた。それは、日本人としてのアイデンティティー（自己確認の場）をどこに求めるべきかという問いがきちんとなされなかったそこに、「戦後最大の危機」といわれる現代の混迷があるとする。70年代の混迷とは、「不況と円高の内憂外患の窮境」であり、「外からわが国に注がれる眼の冷徹さ」であるという。昭和史の教科書を開くと、70年代前半に高度成長を終えた日本は、ドルショックにオイルショックを経験し、70年代半ばに「狂乱

物価」が起こる。公害も深刻化していた。71 年、欧州を訪問した昭和天皇は抗議行動を受け、74年に田中角栄はタイやインドネシアを訪れて激しい反日デモに会い、それを修正すべく経済援助を掲げた福田赳夫が77年にアセアンを歴訪する。輸出超過となった日本に対して、欧州や米国からも強い批判が起こっていた。吉田の言う内憂外患の窮境とはそのような、高度成長経済の先に現れた現象と言えるだろう。

　吉田はその種の窮境が出来したひとつの原因として、敗戦によって日本人が戦争のなかの自分を見つめることなく、「いまわしい記憶を抹殺し、戦中と戦後を貫く一貫した責任を自覚しなかった」ことに求める。それを「日本人としてのアイデンティティー」の欠如とする。その後、吉田の批判は、戦後の「私の自由な追求」に及び、架空の無国籍市民に及び、そして国家観の欠如に及ぶ。吉田は以下のように述べる。「数年来、公害の激化、資源の枯渇、物価の大幅上昇等を理由に、高度成長そのものを否定する議論がある、これは現実を無視した短見というほかはない。日本の持つ潜在可能性を開放し、さらに将来への発展の基礎作りをすること自体が、悪ではありえないし、逆に力がないのはいいことだというのは、見方が甘い。批判さるべきは、みずからのうちに成長率の節度を律するルールを持たない、日本社会の未熟さであり、こうして培われた国と民族の伸張力を、何の目的に用うべきかの指標を欠いた、視野の狭さ、思想の貧困さである」[41]。

　吉田満と鶴見俊輔の対談は、のちに粕谷一希が述べる通りに、二人の紳士的な態度もあって、全体から見れば真正面から異論をぶつけ合うというものではなかった。しかし冒頭でははっきりとした意見の対照が見える。鶴見は吉田が提起した、日本人の抑止力のなさ、ブレーキが利かなくなる特性については同意しつつも、アイデンティティーの問題については反論を述べる。鶴見は自分が考えるアイデンティティーとは民族のなかでの自分個人の拠りどころを探すことなのに、吉田はそのような問題意識をしっかりと受け止めていない。吉田はアイデンティティーの問題を「国家とし

ての同一性という地点に早く持ってゆきすぎている」と批判するのだ。問題は、「日本人が、個人としての自分らしさを失ってしまっている点であり」「民俗の習俗のなかに、強い個人を養い育てることが求められている」という。それが、戦後日本のアイデンティティーの核心だとする。

その後の吉田と鶴見の議論は、鶴見がリードし、日露戦争以降の日本の抑止力のなさを振り返るそのような展開となる。対談のなかで、吉田は戦前派の一部が戦争中の自らの発言に目をつぶり、戦後は全く異なることを言い出したことに強い違和感を示し、以下のように語る。「戦後になって、自分は戦時中誤った、それはどういう誤りであったか、いまはどの点を改めているか、それをはっきり言ってくれないと困る。そういう発言のないことが、現在、日本の抑止力を弱めている」。吉田の述べるアイデンティティーとは戦前、戦中、戦後と一貫して責任を引き受けるそのような主体の問題と読み取ることができる。

次に、鶴見の問題提起に対して、中央公論の編集者として吉田に原稿を依頼した粕谷一希が、鶴見俊輔に反論を述べる。粕谷の論考は、編集者を辞め著述家になってはじめてのものだ。粕谷は太平洋戦争が帝国主義戦争の一面を持ち、同時に軍国主義支配の一環とした戦争であったことは間違いないが、同時に近代主権国家の延長としての戦争でもあったことを主張する。それゆえ「国民がとくに青年たちが身命を賭したのは、軍国主義のためでもなく帝国主義のためでもなく、共同体としての民族のため」であったとする。つまり、8月15日という日は、無条件降伏による敗亡の悲しみと、戦争終結、軍国主義支配からの解放の喜びという両義性をもったものだった。鶴見と吉田の二人には、その体験の捉え方の背後に、近代国民国家・主権国家に対する捉え方の相違があるというのだ[42]。

粕谷の「手紙」に対して、鶴見俊輔は、「戦後の次の時代が見失ったもの——粕谷一希に答える」で、国家批判の根拠について述べる。鶴見は、日本民族の同一性と日本国家の同一性、両者には関連があるものの、それは同じものではないという。国家批判は結果的に1931年からの15年戦争

において現れることはなかった。鶴見は石橋湛山や戦前、軍国主義に抵抗した斉藤隆夫という保守的懐疑主義者をあげ、国家批判の権利を保つことの重要性を指摘する。鶴見の論は、つきつめれば、国家批判の足場をどこに求めるのかということと理解することができる。

それを受けた司馬遼太郎と鶴見俊輔の対談「「敗戦体験」から遺すべきもの」は、先に見たように、吉田が期待の次元から手を離さなかったことを鶴見が評価しているが、司馬は吉田の発言に触れてはいない。議論は、鶴見が提起した15年戦争の歯止めとなるような足場（岩床、河床）をどこに求めるかというところで展開する。その議論が、豊富な歴史の事象をあげて進むのだ。

論争を締めくくる吉田満の論考「死者の生き残りの世代」の口調には苛立ちが感じられる。語りかけの対象とした鶴見のみならず、司馬に対しても同様に不快感を示すのだ。吉田は、鶴見について、「労作転向研究では軍人の転向を一素材として取上げられるという機縁も生まれたが、これまで私の立場の核心に触れる論評を氏はまだ明らかにされたことはなかった」[43]とまで言う。そして、改めて戦中派の立ち居地について述べるのである。戦争は戦前派の責任においてはじまった。戦中派はそのことによって戦火に身をさらすことになった。しかし自分たちにできたことは、「戦争のために死ぬことだけであり、戦争のために死ぬことを通して、そのようにわれわれを殺すものの実態を探り当てることだけだった」。よって、自らは散華した世代の代弁者として生きるしかない。「戦中派世代は死を前にして「われわれは何のためにかくも苦しむのか」「われわれの死はいかに報いられるべきか」とみずからを問いつめるほかなかったが、それに対する答えが、まだ戦後日本の歴史から生まれていない以上、生き残りは死者に代わってこの問いを問いつづけなければならない」という。そして吉田は、「私が戦前、戦後と貫くアイデンティティーの確立、その基盤となる自らの主体的な責任の確認にこだわるのは、戦中派世代の提起した根本的な発顕が、そのことと密着していると考えるからである」と言う[44]。

文の最後に吉田は、鶴見は自分より6ヶ月年長、司馬は7ヶ月年少であると書く。つまり同じ戦中派であることを確認し、その上で二人の意見に同意できないこと主張する。吉田の評論文は、粕谷一希も述べている通り、文筆を生業とする人間に比べて、論旨が明快でない部分もある。吉田は「学者としての道を歩かなかったために、論理的認識でも歴史的認識でも不十分なところがあり、思想の世界への目配りも決して十分ではなかった」[45]と粕谷は書く。しかし、粕谷が続けて述べるように、吉田は戦後の市井の人々が持つ、常識的な感覚を持っていた。「実務家でありつづけることによって、戦後の日本人の多くがそうであるように、組織のなかで生きることの苦労、さまざまな社会問題に直面したときの実感を、市民として共有している」[46]。その常識が、同世代の鶴見と司馬に強い抵抗を示すのである。それは、鶴見や司馬が自分たち世代が本来記憶しておくべき、吉田から見れば根元にある問題をないがしろにしている、そのことに対して憤りをぶつけているように見える。

　吉田が1960年代に書いた文に「戦没学徒の遺産」というものがある[47]。そのなかで、林尹夫ほか幾人かの戦没学徒兵の手記を引用しつつ、彼らの死に向かう心境を語る。「学徒兵のほとんどが、戦争そのものに対して根源的な疑問を持ち、そのために殉じなければならない矛盾に最後まで苦しみ抜いたことは、彼らの書き残した言葉を一貫して読み通せばおのずから明らかである。(中略) そのような苦悩の果てに、自分たち青年以外には身を捨てて国を守る者がありえないという現状認識を通して、ついに必然的な"一兵士としての死"を受け入れるまでに、どれほど耐え難い内心のたたかいがあったことか。(中略) それは、自分に課せられたものに対する打算のない誠実さ、与えられた役割を謙虚に受け入れ、利害をはなれて最善をつくし悔いを残すまいという忠実さ、とでもいえようか」[48]。

　吉田はときおり奇妙な幻覚にとらえられるという。「それは、彼ら戦没学徒の亡霊が戦後二十四年を経た日本の上を、いま繁栄の頂点にある日本の街を、さ迷い歩いている光景である。死者がいまはのきわに残した執念

は容易に消えないものだし、特に気性のはげしい若者の宿願は、どこでもその望みをとげようとする。彼らが身を以って守ろうとした"いじらしい子供たち"は今どのように成人したのか。日本の"清らかさ、高さ、尊さ、美しさ"は戦後の世界にどんな花を咲かせたのか。それを見とどけなければ、彼らは死んでも死に切れない」[49]。「一兵士としての死」「いじらしい子供たち」「清らかさ、高さ、尊さ、美しさ」は戦没学徒の手記に残された言葉だ。

　この文章は、1980年の日米開戦の日に放送されたNHK特集「散華の世代からの問い――元学徒兵　吉田満の生と死」(企画：吉田直哉)の冒頭にナレーションとして使われている。背景にはスモッグの新宿西口の高層ビル群や原宿や六本木の街頭で撮影された若者たちの映像が重なる[50]。番組では、吉田のかつての上司・外山茂の回想が流れる。外山は言う。「吉田君にはふいに深いため息をつくという癖があった。それは私にとっても気になる癖で、今にして思いますと、吉田君の脳裏に若い戦友が立ち現れたのではないか。吉田君は30年前のことを問い続けた稀有な人だった」[51]と語る。「気になる癖」という言葉には「社会人としては歓迎できないもの」という語感がこめられている。しかし「稀有な人」という言葉には吉田への愛情がにじんでいた。

　吉田の眼前には死んだ戦友があらわれ、何かを語りかけていた。そうであるがゆえに、彼は、他の戦中派が忘れてしまったことを記憶にとどめ、戦争の意味を問い続けた。先の「戦没学徒の遺産」は以下のように続く。「彼らの亡霊は、いま何を見るか、商店の店先で、学校で、家庭で、国会で、また新聞のトップ記事に何を見出すだろうか。(中略)やがて目が馴れて見えはじめた時、彼らはまず何よりも狂喜するであろう。この氾濫する自由と平和を見て、これでこそ死んだ甲斐があったと、歓声をあげるであろう。そして、戦火によごされた自分たちの青春にひきくらべて、今の青年たちが無限の可能性を与えられ、しかもその恵まれた力を、戦争のためではなく、社会の発展のために、協力のために、建設のために役立てうる

ことをしんから羨み、自分たちの分まで頑張ってほしいと、精一杯の声援を送るであろう。(中略)と同時に、もしこの豊かな自由と平和と、それを支える繁栄と成長力とが、単に自己の利益中心に、快適な生活を守るためだけに費やされるならば、戦後の時代は、ひとかけらの人間らしさも与えられなかった戦時下の時代よりも、より不毛であり、不幸であると訴えるであろう」[52]。吉田は、戦争の記憶を強く胸に抱き、そこから戦後の不毛をつく独自の視点を持つ「稀有な人」であった。

4. 戦後が人間の顔をしていた時代

　吉田満は1975年、52歳のときに日本銀行監事となった。江藤淳にもまた鶴見俊輔にも、「よい上がり方をした」と語っている。日銀の監事は一般企業の監査役に相当する。理事のひとつ手前だが、千早によれば、監事から理事になることはない[53]。会社員として終点に達した。同時に日銀の歴史をまとめる仕事を任され、意欲を示していた。吉田は1979年7月10日、青森での講演を終えてから、体の不調を訴えて東京に戻り入院する[54]。病室で書いたものが「死者の身代わりの世代」だ。そして、9月17日に56年の生涯を終える。死を前にして、夫人に口述した「戦中派の死生観」が絶筆となり、同年の『文藝春秋』11月号に掲載された。

　葬儀に出席した江藤淳は日銀関係者の参列者が多い盛大なものであったことを記している。吉田を回顧する文で江藤は「吉田氏のなかには、決して生者には属さず、死者にのみ属していた部分があった」と述べる。そしてその死者に属していた部分が、時間をおいてあらためて、戦艦大和の乗組員の物語を書かせたと語る。それでも、そこにはもどかしさがあったのではないかと言う[55]。鶴見が吉田の死を知ったのは、モントリオールの日本総領事館に数日遅れで配達される日本の新聞であった。鶴見は、1979年9月から翌年4月まで、国際交流基金の援助をうけて、カナダのケベック州モントリオールのマギル大学で講義をした。その講義の日本語訳が、

『戦時期日本の精神史』『戦後日本の大衆文化史』として出版されている。鶴見はカナダで吉田満についてどのように語ったのか。『戦時期日本の精神史』で以下のように描かれている。長くなるが引用する。

　　吉田満（1923〜79）は、当時、「武蔵」とともに世界最大の戦艦二隻のうちの一隻であった「大和」に海軍少尉として乗り込んでいました。やがて「大和」は、米国海軍に対する特攻攻撃に組み入れられて、帰路用の燃料を積み込まずに、本土から出撃しました。戦艦がこの最期の航海に入って日本の岸から離れると、ただちに士官部屋には完全な言論の自由が立ち現れました。これまで士官たちを窒息させていた言論上の統制は、いまやとれてしまいました。士官たちは、なぜ自分たちが死ぬかの目的について知りたいと考えていました。白熱した議論のただ中で、砲術士官の一職業人の臼淵大尉はこういいました。臼淵大尉がいうには、われわれのこの出撃は戦略から見て無意味であり敵に対して何らの打撃も与えないであろう、われわれの目的は、このような行動の無意味であることを実証することであり、このためにわれわれは死ぬのだということでした。これらの言葉は、吉田満によって記録されました。吉田は、いったん海へ放り出され救い上げられた少数の生き残りの一人となって、『戦艦大和ノ最期』という記録長編詩に臼淵大尉の言葉を書きとどめました。この長編記録詩は、日本降伏直後に戦時中の海軍軍人の文体によって書かれ、米軍占領下に日本人に強制された思想傾向に対していかなる妥協の痕跡をとどめていません。このゆえに、占領軍の検閲はこの長編記録詩をそのまま発表することを許しませんでした。この作品が書かれた当時のそのままの形で日本人の目にふれるようになったのは占領時代が終わってからで、一九五二年のことでした。この長編記録詩は、勇敢な青年兵士にふさわしい文体の率直さによって日本文学のひとつの古典として歴史に残るでしょう。その

偉大さは、この作品のうちになんら戦後性の痕跡をとどめていないということにあります。戦時の軍人の文体によって書かれることを通して、かえって戦争時代の精神をこえてこの時代とはちがう別の時代にすんでいる読者の心中にまっすぐに訴える力をもっています。そしてそのことは、いかなる時代のいかなる社会においても文学作品というものの普遍性の試金石となるでしょう。吉田満は、のちに日本銀行の監事の職にまで登ってことし九月に病死しました。死の二年前に彼はある公の席上で、戦争に向かって何かの行動を起こしたすべての人たちが自分たちの果たした役割について記録をしてそれをのちの世代への遺産として残すべきであると述べました。このことを彼は、一九七〇年代の経済繁栄時代の日本のカナメとなる日本銀行の監事の職にあって述べたのでした。[56]

『戦艦大和ノ最期』に「なんらの戦後性の痕跡をとどめていない」という記述は、江藤淳の「敗北」の解釈とは異なる。鶴見は自身の回顧録である『期待と回想』でも、吉田について語っている。上下巻、両方で触れている。鶴見の吉田観が読み取れるので主要な箇所を引いておく。上巻での吉田のくだりは以下だ。

　吉田満は戦艦大和の最年少の士官だったんだけど、戦後、もう一つの"戦艦大和"に乗った。日本銀行に勤めて、最後は監事になる。日銀の歴史を書く総元締になって、「とてもうれしい」といった。吉田満は、「あの戦争が起こったとき成人に達していた者には、それぞれの経験をカードに書き出しておく任務がある」と考えていた。われわれはどこでまちがったか。そのとき大人であった者はだれしも責任を逃れることはできないという考え方なんです。戦艦大和の士官としてもっていた責任概念を、日本銀行のなかでも捨てていなかった。ものすごくえらい人だった。[57]

下巻からの引用は以下。

　　遠くから見ると、吉田満は東大法学部を出て戦艦大和に乗り士官をやっていた。生き残ったあとは、戦後日本の中で戦艦大和に当たる日本銀行に入り監事になって…、そう見えそうなんだけど、そうじゃなんですよ。吉田満はその場での自分の責任を果たし、きちんとのちの時代に残そうと思っていたんです。戦艦大和と日本銀行のね。私は吉田満に対して、われらの世代の最良の人だとはっきりした印象をもっている。かれは大東亜戦争のときに正気をたもとうとしていた。実際さめていたんです。だからこそ戦艦大和が出撃したあと、豊後水道あたりで自由な議論が艦内で起こり、海外出身で吉田満より半年ほど若い臼淵磐という大尉が、おれたちのやっていることはダメであるということを教える。それで一同だまらせちゃうんですよ。このことを吉田満ははっきりと記憶にのこし、戦争が終わったあとに書きとどめた。[58]

　鶴見は臼淵磐と中谷邦夫を混同している。記憶違いは誰にでもあるだろう。ここで述べておきたいことは、吉田が遺稿で「私の立場の核心に触れる論評を氏はまだ明らかにされたことはなかった」[59]と語り、しかし鶴見は、このような形で吉田を記憶にとどめていること、その対照に感慨を抱くのだ。鶴見は吉田を「ものすごくえらい人」「われらの世代の最良の人」「おどろくべき人物」と評する。そこには、鶴見の日本の支配層に対する強い懐疑が反映している。鶴見は、後藤新平を祖父に、鶴見祐輔を父に持つ。しかし、母の厳しいしつけに反抗し、不良少年となり、対処に困った父によって米国に留学させられ、ハーヴァート大学に学ぶも日米開戦によって日本に戻る。その出自ゆえに、日本の一部旧支配層が戦後、手のひらをかえすように豹変する姿を見てきた。東京大学法学部に代表される官学アカデミズムが戦後も変わるところなく日本社会に君臨している。その

第7章　死者の記憶が生きていたころ　　237

ことに強い反発を抱いていた[60]。「吉田満は東大法学部を出て戦艦大和に乗り士官をやっていた。生き残ったあとは、戦後日本の中で戦艦大和に当たる日本銀行に入り監事になって……、そう見えそうなんだけど、そうじゃなんですよ」という言葉には、そのような感情がある。

　もう一つ、吉田満が「戦没学徒の遺産」を書いた1960年代の時代の空気について、自分の記憶をもとにふりかえっておきたい。1958年生まれの私にとって、子供時代の戦争の記憶は街の傷痍軍人だった。白い服を着、二人で連れ立っていた。片方の男が義足か義手で、もう一人がアコーディオンやハーモニカを吹いていた。新宿東口の地下道でしばしば見かけた。新宿に来ると母は食料品店の二幸（現アルタ）でお惣菜を買う、それが楽しみだった。しかし傷痍軍人を眼にすることは心の重いことだった。義足でひざまずき、義手で手をつき、頭をたれている。二人の前には募金箱があった。行き交う人はあまり意に介した様子もなく、母も足早に通りすぎていった。この原稿を書く段になってあらたまって、母に傷痍軍人について聞いた。「傷病兵を眼にすることは快いものではなかった、でも……」と記憶をさぐる。戦時中、小学生の頃、市ヶ谷の陸軍病院に傷病兵の見舞いに行った。その時は行くのが楽しみだった。後で見舞った兵士から手紙をもらい、再び訪れることに胸が躍った。しかし戦争が終わり、電車に募金箱を持った傷痍軍人が乗ってくると、いやな感じがした、という。「聞かれるまで、彼らに対する心の変化を意識したことはなかった」というのが母の答えだった。私のつれあいは私より一つ下だ。立川でしばしば傷痍軍人を見かけた。しかし、母親はお金をあげることはなかった。若い人は概して冷淡で、募金箱にお金を入れているのは年齢の高い層だったと記憶している。私の母もつれあいの母親も昭和ひとけただ。その世代にとって、傷痍軍人はあまり眼にしたくない存在だった。

　60年代前半から数年経って60年代後半、新宿東口の地下道の同じ場所には傷痍軍人はいなくなり、そこには、わら半紙の粗末な冊子を前にした若者が座るようになっていた。冊子の前には「詩集××円」と書かれてい

た。その後、あの場所には詩集を売る若者が座るようになったのでは、と母に聞くと、「そうそう、詩集はよく買ったわ！」という返事が戻ってきた。傷痍軍人にお金を渡すことはなく街頭の詩人の詩集は買う。おそらく、そのあたりが、戦後成人した人々の普通の感覚だったのだろう。傷痍軍人は戦中の「名誉の負傷」をおった「白衣の勇士」から、戦後はうってかわって恩給が打ち切られ、講和条約発効後、恩給は復活するも、傷痍軍人と彼らを支える家族の暮らしは決して容易なものではなかった[61]。吉田が「戦没学徒の遺産」を書いた60年代とは、傷痍軍人が詩人にかわった時代だった。その合間にはオリンピックによる東京の街の大改造があった。

　鶴見と司馬の対談のなかで、日本の歴史のなかにおけるさまざまな抵抗の足場、岩床が語られている。それがなければ「日本的正義というものが繰りかえしうわすべりしてゆく」からだという。確かにそうだ。しかし、戦中派の吉田にとって拠り所とする岩床は戦死者の記憶でしかなかった。粕谷が述べる通りに、吉田は文筆を生業にする人間に比べれば、その目配りは十分なものではなかった、そう言えるのかもしれない。しかし、「期待の次元」における記憶という岩床は強く保持し、そこから戦前派の変わり身のはやさを問い、日本人の一貫したアイデンティティーを問題にした。共同研究転向の序文で鶴見が書いたように、正義をどこかに一点に置きそこから何かを判断するそのような思考方法をとらなかった。それゆえに、江藤の眼にはその思想は、変化を来したと見えた。鶴見には、吉田のアイデンティティー論は「理論上の難点」[62]をはらんでいるとうつった。しかし吉田は鶴見の批判を受け付けようとはしなかった。鶴見俊輔が転向研究で述べた吉田満の「分裂した意識」は吉田満という人物の内奥をとらえた指摘だ。ただ、人は大なり小なり分裂した存在だ。恐らく鶴見は自らが指摘した、過去のことを期待の次元で記憶にとどめるよう懸命につとめつつ、折り目正しく旧来の秩序を守る、そして、そうであるがゆえに、自らの利益のために「戦後」に便乗することのない、そのような矛盾を内包しつつも真摯な態度に、心を動かされたのだろう。江藤も、死者との絆を

保ちながら、しかしどこかに「もどかしさ」を抱えて生きる吉田に敬意を抱いていた。吉田はおそらく、死者の記憶という岩床を持つがゆえに、戦後に流されることはなかった。他方、実業の世界では戦後と折り合って生きてきた。

　前述したが、加藤典洋は鶴見がマギル大学で講義をしていた折に、ちょうど近隣の大学の図書館で研修を受けており、鶴見の講義を聴講していた。加藤は以下のように書く。「ある日、講義の途上、鶴見が新聞で吉田満の訃報を知ったと述べ、沈痛な面持ちを浮かべたまま、しばらく黒板の前で動かなかったことを覚えている。もう雪がちらついているような晩秋の午後。そのときはよくわからなかったが、それが「戦後」というものが人間の顔をして私にやってきた最初だった」[63]。この「戦後というものが人間の顔をして」という加藤の一文と、とある中国の研究者が語った言葉が響きあい、吉田の晩年の著作と対話を、その時代と絡めて整理をしてみたいと思うようになった。それは、中国において、左右の思想的分岐、つまり左派思想と自由主義思想が、それぞれが分かれ、二つの思想の論者の対話が成立しえなくなったのは、天安門事件以後、1990年代の市場経済化が進み、中国が豊かになって以後のことであったという。1980年代は、甚大な被害をもたらした文化大革命の記憶が強く残り、対話が成立する基盤があったと言うのである。

　加藤が言う「戦後というものが人間の顔」を持っていた時代においては、吉田という人間がおり、彼の戦争の記憶があり、それを鶴見も江藤もそして、粕谷も共有しており、それが現実問題についての認識の不一致はあれど、対話が成り立つ基礎があったのではないか。戦後30数年経た1970年代はその最後の時代だったのではないか。現在は、それからまたさらに30数年が経ち、吉田を論じた3人は鬼籍に入ってしまった。

おわりに

　吉田は死の2年前に作家・島尾敏雄と対談をする。島尾は奄美で海軍の震洋隊指揮官として特攻の出撃を待つが、待機中に終戦を迎え、その体験を「出発は遂に訪れず」「魚雷艇学生」などの作品として残している。吉田は言う。「島尾さんの場合は、戦争の体験を、三十年の生活の経験の中で、一緒に持ってこられたんじゃないか」。しかし、自分の「特攻体験は、今のわたしからは、ちょっと手のつけようのない」ものだと。特攻体験を以下のように述懐する。

　　自分の三十年の生活の中に一緒に持ってきたというよりは、いまひとつ区切りついたときに、いわばもう一度その場に下りて行って、なにかいわなきゃならん、そう思うんですね。しかしそれじゃ、何を否定し、何を肯定するかという、そうなると、なんか非常にギリギリなんですね。その時失った仲間たちが願っていたものを、われわれの三十年の生活を経た立場で選び取らないと、ただ、自分の過去に対して釈明するだけに終わるような、そういう恐れもある。本当に彼らが持っていた、一番気持ちの中にあった大切なものはなにかということを、スカッと割りきれなくて、少しずつ少しずつ、自分の中で反省しながら見つけだしてくるという感じが、どうもある。[64]

　吉田は島尾と違い、戦後一貫して戦争体験にこだわってきたのではない。組織人として一区切りがついたので、あのときを振り返り、何かを発言しなければならない気持ちになった。それが、大和乗艦の三人の物語であり、「戦後に欠落したもの」をさぐる一連の著述なのだと想像される。
　続けて言う。

しかし、若い人はとても直感が鋭いので、そういうふうに苦しみながらでも、自分の戦争体験は体験として、それが本質的に経験として持っていたものを、また日常の中に取り出してきて、再構成してみる。それはこうだと思うことを率直に若い人にぶつけて、受け取ってもらうしかない、そういう感じがするわけですけれども。[65]

敗戦から30年を経ても「割り切れないもの」がある。1970年代末、実業の世界で終着点を迎えた吉田は、その感情を直接、若い人々に語りかけようとしていた。その矢先の死であった。

註

1　江藤淳「死者との絆」『落葉の掃きよせ』文藝春秋、1981年。
2　千早耿一郎『戦艦大和の最期、それから』筑摩書房（文庫）、2010年、18頁。吉田直哉「生きている問いかけ」『吉田満著作集下巻』月報、文藝春秋、1986年。
3　吉田直哉、前掲。
4　中島健蔵「世界への反逆」「戦争文学の流行批判」読売新聞朝刊1949年6月11日。
5　梅崎春生「戦争肯定の傾向」「戦争文学の流行批判」読売新聞朝刊1949年6月11日。
6　粕谷一希『鎮魂　吉田満とその時代』文藝春秋、2005年、16頁。
7　吉田満「江藤淳との対談」『鎮魂戦艦大和下巻』講談社、1978年。
8　吉川英治「吉田君との因縁」『吉田満著作集上巻』月報、文藝春秋、1986年。
9　吉田満「戦艦大和ノ最期初版あとがき」『吉田満著作集上巻』文藝春秋、1986年、641頁。
10　なお、その後、1974年の決定稿保存版までは、8つの版がある。その経緯は千早耿一郎、前掲書に詳しい。
11　千早耿一郎、前掲48頁。
12　同上、51頁。
13　吉田満、前掲「戦艦大和ノ最期初版あとがき」641頁。

14	同上、641頁。
15	同上、643頁。
16	千早耿一郎、前掲書54頁。
17	鶴見俊輔「序言転向の共同研究について」『共同研究転向』戦前篇上、平凡社、2012年。
18	鶴見俊輔「軍人の転向」『転向研究』筑摩書房、1976年
19	同上、366頁。
20	同上、367頁。
21	同上、368頁。
22	鶴見俊輔『戦時期日本の精神史』岩波書店、1982年、161-163頁。
23	鶴見俊輔『期待と回想』下巻、晶文社、1997年、25頁。
24	Robert Redfield "The Little Community" The University of Chicago Press 1955.
25	鶴見俊輔前掲『期待と回想』184頁。
26	鶴見俊輔、司馬遼太郎「「敗戦体験」から遺すべきもの」『諸君！』1979年（昭和54年）7月号、230頁。
27	同上、230頁。
28	江藤淳「「戦艦大和ノ最期」初出の問題」『落葉の掃き寄せ』文藝春秋1981年、224頁。
29	江藤淳「あとがき」『落葉の掃き寄せ』文藝春秋、1981年、339頁。
30	加藤典洋『戦後的思考』、講談社、1999年、161頁。
31	同上、178頁。
32	吉田満「死を思う」『吉田満著作集下巻』文藝春秋、1986年、532頁。
33	吉田満「死・愛・信仰」『吉田満著作集下巻』文藝春秋、1986年。
34	吉田満の信仰について述べた論文に以下がある。石川明人「戦艦大和からキリスト教へ：吉田満における信仰と平和」『北海道大学文学研究科紀要』127、2009年2月25日。
35	吉田満「戦後日本に欠落したもの」『季刊中央公論・経営問題』昭和53年（1978年）春季号、後に『戦中派の死生観』（文藝春秋1980年）に掲載。
36	鶴見俊輔、吉田満対談「「戦後」が失ったもの」『諸君』昭和53年（1978年）8月号。
37	粕谷一希「戦後史の争点について ── 鶴見俊輔氏への手紙」『諸君！』昭和53年（1978年）10月号。
38	鶴見俊輔「戦後の次の世代が見失ったもの ── 粕谷一希氏に答える」『諸

君！』昭和54年（1979年）2月号。
39 司馬遼太郎、鶴見俊輔対談前掲。
40 吉田満「死者の身代わりの世代」『諸君！』昭和54年（1979年）11月号、後に『戦中派の死生観』（文藝春秋1980年）に掲載。
41 吉田満、前掲「戦後日本に欠落したもの」。
42 粕谷一希、前掲「戦後史の争点について——鶴見俊輔氏への手紙」。
43 吉田満、前掲「死者の身代わりの世代」『戦中派の死生観』、111頁。
44 同上、115頁。
45 粕谷一希「序章　吉田満のといつづけたもの」『鎮魂　吉田満とその時代』文藝春秋、2005年、16頁。
46 同上、16頁。
47 吉田満「戦没学徒の遺産」『吉田満著作集下巻』文藝春秋、1986年、46～64頁。（初出：『昭和18年12月1日戦中派の再証言』1965年8月刊（学徒出陣25周年記念手記出版会編）、その後『戦中派の死生観』（文藝春秋1980年）に掲載
48 同上、56-57頁。
49 同上、62頁。
50 吉田直哉、前掲。
51 NHK特集『散華の世代からの問い——元学徒兵　吉田満の生と死』NHK、1980年。
52 吉田満前掲「戦没学徒の遺産」63頁。
53 千早耿一郎、前掲319頁。
54 同上、329頁。
55 江藤淳「生者と死者」『落葉の掃きよせ』文藝春秋、1981年、81頁。
56 鶴見俊輔『戦時期日本の精神史』（「玉砕の思想」第九回1979年11月8日）161-163頁、岩波書店、1982年
57 鶴見俊輔『期待と回想』上巻、晶文社、1997年、197頁。
58 鶴見俊輔『期待と回想』下巻、晶文社、1997年、23-24頁。
59 吉田満、前掲「死者の身代わりの世代」111頁。
60 鶴見俊輔「占領——押しつけられたものとしての米国風生活様式」『戦後日本の大衆文化史』岩波書店、1984年。
61 ETV特集「戦傷病者の長い戦後」2014年3月5日NHK、しょうけい館（戦傷病者史料館）http://www.shokeikan.go.jpを参考とした。
62 鶴見俊輔、吉田満対談「「戦後」が失ったもの」『諸君』昭和53年（1978年）

8月号。

63 加藤典洋「解説もう一つの0」『新編特攻体験と戦後』207頁、中央公論新社（文庫）、2014年。
64 島尾敏雄、吉田満『新編特攻体験と戦後』146〜147頁、中央公論新社（文庫）、2014年。
65 同上、147頁。

第 8 章

日本人妻と日本語族を日本語でつなぐ
台北のキリスト教系デイケアセンター玉蘭荘の事例から

藤野 陽平

はじめに

　台北市内のビルの一室。毎週月曜日と金曜日に数十名の高齢者が集うデイケアセンター玉蘭荘がある。ここの最大の特徴は旧日本植民地の台湾にありながら、旧宗主国の言語である日本語によって運営されている点であろう。この団体は参加者にキリスト教入信を迫ることはないものの、日本のキリスト教系医療NGOが発足に関わり、キリスト教精神を重要視し、毎回の活動日に礼拝や祈り、讃美歌等がもちいられている。
　集うのは太平洋戦争後の混乱で本人たちの希望と関係なく台湾に留まり続けた日本人妻と、日本統治期に日本語教育を受け今なお日本語の能力が高い日本語族台湾人（以下、日本語族）である。この異なる二つのエスニシティをもつ集団は日本統治期に宗主国と植民地という支配／被支配の関係にあったが、今日の玉蘭荘では両者が日本語でのケアを通じて場を共有している。
　しかし、以前は支配／被支配の関係であった両者が今は記憶と場所を共有している、というほど問題は単純ではない。台湾は複数の民族、言語、文化が共存する複雑な社会である。その上に日本による植民地経験から戦後の国民党による独裁という文脈も色濃く影響する。こうした複雑に絡み合った様々な要素に宗教という要素も加わって、この場では独特な空間を

形成している。そこで本章では日本語で行われている台北市内のキリスト教系デイケアセンターを、日本人妻と日本語族との間の記憶の再構築の場として捉え、現代台湾社会における2つのエスニシティ間で共有され、構築され、新しく喚起される記憶のあり方をエスノグラフィとして報告する。

1. 台湾における言語とエスニシティ、そして、それに絡み取られる宗教

　およそ2300万人が暮らす台湾は、面積35,873平方キロメートル、日本の10分の1、九州よりやや小さいほどである。玉蘭荘のある台北市は約270万人が、近郊の新北市には約397万人が住む、台湾の中心地である。この小さな島国には多数の言語と多様なエスニシティがみられる。言語は公用語としての国語とも呼ばれる北京語と、福建南部の閩南語に由来する台湾語と呼ばれる福佬語(ホーロー)の他、客家系の人びとが使う客家語、さらに政府から認定されている16の原住民の言語があり、加えて本章の対象である日本人妻や日本語族の母語である日本語や、新住民と呼ばれる主に東南アジアからの移民たちが使う言語も存在する。

　エスニシティに関しては福佬系（全人口の73.3%）、外省人（13%）、客家系（12%）、原住民（1.7%）[1]が「四大族群」とよばれる。外省人とは第二次世界大戦後、中国から台湾に移住した人達であり、国民党との関係が強く、戦後民主化までの間政権の座や政府要職を独占した。北京語を母語とする人が多い。一方で日本統治期以前より台湾で暮らしていた人々を本省人と呼ぶが、その中に福佬系、客家系、原住民が含まれる。福佬系とは17世紀ごろから閩南（福建南部）より移民してきた漢族の子孫で、福建省南部の言語である閩南語に由来する台湾語を母語とする人が多い。さらに祖先の中国大陸の出身地によって彰州系と泉州系に分けられ微妙に文化や言語に違いがみられる。客家系は広東省などから移民した人びとで、客家語が母語である漢族のグループであり、原住民は漢族よりも先に台湾に暮

らす先住民族のことである。

　戦後台湾社会のアイデンティティの問題を考える上で、こうした多様な言語とエスニシティの問題を踏まえ、本省人と外省人の間の緊張関係について予め知っておく必要がある。日本統治下に二等国民として差別を受けてきた多くの本省人は終戦直後「祖国」中国への「復帰」を喜び、来台した外省人を歓迎したのだが、待望した同胞である外省人たちは台湾の公職を独占、汚職も蔓延させた。本省人はこの状況を「犬が去ったら、豚が来た」と揶揄し、期待が大きかった分、その失望も小さいものではなかった。

　さらに追い打ちをかけるかのように、1947年本省人女性を外省人警察官が殴打したことをきっかけとする二二八事件が勃発する。結果、国民党による台湾住民の大量虐殺へとつながり、有力な説で約2万8000人が犠牲となった[2]。さらに国民党は1949年から1987年まで戒厳令を出し独裁政治を実施した。この間に本省人・外省人間の対立感情は決定的となり、こうした対立構造を台湾で「省籍矛盾」と呼ぶ。近年こうした従来型の対立を乗り越えようという動きが台湾社会の中で見られるようになってきているが、戦前、戦後の時代を暮らしてきた日本語族の間では、戦後台湾に広くみられた従来型の緊張関係が維持されている。

　この緊張関係は政治性に直結する。台湾語を話す福佬系は台湾の独立を求め、自らを中国人ではなく台湾人であるというアイデンティティを重視し、南部・郊外に比率が高く民進党をはじめとするシンボルカラーが緑の緑陣営を支持している人が多い。日本に友好的な人が多いのも特徴の一つである。一方の外省人は主に北京語を使用し、台湾は中国の一部分であると考え、中国との統一を目指している。北部や都市に比較的多く、シンボルカラーは青（藍）の国民党を支持することが多い。

　玉蘭荘はキリスト教系の施設であるが、宗教[3]という文脈にもこのエスニシティ間の緊張関係が強く影響している。台湾ではプロテスタント教界を国語教会と台湾語教会に分類[4]できるのだが、前者、国語教会は文字通り北京語を使用し外省人の集う教会で国民党の支持者が多い。一方、後者

の台湾語教会は主に台湾におけるプロテスタントの最大教派、台湾基督長老教会を中心とし、台湾語を中心に現地語を重視する。1970年代から行われてきた民主化運動に積極的に関与してきた教派であり、台湾のアイデンティティを重視する民進党と友好的な関係にある。台湾に西洋的な医療、教育、出版などを導入したのも台湾語教会である[5]。そして、玉蘭荘はプロテスタントの中でも台湾語教会の長老教会との関係性が強い。キリスト教系の社会貢献活動は世界的に広くみられるが、玉蘭荘は単にそうした活動にとどまらない台湾のアイデンティティを重視することが反中国の裏返しとしての親日本を意味するという台湾の文脈も反映している。

2. 玉蘭荘とそこに集う人々

　本章で取り扱う場は社団法人台北市松年福祉会玉蘭荘（以下、玉蘭荘）という日本語によるデイケアの施設である。この玉蘭荘はMRTの大安駅からほど近い台北市内の信義路三段に位置し、2008年現在、基本会員が66人（男22人、女44人）で、賛助会員は139人、基本会員の平均年齢は78.84歳である。活動は毎週月曜日、金曜日の10:00-15:00（ただし、旧正月や夏の暑い時期等は休みとなる）、年会費1500元（賛助会員は年1000元）の他、毎回100元を支払う。毎月手の込んだプログラムが用意されている。例えば2016年5月のプログラムは表の通りである。

　玉蘭荘の歴史は詳しくは別稿[6]に譲るが、1978年10月6日に台北YMCAにて「聖書と祈りの会」という日本語によるキリスト教の祈祷会が設立したことに遡る。これは台湾にハンセン病患者のために派遣されていた日本のキリスト教系医療NGO「日本キリスト教海外医療協力会（JOCS）」のワーカーが日本人妻の状況を知り、日本語による集まりが必要だということになり始めたものである。当初から日本人妻と日本語族を対象としており、当時の会報『玉蘭』の1号には初回に参加した日本人妻の感想として「（聖書と祈りの会に参加する―引用者注）以前は中国語のお説教を日語に訳し

2016年5月のプログラム

		10:00-10:20	10:20-11:00		11:10-12:00		13:10-15:00
2日	月	歌声高く	賛美とお話	休憩	誕生会 おもしろ漢字	昼食	楽しく歌おう 大人の塗り絵
6日	金	歌声高く	賛美とお話	休憩	防犯のお話	昼食	演奏と交流
9日	月	歌声高く	賛美とお話	休憩	讃美歌に親しもう	昼食	外来語
13日	金	歌声高く	賛美とお話	休憩	拾い読み	昼食	習字 トールペイント
16日	月	歌声高く	賛美とお話	休憩	母の日を祝う歌声	昼食	合唱練習 折り紙
20日	金	歌声高く	賛美とお話	休憩	みんなで踊ろう日本舞踊！	昼食	おしゃべり会 デッサン
23日	月	歌声高く	賛美とお話	休憩	アコーディオン	昼食	手作りカード 楽しく歌おう
27日	金	歌声高く	台湾語礼拝	休憩	讃美歌を味わう	昼食	映画鑑賞
30日	月	歌声高く	賛美とお話	休憩	紙芝居上演	昼食	ゲームで頭の体操 英語

て聞いていましたが、やはり日語で聞くことはすばらしく心にしみて来ます」という文が見られる。こうしてキリスト教の祈祷会として始まった集まりであるが、徐々に日本人妻の高齢化の問題が生じ、日本語によるケアの必要性が生じてきた。そこで、1989年9月1日、台北市内の台湾基督長老教会の安和教会にて「玉蘭荘」オープン感謝会が開かれ玉蘭荘としての歩みを始めることとなった。

　ここでいう「玉蘭」とは強い芳しい香りが特徴の小さな白い花である。台湾ではブローチの様にカバンなどにぶら下げ、その香りを楽しむことがあり、路上で玉蘭花を売る姿はしばしば目にし、寺廟での供え物としても利用される。この玉蘭が名前に使われたことについては玉蘭荘の会誌『玉蘭荘だより』(61号) 誌上で「白い花は余生を明るく、清く過ごしたい老人の願い。抱擁せる花弁は会員の団結、融和。芳しい花の香は誰にも好かれる老人の慈愛を象徴している」という。

　また、創立の趣旨に「キリスト的な愛の精神によって、高齢者が活動と奉仕を通して愛と喜びのうちに相互にいたわりあい、一人でも多くの高齢者が最後まで社会の一員として尊厳のある、より充実した生活ができる

ようサポートしていきます。」(玉蘭荘のウェブサイト http://www.gyokulansou. org.tw/about_us_j.htm より)とキリスト教的理念を掲げており、多くのキリスト教関係者の関与によって運営され、毎回の活動は牧師や長老を招いての礼拝からはじめられる。ただし、主たる目的はデイサービスであり、キリスト教はスピリチュアルケアとして位置づけられていて、参加者にキリスト教信仰を強要することはない。

　ここに集っているのは日本語族といわれる台湾人と、日本人妻であるが、キリスト教系の施設であるためにキリスト教徒の割合が高い。そのために、台北市内で活動する台湾基督長老教会国際日語教会（以下、国際日語教会）という日本語で礼拝している教会のメンバーと一部重なっていて玉蘭荘と両方に通う人も少なくない[7]。国際日語教会の牧師が玉蘭荘で説教を、長老がプログラムの一部を担当することもあり、玉蘭荘のボランティアの中には国際日語教会の会員もおり、両者は協力関係にある。

　ここでいう日本語族という人達であるが、台湾に「日本語族」という民族がいるというわけではなく、戦前に日本語教育を受け、日本語の能力が高い人々の俗称である。彼ら・彼女らの中には国語家庭[8]という台湾人であっても日本語のみで生活していた家庭の出身者も含まれ、太平洋戦争終戦時に北京語はもちろん、台湾語や客家語も理解できず、日本語しかできなかったという人も少なくない。今日でも日本語が最も得意な言語であり、夫婦間の会話は日本語である場合や、日本語無しでは自分の意思を十分に伝えられない場合も多い。また、日本語を母語並みに扱うことから、教育水準の高い日本統治期に台湾人のエリート層に位置づけられることが多かったのだが、それゆえに戦後公的な場で日本語の使用が禁止されることで母語を失い、北京語を押し付けられることで言語的弱者に追いやられるというアイデンティティクライシスを経験した人も多い。そのため政治的には国民党や外省人を好まず、台湾人としてのアイデンティティを強く持つ。今なお日本語に愛着を持つ日本語族は当然親日的なのだが、それは日本統治期という現代とは断絶した美しい若かりし時代の記憶であり、中国

に対する反発の裏返しの感情でもある。その際にイメージされるのは彼ら・彼女らの記憶の中の「日本」であって、現在の実際の日本社会と重なる部分もあるが、過度に美化され実際とは大きく異なっている点も少なくない。例えば台湾の日本語族には現代の日本人が失ってしまった「日本精神」があるとされ、当時「正しい」とされた日本語で話そうとする。自分たちが覚えることを強要された教育勅語をその存在すら知らない現在の日本人の若者に語って聞かせ、今なお日本の軍歌を愛唱するものもいるが、それは士気を高めるためというわけではなく幼少期を懐かしむ童謡や「ナツメロ」に近い存在となっている。

　こうした日本語族のもつ思いを私が行ったインタビューの内容から紹介したい。Aさん（85歳[9]〔女性〕新竹生　客家系　日本語、台湾語、客家語ができる、北京語は苦手）であるが、彼女は58歳の時に夫と死別する。夫は厳しい人だったが、家庭を大切にする人だった。家賃収入があり経済的には安定していたものの、ショックのあまり放心状態になってしまう。そこで知人が慰めようと教会に連れて行ってくれたのだが、北京語で内容がよくわからなかったという。北京語の教会はAさんには無味乾燥なものと感じたそうだ。そこで北京語よりは得意である台湾語の教会にも行ってみたのだが、客家の彼女にとってそこは世界観がゆさぶられるほどの魅力があるものではなかった。彼女は日本統治期には日本語と客家語で生活していて、台湾語は結婚後に覚えたものである。

　その後、国際日語教会に連れてきてもらうことがあり、日本語の礼拝に参加し一変してキリスト教のことが理解できたそうだ。「本当に良かった。夫が亡くなってから、暗い性格になってしまったのだが、キリスト教徒になってから明るさを取り戻すことができました。日本語の教会に通わなければ、もう自分で死を選んでいたかもしれません」とAさんは振り返る。今は国際日語教会と玉蘭荘に通っている。「国際日語教会と玉蘭荘は私の人生を変えてくれました。小さいころより日本語で育ち、日本語に親近感があります。讃美歌を歌う時にも台湾語より日本語がいいのです。国際日

語教会に通い始めたばかりのころは聖書の話や説教に分らない部分もありましたが、日本語の讃美歌をうたった時に涙が流れました。できれば台湾はもう一度日本の植民地になってほしいと思っています。国民党政府は嫌なのです。国民党政府の国民にはなりたくありません。もう一度日本の植民地だったころの生活がしたいのです。国民党ではなく、民進党の政権ならばその国の国民でもかまいません」。

　日本語族台湾人に広く共有されている思いの1つに、以前は「日本人」だったのに、戦後は見捨てられて「中国人」にさせられたという捨てられた皇民であるという点があげられる。これまでの私の調査では彼らの・彼女らのアイデンティティは「中国人」ではなく「台湾人」であって、「中国人」にされるくらいなら「日本人」であることを望むというものである。

　次に紹介するのは日本人妻であるが、定義は非常に困難である。というのも彼女らの経験や記憶は実に多様性に富んでおり、実際にひとくくりにしにくいためである。ひとまず本稿では戦前戦後の混乱で本人の意思と関係なく台湾に留まり、現在も台湾に暮らす日本人女性としておくが、本定義の中に含む本人の意思だけ見ても、台湾に留まることを望んでいた場合も望んでいなかった場合もあり、数年滞在して日本に帰ろうと思っていたがかなわなかったという人もいる。その他にも彼女らの日本の出身地、年齢、渡台時期、渡台ルート、台湾での家族の状況、台湾での居住地域、その他ありとあらゆる面で実に多様である。そもそも「日本人」という概念自体定義が困難である。日本国籍を有するものなのか、日本人だと思っているかどうかのアイデンティティを基礎とするのか、それとも出自を重んじるべきなのか。こうした要素だけでは、いずれも完全なる日本人というものを定義しえない。

　ここではひとまず3つの来台ルートの違いから紹介することとしたい。3つのルートとは①日本統治期に台湾に移住し、台湾人と結婚しそのまま台湾に暮らしているケース、②戦前に台湾人留学生と日本で結婚し、戦後夫と共に台湾へ移住したケース、③戦前に満州など大陸に移住し、現地で

中国人と結婚し、国共内戦の関係で国民党とともに台湾へ移住したケースである。②にしばしばみられるのは、日本で出会ったために夫が台湾人だと知らなかったケースである。というのも当時、日本へ留学している台湾人男性は台湾社会の中でのエリートに位置づけられ、日本語を流暢に使いこなし、改姓名により日本名を使用していた人がほとんどであったためである。また、当時地方から上京した日本人の中には各地の訛りを残していた人も多く、特に注意していなければ台湾出身であるかどうかの判別が難しいこともあった。また、いずれの場合でも直面する問題として、同世代以上の人や夫の死去に伴い、言語的に孤立するということである。本省人と結婚した日本人妻の場合、夫や夫と同世代以上の家族は日本語がつかえることが多い。この場合、戦後もしばらくは家庭内や、市場などの生活世界では日本語を使用しながら生活することができた。しかし、一般的に男性と比較して女性の平均寿命の方が長いため、家族の同世代の中で日本人妻が最も長生きする場合が生じてしまう。この場合、次の世代が日本語を話せないことも多く、コミュニティの中で、特に家庭の中でも言語的に孤立することになってしまう。

　日本人妻として第一に紹介するのは戦前に移住し台湾で台湾人と結婚した例である。Ｂさん（95歳、鹿児島出身、非キリスト教徒　台湾語ができるが、北京語はできない）は22歳[10]の時に渡台した。先に台湾に移住していた母方のオバに会うために台湾に来た際に移住を勧められたことがきっかけだった。台湾にではなく、バナナにあこがれての移住だったと振り返る。オバの金物屋で働いていたところ、オバが気に入っていた男性を紹介され結婚し、その後は台南に暮らし、機械工具の商売をしていた。戦時中は台南の永康（当時の山下町）に疎開し、その後も台南に暮らした。

　しかし、夫の死後、息子たちの暮らす台北に移住することになった。台北では友人もいなければ、右も左もわからない。心配した息子夫婦が玉蘭荘を見つけ、5年前ほどから通っている。

　その際に彼女は玉蘭荘で60年ぶりに日本語で名前を呼ばれたという経

験をする。本章では個人名を伏せているので説明が難しいが、彼女の日本時代の本名は「ウメ」さん、「マツ」さんのように片仮名表記であった。それが戦後、戸籍に漢字で登録しなくてはいけなくなり、「梅」「松」などのように当て字を使用して登録した。以来、Bさんは自分の名前に当てた漢字を北京語や台湾語読みした発音で呼ばれてきた。それが玉蘭荘に来た時にだけ、日本時代の本名で呼ばれることになったのだ。名前の回復と呼ぶべき出来事である。「何といっても日本語でおしゃべりできるのが楽しいし、同郷の人に出会えたのがとても嬉しい」と玉蘭荘での生活について感想を述べる。

　台湾での生活の長いBさんは日本語の他、台湾語もできる。タクシーに乗った時に道を説明したり、テレビを見たりするぐらいは問題がないという。そこで夫とは日本語で、子供とは台湾語で会話してきたという。会話する子供や孫たちは北京語の方が得意で、台湾語では込み入った話ができないことに問題を感じているくらいである。ただ、台湾語が母語の人達の会話に入っていけるほどでないようで、台湾語であれば問題がないという訳でもない。一方で北京語はできないとのことで、ひ孫たちは北京語しかできないため、本当は覚えたいのだが、それはとても難しいことである。

　Bさんは日本人であるということで、つらい経験もしている。例えば長男が小さいときに親子で日本語を使用していたそうなのだが、小学校に上がると外省人の先生は日本の悪口を言い、そのため彼は日本が嫌いになり、母親であるBさんに対して微妙な感情を抱くようになったため、日本語を使わなくなったのだという。例えば学校の面談は日本人であるBさんに来ないで欲しい、隣のおばさんに代理を頼んで欲しいというようなことを言われたこともあるそうだ。一方で、次男の先生は本省人だったのでこういったことはなかったという。さらにその先生は日本語もできたので、日本語で面談をしてくれるなど便宜も図ってくれたそうだ。

　第二に戦前に日本で台湾人と結婚し戦後台湾へ移住した例であるが、Cさん（91歳　東京生まれ、キリスト教徒、北京語も台湾語も不得意）は東京で生

まれ育ったが、知人の紹介で台湾人の夫と東京で出会い、23歳の時に結婚した。「夫は日本語が上手く、見た目も日本人のようだった」とＣさんは当時を振り返る。Ｃさんは最初夫が台湾人とは知らずに結婚し、戦後台湾へ移住することになった。当時若かったので特に心配はなく、両親も夫がしっかりした人なので安心して送り出してくれた。ただ、両親には3年間だけと約束しての出国だった。台湾という所はどういうところかちょっと見学に行くぐらいの気持ちで、こんなに長くなってしまうなどとは思いもよらなかったそうだ。「私は浦島太郎みたいでしょ」「私が死んだら、日本のお墓に入れてほしいと思っているけど、それは難しいでしょうねぇ」と語る。

　彼女は日本語しか話すことができない。日本留学もした夫は日本が好きで、戦後も夫婦で日本語でばかり話していたから、覚えられなかったという。同居する娘さんは日本語、北京語、台湾語が話せる。台湾に来ていきなり日本語を禁止され、大好きな歌を聞くこともできず苦しかったという。日本が恋しくて家に人がいないときなどに、二階に上がってこっそり独りで泣いたことも多いそうだ。それでも市場などでは日本人とわかると日本語で教育を受けた店員から日本語で話しかけてくれることも多かった。暮らしていた竹東には日本人の友人もおり、台湾人で日本語が話せる友人も多かったそうだ。この点については「台湾でよかった」という。

　ある日の朝、体操に行っていたらそこに来ている女性が、日本語のできる人で教会に誘ってくれた。Ｃさんは日本語しかわからないからと断っていたのだが、それでも誘われるので行ってみたそうだ。教会の人達はみんな親切でとても気に入った。牧師夫人の姉もまた牧師で、彼女が玉蘭荘と国際日語教会を紹介してくれた。夫もＣさんが入信してからキリスト教徒になった。

　国際日語教会に通う前は台湾語教会に通っていたのだが、台湾語は読めないので、日本語の聖書を使い、讃美歌は同じメロディーの日本語の讃美歌を使っていた。台湾語の教会もみな親切でよかったのだけど、それでも

やはり日本語の教会が良いという。キリスト教徒になって本当に良かったと思っている。みんな親切で嬉しかった。玉蘭荘にはキリスト教徒になってから通い始めた。初めて来たときに子どもころの歌を歌って、懐かしくて涙が流れたそうだ。「日本語のできる皆さんに会ったり、歌を歌ったりするのが楽しい。カラオケは本当に楽しい」。当時の総幹事はCさんをよく慰めてくれたそうだ。彼女は日本語によって癒されている人の中の一人である。

　最後に紹介するのは戦前に満州に移住し、戦後台湾へ移住した例である。Dさん（96歳、札幌生まれ、非キリスト教徒だったがキリスト教徒に、北京語）は1936年に北海道大学農学部を卒業した夫が満鉄の調査員として赴任することになり満州へ移住した。翌1937年には子供が生まれるのだが、夫が亡くなってしまう。その後も満州にとどまったDさんは南満州の錦州で終戦を迎えるのだが、終戦後の一日目に現地で暴動があり、家、家財道具はとられてしまう。さらに三万円ほどあったという銀行の貯蓄も凍結され、引き出すこともできなくなってしまう。急に生活に困窮したDさんはなけなしの金でサツマイモを買い、お菓子を作って売りはじめた。これが思いのほかよく売れたそうだ。Dさんの考えではそれまで威張っていた憎たらしい日本人が一つ売れるたびに「謝謝」と頭を下げる姿が中国の人には心地よく映ったのではないかという。そのころDさんが話せた北京語はこの「謝謝」だけだった。

　その後、このお菓子売りをしていた客の一人と結婚した。山東省の出身の元満鉄職員だった。彼は配車指令の技術を日本統治下に習得していた。本来、配車指令は軍事機密にもかかわるので外国人には教えないものなのだが、戦争が厳しくなり、男性の人手不足で夫は習うことができたそうだ。夫は中産階級の家庭出身で土地や立場もあったので共産主義に反対していた。戦後、徐々に共産党が迫ってくるので、Dさん夫婦は祖母と一歳の娘を連れて共産党から逃げながら中国を転々とする生活を送ることとなる。幸いにも夫は配車指令の技術があったので、鉄道のあるところであればど

こでも仕事にありつけた。

　1949年広州から台湾へと移住したＤさん一家は当初台北に滞在していたのだが、住居が足りず花蓮へとさらに居を移した。夫はそこで花蓮、台東間の鉄道の仕事をした。配車指令は台湾では日本人だけが担当していたが、全員が帰国したので重用されることになった。当時台湾で配車指令を担当できるのは夫だけで、最終的には副所長にまでなったのだとＤさんは語る。花蓮の家は300坪ほどある日本式の家屋で、前にも後ろにも庭があり白い花の咲く木が生えていた。一家で管理するには広すぎて人を雇って手入れしてもらっていたほどだそうだ。

　娘さんは台北では学校で北京語を使わなければいけなかったようだが、花蓮ではそのようなことはなく、学校で台湾語を覚えることができた。当地は対日感情もよく、「お母さんが日本人でよかったね」と友人から言われていたという。海産物も新鮮で娘の友人が大きなエビを獲ってきてビーフンに入れてたべらとてもおいしかったのを覚えている。満州にも満鉄で運んだ魚があったが、鮮度が違う。町の人には日本語が通じ、食べ物はおいしく、娘一人を可愛がりながら平凡ながらも楽しい生活だったようだ。その後再び台北市内に移住した。家庭では北京語で会話している。娘には日本語を使うこともある。Ｄさんの夫は外省人なので台湾語が話せなかったので、Ｄさんは台湾語を覚える機会はなかった。

　玉蘭荘は20年ほど前、日本のキリスト教徒から紹介されたという。日本語で話すことができるので嬉しく安心するし、日本から来た人と交流するのも楽しいのだそうだ。

　私が初めて会った時のＤさんはキリスト教徒ではなく、玉蘭荘で礼拝に参加しているだけだった。「キリスト教をとてもいいと思っているが、信仰するほどではない」と感想を述べていた。しかし、夫が亡くなり、キリスト教徒の娘さんが教会で葬式を挙げたのをきっかけに、自分の葬儀のことを考えるようになり、洗礼を受けその後は国際日語教会に通っている。

　北海道から満州に渡り、共産党に追われ台湾へ移住したＤさん、イン

タビューの最後にこのようなことを語ってくれた。

　　　今では台湾が一番好き。台北がいい。日本人としてのほこり
　　……？　この年になればそんなことは関係なくなった。私は終戦後
　　どん底までおちたのだから。台湾は大陸に比べて自由で、民主的で
　　いい。あのころに比べたら今は極楽だ。

3.「台湾のゆるやかな日本空間」
日本でも台湾でもなく

　本節では玉蘭荘の一日を振り返ってみたい。まず、朝9時50分からのプログラムのために、総幹事らスタッフは準備を進める。徐々に参加者やボランティアが集まり始める。参加者は受付で会費を払い、注文する人は昼食のお弁当を注文する。プログラムが始まるまで各自席の近い人達と談笑をする。こうした四方山話こそが、彼ら・彼女らの求めているものであり、単なる休み時間・空き時間にとどまらない意味合いがある。

　9時50分になると最初のプログラム「歌声高く」が始められる。まず、「荘歌」を全員で歌う。この荘歌は1995年に日本語族の元総幹事の作詞でできたもので、歌詞は以下のようなものである。

　　1、いざやわが友もろともに　歌を歌えば疲れし心若返り
　　　　喜び満ちて笑みあふる
　　　　※豊かな人生神の恵みに守られつ　ここに愛あり幸もあり

　　2、いざやわが友もろともに　悩み語れば憂いも消えて和やかに
　　　　集い楽しく笑みあふる
　　　　※　繰り返し

3、いざやわが友もろともに　年老ゆるとも心満ちたりすこやかに
　　　助け合いつつ生き行かん
　　　※　繰り返し

　日本統治期に受けた日本語教育の雰囲気を残す文体が特徴的な詩だが、それゆえにどことなく小学校の校歌のような響きも持っている。「いざやわが友　もろともに」と始まり、「助け合いつつ　生き行かん」で終わる歌詞は個人ではなく共同体であること、それも友人関係であって上下関係のある集まりではなく相互扶助の集まりであることを表し、さらに「疲れし心　若返り」、「悩み語れば　憂いも消えて　和やかに」、「心満ちたり　すこやかに」と健康で、生き生きとしていることを、「豊かな人生　神の恵みに　守られつ」と神に守られた豊かな人生であり、喜びに満ちていることが表現されている。玉蘭荘の目指すものがもれなく含まれていると評価できる。この歌詞が採択された際の『玉蘭荘だより』(33号)には「玉蘭荘に集う老人すべからく、今までの人生の栄枯盛衰を各々忘れ、皆と共に歌い、語り合い、助け会う、豊かな人̇人生を築こう。これが玉蘭荘の期するところであり、本歌詞の内容である」ともある。

　荘歌に続いて「青い山脈」の歌にあわせて体操をする。日本人でも、ある一定以上の年齢の人達であれば馴染みのあるこの歌であるが、台湾でも「青色的山脈」と題されてカバーされるなど、人気のある曲の1つである。この歌に合わせて高齢者でも負担にならない程度の体操が振りつけられており、ピアノの伴奏に合わせて全員で踊る。国際日語教会の牧師は『玉蘭荘だより』(142号)の中でこの体操について「幼稚園のお遊戯でもなく、「一、二、三、四……」と学校や軍隊式体操でもなく、まさに「壮年」のための心身運動！です」とコメントしているが私も同意するところである。その後は次のプログラムまで歌の時間となる。玉蘭荘独自に編集した歌集があり、希望者はその中からみんなで歌いたい曲をリクエストする。歌集に含まれるのは讃美歌、歌謡曲、演歌、童謡などである。

10時20分からは「賛美とお話」の時間になる。まず、日本基督教団が発行している『讃美歌』の中から一曲を歌う。「いつくしみふかき」や「うるわしのしらゆり」等、日本のキリスト教界でも親しまれている曲の人気が高いようである。続いて、聖書が読まれ、その内容にそった「お話」がされるが、これはいわゆる教会の説教である。ここでお話しを担当するのは牧師か長老教会の長老である。特に台湾人で説教を担当してきた牧師たちは日本語で流暢に説教できる人達であり、戦後の台湾のキリスト教界のリーダーたちでもあった。例えば永らくお話を担当してきた高俊明は長老教会の総幹事や玉山神学院の校長などを歴任してきた戦後台湾を代表する牧師の一人である。その他にも著名な牧師が多く、実に贅沢な説教者たちを集めてきた。また、現在は在台の日本人牧師たちも月に一度程度お話を担当している。こうしたキリスト教的な話はキリスト教徒にはもちろんだが、キリスト教徒ではない参加者にも好評のようである。
　11時からは講演や歌などのプログラムである。適当な話者がいれば講演をしてもらうこともある。私も一度担当させてもらったことがあるが、さすがにインテリの多い玉蘭荘である。学術的な内容も興味を持って聞いてもらうことができた。その他には歌を歌うものであったり、讃美歌を鑑賞するものなどであったりする。近年は日本の高校や大学のグループが訪問することも多く、そうした日本の学生との交流会も行われている。
　12時になると昼食の時間である。受付時に注文した人に弁当が届けられるが、必ずしも全員が注文するというものではなく、各自自分の食べる量にあわせて用意してくる人も少なくない。その他にボランティアさんたちが用意してくれる果物やスープもふるまわれる。食事の前には「日々の糧を」という食前に歌う讃美歌を歌い食事を始める。この時にも談笑の時間となる。
　昼食後の1時10分から様々な活動で、毎回日替わりでプログラムが用意されている。讃美歌のCDを聞き、その曲の背景を学び、歌う「讃美歌を味わう！」や、その時々に気になった話題の話をする「おしゃべり会」、

合唱練習、折り紙、トールペイント、健康講座、英語、訪問と交流、外来語、習字、フラダンス、気功等が行われるが、特に人気があるのが「楽しく歌おう！」と題された日本語の歌を歌うプログラムである。事実上のカラオケのことだが、楽しみにしている参加者は非常に多い。

　玉蘭荘に通う人達から玉蘭荘に来ると日本に来たような気がするという感想をよく耳にする。確かに台北市内にありながら、ほぼ全ての会話が日本語でなされ、スタッフやボランティアには日本人が多く、日本の歌を歌い、日本語の書籍、DVD等も多く所蔵し、台湾にあって日本を求める人達に日本を提供しているということができるだろう。ただ、ここで彼ら・彼女らが求めている「日本」とは、また、提供されている「日本」とはどういうものなのだろうか。

　玉蘭荘の一年間の活動の報告が会誌『玉蘭荘だより』にされることがある。例えば2015年1月発行の145号には「2014年度活動トピックスとして」一年間の活動の一覧が掲載されている。年間を通じて年末年始や母の日、クリスマスといった年中行事や、大学講師による後援、コンサートといった多種多様な活動がされていることが行われている。その中で一点目を引くのが、1月20日に行われたという「紅白歌合戦」である。日本でもなじみの深い名が冠された行事であるが、その内容は赤組と白組にわかれて、カラオケをするというもので、この年は赤組が勝利したという。ここで気になるのは1月20日という日程である。紅白歌合戦といえば日本では年の瀬の迫る12月31日の夕方から年の変わる12時直前までNHKで放映される番組であるが、それになぞらえたイベントを1月に開催するというのはどういうことであろうか。これは実に単純なことであって、台湾では新年を旧暦で祝うので、1月20日はまだ年末であるということである。同様に2月12日にボランティアと役員の新年会を開催しているが、年を越して1か月の間のんびりとしていたのではなく、この時期が新年になる。

　このように日本的でありながら台湾のような、台湾的でありながら日本であるような、玉蘭荘はそういった緩やかな日本空間になっている。こう

してみるとプログラムの中に書道が組み込まれているが、これを日本とみるべきなのか台湾とみるべきなのかは実にあいまいである。

　彼ら・彼女らの使用する言語も日本語と台湾語と時に北京語が混ざる話し方をする。以下は「おしゃべり会」での一コマである。ある人が台湾語で「伊講免那。免那。(I kong m-bian na. m-bian na.)」(「彼は要りません、要りませんといいました。」の意味) と言ったところ、別の人が「何がメンなの？」と聞き返した。この「メン」とは先の人が台湾語で言った「免」のことであり、「要りません」ということを表すが、日本語の中にところどころこういった台湾語の表現が取り入れられたような話し方がしばしば聞かれる。

　こういう話し方を現地では「ちゃんぽん」とよんでいるが、これはいわゆるコードスイッチングにあたるだろう。日本語族にとってはこういった話し方が最も自然なのであり、日本語、台湾語というカテゴリーで切り分けられるようなものではない。

　こうした日本のような台湾のような空間は帝国の崩壊に伴って分断されてしまった記憶を再度つなぎ合わせることもある。玉蘭荘では季節にあわせて「日本」的な飾りつけをするが、2月から3月は受付横の机の上に雛飾りをし、参加者の多くはこの前で飾り物を見ながら思い出話をすることがよくある。例えば私に小学校[11]の時にひな祭りをしたこと、女学校の時に戦争が終わってそれからは残っていたひな人形を使って家庭内で細々とひな祭りをしてきたことなどを語ってくれる参加者がいた。こうしたときである。一人の日本人妻が「ひものの花に」とひな祭りの歌を歌いだした。すぐに横にいた日本語族の女性が「お白酒」と一緒に歌いだした。続いて二人で「あられ　草餅　緋毛氈　おひなさまの　お祭りに　皆様おまねき　いたしましょう」と私に聞かせてくれた。正直に言って私はこの歌を知らなかった。我々戦後生まれの日本人にとってひな祭りの歌といえば「あかりをつけましょ　ぼんぼりに」で始まる「うれしいひなまつり」が身近で、今回聞かせてくれた「ひなまつり」は馴染みのない人が多いので

はないだろうか。伺えば、戦前にそれぞれ日本と台湾とで別々に覚えたものだという。なお、この日本人妻は戦後台湾に渡った人である。大日本帝国の版図の中でそれぞれ日本と台湾で覚えた歌が、帝国の崩壊によって日本と台湾に分断され、70年ほどたった現代に玉蘭荘のひなまつりの飾りつけをきっかけに、両者の記憶が再度緩やかな日本空間の中で接続されたということができるだろう。玉蘭荘では日本人妻や日本語族たちの間でこういった記憶の再統合がしばしば繰り返されている。現代台湾における日本植民地の記憶というテーマを考える際にこういった日本のような日本ではないような場所に身を置くことで見えてくる局面は少なくない。

おわりに
日本語による記憶の場を産み出したキリスト教的文脈

　以上、玉蘭荘という場とそこに集う人々について紹介することで、戦後台湾における旧宗主国出身の日本人妻と、旧植民地の日本語族との間の植民地の記憶の一側面を記述してきた。こうした場において、彼ら・彼女らが過ごした若かりし頃の「日本」の記憶が、様々な形で喚起させられる設えが用意されている。それは「日本」からきた人形や、羽子板のようなインテリアであったり、日本語の歌や音楽であったり、「日本」を思い起こさせる七夕やひな祭りといったイベントであったりする。そして何よりも最も大きな効果を持っているように見えるのは、「四方山話」と呼ばれている日本語でのおしゃべりであろう。その四方山話の内容は特段代わり映えのしない老人たちのおしゃべりである。時事問題や、健康や病気についての話、若かった頃の思い出話、中国の悪口、孫の自慢話といったものである。同じような話も多いし、その内容自体にそれほど大きな意味があるとは思えないが、「日本語」でその場所を共有しているという点に重要な意味がある。日本人妻の他にも総幹事やボランティアに多くの日本人が参加しており、その人たちや日本語の上手い台湾人と場を共有し、同じ活動

をする。たとえ自分がその会話の輪に入らなくても台北市内にあって、日本語が飛び交う空間、そこに身を置くことによって、彼ら・彼女らのノスタルジックな植民地経験の記憶を喚起しているのである。

　本章では玉蘭荘に参加する人々に焦点を当てて論を進めてきたために、一つの重要な要素であるキリスト教についてあまり触れられなかった。ここで玉蘭荘の持つキリスト教的側面について簡単に触れることで本章の締めくくりとしたい。上記のように玉蘭荘は基本的にキリスト教精神に則って運営されているために、毎回の活動日には讃美歌を歌い、牧師や長老による説教が行われる。昼食の前には「日々の糧を」という讃美歌を歌うし、個別のプログラムでも讃美歌を鑑賞するものがあるようにキリスト教的な要素が非常に強い。そのため参加者におけるキリスト教徒の割合は一般の社会に比べて高いのだが、一方で参加者にキリスト教信仰が強要されることもない。

　このように玉蘭荘は台湾における緩やかな日本空間という特徴を持ちながら、さらに独特さを際立たせているのが、キリスト教的空間でもあるということである。その上でもう一点キリスト教的要素として重要な点を指摘しておきたい。それはどうしてキリスト教がこういった2つのエスニシティのための日本語の場を提供するのかという点である。台湾には各地にさまざまな日本語による集まりがある。しかし、そういった集まりの中で、宗教的利他心を基礎にしながら、日本語によるケアを行っている集まりがあるかと言われれば、管見ではそういった存在を知り得ていない。周辺国を見回しても例えば、韓国でも慶州にナザレ園というキリスト教系の施設が日本人妻のケアを行っている[12]が、やはりキリスト教系の施設である。こうした場がキリスト教によってなされていることの意味をどう考えればいいのだろうか。これは単にキリスト教が弱者の側に立つ宗教だということだけではないだろう。キリスト教以外にも多くの宗教が社会的に弱い立場に置かれている人に共感的であって、キリスト教だけが特別ということにはならない。

ここでこのテーマを論じるには紙幅の面で限界があるので、一点だけ、東アジアにおけるキリスト教という微妙な立ち位置について触れておくことにする。そもそもキリスト教はその世界宣教の過程で、近代化を広める啓蒙思想とともに、植民地主義と分かちがたく結びついていた[13]。しかし、東アジアでは状況が大きく異なり、植民地化には大日本帝国の宗教という意味で国家神道がその地位を占めていた。宗教と植民地主義の関係から考えるのであれば、こうした帝国の解体後の人の再移動に取り残された人々のケアの責任の一端は神道界が負うべきものという風に見えなくもない。しかし、キリスト教と国家の持つ意味合いには大きな違いが存在する。メンバーシップが緩やかで特に入信儀礼のない神道にとって、その信者である日本国民は積極的に宗教としての神道を信仰しているという感覚は希薄である。これは入信儀礼が明確な日本におけるキリスト教と異なる大きな点の1つであろう。信仰のあり方、宗教との接し方、そもそも宗教概念が神道とキリスト教では大きく異なっているのであって、国家神道にその責任の一端があると認められたとしても、日本国民に広くその責任を負うべきであるという意識が共有されることはその構造上考えにくい。こうした宗教と植民地主義の空白地帯を埋めたのが、日本のキリスト教系NGOと台湾の日本語リテラシーの高いキリスト教関係者であったということである。

　戦後の日本のキリスト教には積極的に戦争責任を謝罪しようという雰囲気が広がっている。実際に玉蘭荘の立ち上げに深くかかわったJOCSもその設立に「JOCSは、日本がアジアの人々に対して犯した戦争への深い反省に立ち、和解と平和の実現を願って設立されたのです」（ウェブサイトによるhttp://www.jocs.or.jp/about）と戦争責任の問題があったとみとめている。

　一方で台湾の日本語を使うキリスト教であるが、台湾には複数の日本語によるキリスト教会やキリスト教の礼拝が存在するのであるが、その代表的存在が本稿でもたびたび名前が挙がっている国際日語教会である。その設立の背景には国連の代表権が中華民国から中華人民共和国に移ったこと

による台湾の国際的な孤立があり、その孤立状態への抵抗の為、世界規模のキリスト教ネットワークによるつながりを利用した関係構築があった。この教会設立時のリーダー達は玉蘭荘に関わってきた長老教会関係者と共通している。つまり、両者は別団体であるが、強い協力関係にあった。

　こうしてみてみると、日本のキリスト教界からは宗教的利他心を基礎とし、もう一方の台湾側のキリスト教界は世界宗教としてのキリスト教が持つネットワーク構築といった、日本と台湾の同時代の異なる二つの動きであったものが、キリスト教と日本語ということで、この台北の地に共通の土台を作り上げたということができるだろう。本稿では玉蘭荘に集まる人々の語りと参与観察から論を進めたために、キリスト教的精神性についてはあまり触れられなかったが、この記憶の場を成立させるその背景には、戦後補償やキリスト教ネットワークといった広い意味でのキリスト教的な文脈が横たわっており、そうしたキリスト教の持つ文脈が玉蘭荘という日本語の場の土台となっているのである。

註

1　族群の割合は1989年時点の推計。若林正丈『台湾　変容し躊躇するアイデンティティ』ちくま新書、2001年。
2　何義麟『二・二八事件――「台湾人」形成のエスノポリティクス』東京大学出版会、2003年。
3　台湾の宗教について概略すると、政府による統計では最も多い宗教は道教で1万8274ヶ所の宗教施設、760万人の信者がいるという。仏教（4038ヶ所、548万6000人）、一貫道（3218ヶ所、79万1000人）と続き、その次に多いのがプロテスタント（3609ヶ所、60万5000人）とカトリック（1,139ヶ所、29万8451人）である。プロテスタントだけでは総人口の2.6％ほど、カトリックと合わせると3.9％ほどになる。なお、台湾では漢字で「基督教」と書いた際にはプロテスタントのことを表し、天主教（カトリック）とは別の宗教であるとみなされている。
4　台湾語教会の主要な教派は最大教派の台湾基督長老教会（1193ヶ所の教会、22万2381人の信者、台湾での宣教開始は1865年）と真耶穌教会（277ヶ所、

7万618人、1926年）であるが、真耶穌教会は政治活動を行わないという方針であるので、本稿で台湾語教会といった場合にはほぼ長老教会のことを指すといっていい。

　一方、国語教会の主要教派は中華基督教浸信会連会（バプテスト）（204ヶ所、2万6205人、1948年）、台湾信義会（ルーテル）（54ヶ所、1万3732人、1954年）、召会（189ヶ所、9万9374人、1948年）、台北霊糧堂（60ヶ所、3万3132人、1957年）等である。

5　藤野陽平『台湾における民衆キリスト教の人類学　社会的文脈と癒しの実践』風響社、2013年。

6　藤野陽平「台湾における「日本語」によるキリスト教的高齢者ケア　社団法人台北市松年福祉会玉蘭荘の機関誌分析より」三尾裕子、遠藤央、植野弘子編『帝国日本の記憶　台湾・旧南洋群島における外来政権の重層化と脱植民地化』慶応義塾大学出版会、2016年。

7　藤野陽平「旧植民地にて日本語で礼拝する　台湾基督長老教会国際日語教会の事例から」鈴木正崇編『森羅万象のささやき　民俗宗教研究の諸相』風響社、2015年。

8　国語家庭の認定を受けると昇進、進学、配給などといった面において優遇されていた。

9　年齢はいずれもインタビュー時。

10　別の日のインタビューでは21歳とも語る。

11　当時の台湾での初等教育は主に日本人向けの小学校と、台湾人向けの公学校に分けられており、台湾人で小学校に入学するのは非常に困難なことであった。

12　上坂冬子『慶州ナザレ園　忘れられた日本人妻たち』中央公論社、1982年。

13　杉本良男編『福音と文明化の人類学的研究』（国立民族学博物館　調査報告31）国立民族学博物館、2002年。杉本良男編『宗教と文明化』ドメス出版、2002年。杉本良男編『キリスト教と文明化の人類学的研究』（国立民族学博物館　調査報告62）国立民族学博物館、2006年。杉本良男編『キリスト教文明とナショナリズム　人類学的比較研究』風響社、2014年。

第 9 章

「社会の記憶」とメディア
「セウォル号」をめぐる韓国社会の「記憶闘争」

金 成玟

> セウォル号は、船が沈没した「事故」であり、
> 国家が国民の救助を放棄した「事件」である。[1]
> ——小説家、パク・ミンギュ

はじめに

　2014年4月16日、韓国の南西沖で沈没し、295名の死亡者と9名の行方不明者を含む304名の犠牲者を出した旅客船「セウォル号」沈没事故(韓国フェリー転覆事故)は、韓国社会の骨格を大きく揺るがすものであった。修学旅行中だった数百人の高校生を乗せた旅客船がテレビの画面をつうじてリアルタイムで沈んでいく様子があたえた衝撃は、「そのまま室内にじっとしてろ」という船内放送を残したまま、自分たちだけが救助された船員に対する怒りと、その過程で何の役にも立たなかった国家に対する絶望へと変わっていった。

　そもそもこの事故がもつ一つの特徴として捉えられるのは、事故が起きたその直後から直ちに「事件」と化し、その後事故・事件にかんするさまざまな「記憶」をめぐる闘争の場となっていったことである。これは、理解しがたいことである。定められた規範に従って原因を究明し、責任を追求し、補償を行い、再発防止のための膨大な記録を残し、その国家的災難

図1 「セオゥル号」の真相究明を求める集会は、いまやソウル光化門広場の一つの風景となっている。(撮影:著者)

と個々の死を追悼・記念するためのさまざまな装置を設けるという、正常な国家なら行ったはずの一連の過程が実施されていたならば、この国家的災難がすぐに記憶闘争の対象になる必要はないからである。

　なぜ「セウォル号」は、韓国社会において「記憶闘争」の対象になっているのだろうか。

　それは、この事件発生以来、事故の原因と責任の所在はもちろん、いわば事故直後の「ゴールデンタイム」をめぐって噴出した数々の疑惑を残したまま、「国益」や「従北」などの政治的フレームを用いて韓国社会を「社会的」記憶喪失状態[2]へ導こうとする動きが、あまりにも露骨に表れてきたからである。つまり、未だ3年も経っていない304名の死をめぐって、すでに社会的忘却とそれにたいする闘争が激しく衝突しているのである。

　原因究明と責任追求、補償、記録、追悼の全過程が激しい政治的衝突によって立ち止まっているいま、本稿が試みることができるのは、「セウォル号」事件そのものに関して論じるより、「セウォル号」をめぐる記憶闘争はいかに行われているのかについて考えることに限られるだろう。この問いをつうじて、いまも多くの人が、暴力的な「社会的」記憶喪失状態にいかに対抗しているのかということを記録しておくことを、本稿の目的と

したい。そのために、重要なメディアとして機能している韓国のPodcastの軌跡やその役割に注目し、「セウォル号」をめぐる諸政治社会的文脈やメディア環境のような問題の構造を把握しながら、Podcastというメディアがなぜ、いかに「記憶闘争」のメディアとして機能しているのかを問うていきたい。

1.「社会の記憶」をめぐる闘争

　まず本稿が扱う「社会の記憶」という概念について確認する必要があるだろう。

　あらゆる国家は、忘却を避け、記憶を残すために、さまざまな作業を行う。歴史を記述し、記念館を立て、記念日に合わせてさまざまな記念式典を行う。しかし、エリック・ホブズボウムの有名な論文が述べているように、世に存在する数々の記念館や記念日、式典と記念事業は、「創られた伝統」である。さまざまな「創られた伝統」をつうじてわれわれは、ある特定の共同体が社会の統合や所属感をいかに構築し、象徴化してきたのか、つまり人びとの信念や価値体系、行動の規範がそのような「伝統」によっていかに構築され、正当化されてきたのかを理解することができる。集団的記念行為を可能にするのは、いうまでもなく「過去との連続性」である。つまり、過去を公式化し、儀礼化することは、伝統を創り出すための重要な作業であり、したがって、「過去を構築する」過程は、つねにさまざまな力が対立し、葛藤する場となる。いまここに存在するあらゆる伝統はその闘争の結果なのだ[3]。

　つまり過去が構築され、伝統が創られる過程は、言い換えれば、ある記憶が社会的なものとして共有される過程である。ここでいう共有される記憶とは、過去をめぐる記憶が集団的に共有されることによって創られた「社会的産物」である。したがって、記憶はつねに「社会的なもの（social memory）」であり、集団的なもの（collective memory）として存在する[4]。

そもそも「社会的」あるいは「集団的」という概念の意味は、エミール・デュルケムの概念、「集合意識 (conscience collective)」から理解することができる。「集合意識」とは、「個々人が構成している一つないしは諸々の集団を表現するところの観念、感情および慣習の一体系」である。個人意識が有機的―心理的存在の性質から結果しているのにたいし、集合意識は、複数のその種の存在が結びつくことによって生じる。集合の心性は、個々人の心性とは異なったものであり、それ固有の諸法則をもっている[5]。したがって、この「集団的な力 (force collective)」は、つねに個人の行動に多大な影響力を及ぼす。「宗教的な力」あるいは「道徳的な力」などでよく現われるように、この「集団的な力」は、固有の場所をもつことなく、つねに構成され続けながら社会の活動によって伝播される[6]。つまり、宗教的信仰、道徳的信念や慣行、国民的伝統など、あらゆる種類の集合的意見は、「社会的存在」なのである[7]。

したがって、「社会の記憶」は、過去を構築し、個人の記憶を専有する「集団的な力」として理解することができる。言い換えればそれは、個人の記憶が、複数の記憶と結びつくことによって構築され、社会の記憶のなかにあり続けるということを意味する。モーリス・アルヴァックスが、集団的記憶と個人的記憶の関係について述べているように、

> われわれの想い出は集合的なものであって、たとえそれが、われわれだけが関与した出来事や、われわれだけが見た事物にかかわるものであっても、他の人びとによって想い起こされるのである。[8]

このアルヴァックスの集団的記憶と個人的記憶の関係を、前述した「社会的存在」のうえでとらえると、その意味はより明確になる。デュルケムによれば、集団の構成員である個人は、教育などを経て、その総体としての「社会的存在」を内部に受け入れた者である。この「社会的存在」は、いうまでもなく人間の本性のなかに既製品として与えられるものでもなけ

れば、この本性の自発的発展によってもたらされるものでもない。人間は、政治的権威に従属したり、道徳的規律を尊重したり、身を捧げたり、己を犠牲にしたりする傾向を、自発的には持ち合わせていない[9]。つまり、「われわれのなかに、多くの人びとの記憶を持って」いるというアルヴァックスの文章は、「個人は社会的存在を内部に受け入れる者である」というデュルケムの文章と共鳴する。

　ある出来事をめぐる「社会の記憶」に対して問うべき問題は、すでに公式化した「社会の記憶」ではなく、その出来事がいかなる記憶のかたちで、いかに個人のなかに受け入れられ、「社会の記憶」として公式化されていくかという、その「過程」である。そしてその過程は、さまざまな闘争が行われる場である。ここで闘争とは、集団間の対立と葛藤であると同時に、集団が個人に対して行う暴力に対する個人の抵抗でもある。大きな力をもつ集団は、その力を用いてより小規模の集団や個人の記憶を抑圧し、集団的記憶を構築する。

　つまり、個人の記憶は、集団によってさまざまなかたちで抑圧される。集団が無際限の力と打ち克ちがたい危険の印象を個人に与え、人びとが集団に自分に与えられる刑罰をおそれ、そのために自分を抑制するというフロイトのメカニズム（Freud 1921=1970: 207）[10]は、「社会の記憶」をめぐる集団と個人の関係においてもとらえることができる。フロイトが述べているように、「自分を認識するとは、つまるところ、痛ましい経験あるいは未解決の葛藤にかんする失われた記憶を、無意識の忘却から取り戻すこと」[11]だからである。

　したがって、社会の記憶は、歴史を「再構築」する活動であり、さまざまな記憶が公式かつ非公式に複雑に語られる過程である。ポール・コナトンによれば、歴史の再構築という活動は、組織的に抑制される場合も盛大に隆盛をきわめる場合も、公式の成文化された歴史を生産する。しかし、この意味において理解される歴史の生産活動に比べ、非公式な手順で文化的により普及していると思われる現象も存在する。ある意味で非公式に語

られる口承の歴史の生産は、人間行動の特性模写にとって基本的な活動である。それはすべての共同体の記憶に見られるひとつの特徴といえる[12]。

その社会の記憶の構築過程は、「短い記憶」が「長い記憶」化していく過程でもある。「長い記憶」は、人種、社会、民族、国家、文明などの大きな概念と絡み合うものであるため、ある集団のアイデンティティを生産する場として、あるいは異なる集団間のアイデンティティ政治の闘争の場として、つねに語られ続ける。しかしある「長い記憶」が語られる際に、忘れてはいけないのは、その「長い記憶」が、無数の「短い記憶」の連続や断絶、単純化や多様化、忘却と転覆によって構成されるということである。したがって、ある「長い記憶」をとらえるためには、可能な限り「短い記憶」に光を当てねばならない。「短い記憶」は、瞬間的に生成・消滅するものではなく、集団的・時間的・神経的に分散し、混ざるものだからである[13]。したがって、事故が起き、事件化してからまだ2年も経っていない「セウォル号」問題の場合、さまざまな「短い記憶」による記憶闘争が行われていると考えることができる。

2. 沈没するジャーナリズム

「セウォル号」沈没事故は、沈没の原因や海洋警察による救助活動をめぐる疑問と疑惑が拡散するなか、真相究明の段階ですでにさまざまな社会的葛藤を生み出していった。その過程において、「従北」「国益」「経済」などといった言葉が政府与党や保守新聞側から用いられ、真相究明をめぐる「政府対民」の対立は急速にイデオロギー化し、「民対民」の新たな対立を導いた。「セウォル号特別法」に捜査権・起訴権を盛り込むことを求め、ソウル中心部の光化門で断食闘争を行っていた遺族や支援団体の目の前で、ピザやチキンを大量に配り、いわば「爆食闘争」のパフォーマンスを行った韓国版「ネトウヨ」の言動は、その対立の水準を象徴的に示すものでもあった。

「セウォル号」をめぐる社会的認識と感情に混乱を招く発端となったのは、事故後から相次いだ主流メディアによる誤報であった。事故直後、地上波公営放送であるMBCが政府関係者の言葉を引用し、「船が45度程度傾いている状態で、海軍艦艇20隻とヘリコプター１機が熱心に救助しており、救助に大きな問題もなく、人的被害もないと予想される」と報じた誤報を、YTN、チャンネルA、TV朝鮮、SBS、MBNなどの放送局はもちろん、国家災難主管放送局であるKBS（以上時系列）までもがそのまま流したのである[14]。この誤報は、単なる誤った情報による一時的ハプニングではなかった。その後も誤報と意図的歪曲と操作と疑われる報道が複雑に混ざるなか、「セウォル号」をめぐる真実とその本質を持続的に監視・批判するというメディアの基本的責任が果たされていなかったからである[15]。事故の原因と大惨事に至った経緯をめぐる論争が社会的に広まり、報道の問題がさまざまなかたちで批判されるなかでも、主流メディアは、事故・事件の本質に近づくのではなく、船舶会社をめぐる宗教問題やオーナー一家をめぐる扇情的報道に集中していった。

　このような報道を指して、「ジャーナリズムの沈没」と称した放送記者連合会は、その報告書で、①事実確認の不足と書き取り式報道慣行、②非倫理的・刺激的・扇情的、③権力偏向、④本質の希釈、⑤漏れ・縮小といった五つの理由を「セウォル号」報道の根本的な問題として提示している。つまり「セウォル号」の報道は、「セウォル号」に対する韓国メディアの態度はもちろん、韓国ジャーナリズムがもつ根本的な構造の問題を露骨に表したのである[16]。

　　　368名という発表は、164名になった。数日後、今度は174名と言い、まもなく172名といった。船が傾き始めてから、7回も翻されたのだ。事故の初日、海外メディアが水温別生存時間を問うているあいだ、韓国では死亡時の保険金を計算した。人びとは、権力が命を数字で扱うことに憤慨した。一方では、「災難の階級化」「責任の

表 1 沈没以降遺族の対応と主流メディアによるフレーム　　（ホン・ナ 2015: 80-98を再構成）

時期	遺族の対応	ダンウォン高遺族に対する主流メディアのフレーム
第1期（事故直後〜5月16日）	政府への安全対策要求	反政府勢力フレーム（純粋犠牲者との区別）
第2期（5月16日〜7月2日）	セウォル号特別法制定及び真相究明要求集会	集会の不法性強調フレーム
第3期（7月2日〜7月12日）	セウォル号国会調査特別委員会活動	犠牲者補償フレーム
第4期（7月12日〜9月1日）	セウォル号特別法制定論争	葛藤・不法性強調フレーム（特別法受容フレーム）
第5期（9月1日〜9月30日）	セウォル号遺族による暴行事件問題	遺族差別化フレーム

外注化」などの言葉が出回った。企業と政府はセウォル号に搭乗した人の人数も正確に把握できず、今も海の底では数字にさえなれなかった人びとが冷たく固まっている。(小説家キム・エラン)[17]

　より深刻な問題は、このような事態が長期化するなかで、「政府vs民」だけではなく、「主流メディアvs遺族」の構造による「民vs民」の対立構図が形成されたことである。政府や主流メディアに対する不信感と疑惑が高まるなか、ダンウォン高校の学生遺族を中心とした人びとが、断食・徒歩行進・光化門(クァンファムン)広場集会などを展開し、真相究明と特別法制定を求め始めたが、この動きに対し、主流メディアによる批判的な報道がなされたのである。その動きは、**表1**が表すように、「ダンウォン高校の遺族」と「一般の遺族」を区分し、異なるフレームを用いて命名することによるものであった[18]。

　そもそも「セウォル号」がもつ悲劇的な象徴性は、304名という被害者の数字だけではなく、そのうち250名が同じダンウォン高校に通っていた高校生であったことから構築されていた。事故当時、目の前のテレビ画面のなかで船が沈んでいく姿を生放送で目撃した人なら誰もが、少なくとも「若い高校生たちの死を放置してしまったこと」に対する罪悪感は共有

していただろう。しかし、真相究明が難航し、政府と水上警察とりわけ朴槿恵政権に対する批判が高まるにつれ、与党の支持者を中心に逆に被害者の家族を批判する声が高まっていった。遺族の闘争が「国益」を損なうという政府のフレームも保守勢力に浸透していったのも一つの要因であった。そのなかで保守傾向の主流メディアは、「反政府勢力vs純粋犠牲者」といった政治的フレームで「ダンウォン高校の遺族」と「一般の遺族」を区分し、ダンウォン高校の遺族を「反ダンウォン高校遺族」フレームのなかに孤立させる内容の報道を展開したのである。

> セウォル号の一般人犠牲者遺族らが昨日、涙を流しながら京畿安山合同追悼所に安置された31名の遺影を撤去し、仁川に移した。ダンウォン高校遺族で構成されたセウォル号家族対策委員会と決別するという宣言だ。家族対策委員会の強硬一辺倒政治闘争が招いたことである。(……) 全体一般人犠牲者は43名で、一般人の犠牲者は幼い学生の集団死亡というセウォル号惨事の特性のため、これまで声を抑えてきた。(……) 家族対策委はこれまで左派団体と連携し、政治闘争に没頭していると批判されてきた。家族対策委員会と別途の団体である「セウォル号惨事国民対策会議」には韓米自由貿易協定（FTA）、狂牛病（BSE）集会、済州海軍基地などの主要イシュー毎に常連で参加した団体が多く含まれている。家族対策委員会はこれらの団体と政治的同盟関係でも結んでいるかのようにみえる。(「社説」『東亜日報』2014年9月30日)

もちろんこのような主流メディアに対抗するメディアも存在した。民主化以降、革新派の声を代弁してきたハンギョレ新聞がその代表的なメディアである。**表2**でわかるように、ハンギョレ新聞は、保守の代表紙朝鮮日報とは異なる視点をもち、政府や主流メディアに対抗する声を代弁したと評価されている。

表2　朝鮮日報とハンギョレ新聞のセウォル号事件談論フレーム　　（イ・イ 2015: 36から引用）

	朝鮮日報	ハンギョレ新聞
事件の性格	・国家的悲劇 ・国民的災難	・国家的大型惨事 ・国家的信頼の危機
事件の原因	・基本規則 ・基礎規定の無視 ・公職者社会の不条理、民間社会の適当主義 ・国際的競争力の不足	・成長優先の経済政策 ・政府の総体的無能・無責任 ・民間の無責任と適当主義
事件の収集策	・国家改造、積弊清算、国民意識の変化 ・国民安全教育と訓練	・正確かつ透明な真相究明 ・遺族が同意するセウォル号特別法制定
セウォル号特別法について	・大韓民国の法体系を無視 ・超法的決定、法外権利、特恵 ・本質から離れた過度な疑惑提起	・惨事真相究明と責任所在判明 ・惨事の克服と治癒
今後韓国社会の方向性	・先進国 ・安全かつ富強な大韓民国	・人間中心の社会 ・安全な社会

　しかしここで看過してはならないのは、植民地支配から独立し、朝鮮戦争や軍事独裁政権などを経ながら成長した韓国のジャーナリズムがもつ伝統的な保守性かつ親権力性と、李明博(イ・ミョンバク)・朴槿恵(パク・クネ)政権期に入って露骨に行われた政府による言論統制の動きである[19]。ハンギョレ新聞、JTBCなどの一部ジャーナリズムが「セウォル号」事故発生以来代案的な声を出し続けてはいたものの、圧倒的なヘゲモニーを保つ保守的な新聞・放送の影響力に対抗し、主流メディアが生産し続ける「反ダンウォン高校遺族」フレームを変化させることは、規模的にも力学的にも難しかったのである。韓国ABCが発表した2014年の新聞発行部数発表によると、朝鮮日報の発行部数167万3049部に対し、ハンギョレ新聞の発行部数は24万4830部に過ぎなかった[20]。

　実際前述した誤報がほとんどの主流メディアをつうじて拡散し、主流ジャーナリズムが真相究明よりダンウォン高校遺族との対立を優先するなか、3ヶ月以上現場を離れずに真相究明を試みていたJTBCニュースは、ダンウォン高校遺族はもちろん主流メディアに批判的な態度をとってい

た視聴者の圧倒的な信頼と支持を得ていた。しかし放送通信審議委員会は、救助のための潜水鐘（ダイビング・ベル）投入を主張する専門家のインタビューを放送したことに対し、「事実を正確かつ客観的な方法を扱わねばならない」とする「放送審議規定」を違反したとし、JTBCに対して重い懲戒処分を下した[21]。規定には、「災難などによる被害統計および復旧状況等の情報は行政機関の長が発表した内容を反映せねばならない」という内容もあるが、行政機関の長の発表が完全に信頼を失った時点でジャーナリズムが果たすべき役割そのものを否定した審議であった。この「政治的審議」は1年後の行政訴訟で放送局側が勝訴する結果になるが、「セウォル号」をめぐるジャーナリズム空間が政府によっていかに統制・管理されていたかを象徴する出来事であった。こういった状況の下で、主流メディアに失望した人びとのあいだで対案となる情報共有と連帯の場をもとめる声が大きくなっていった。その声に応えたのが、podcastというメディアであった。

3. Podcast文化の台頭と定着

　そもそも韓国のPodcast文化の軌跡は、国内メディアの言論・表現の自由の悪化の推移と重なる。アメリカ産牛肉の輸入問題をめぐって勃発した2008年の「BSE」問題以降、政府に批判的だったメディアや大衆文化が統制され始め、韓国メディアの言論・表現の自由は、2009年を前後に急激に悪化していったのである。「国際記者連盟（IFJ）」の事務総長が、「韓国政府は、公的メディアはもちろん私的メディアの経営と運営にも露骨に介入している」と指摘していたように[22]、その傾向は著しいものであった。実際、「国境なき記者団（RSF）」による世界各国（約180カ国・地域）の報道の自由度ランキングをみても、発表が開始された2002年（39位）以来、31位（2006年）にまで上昇した順位は、2009年に69位まで急落している。このように国内外を問わず韓国の言論状況が大いに懸念されるな

か、Podcastが、一つの代案として浮上したのである。

　アップル社のMP3プレーヤー「iPod」と放送を意味する「broadcast」を合わせた造語であるPodcastが韓国に導入されたのは、この用語が使われ始めた2000年代半ばにまで遡れるが、言論・表現の自由が著しく統制され始めた2000年代後半以降の「政治的状況」こそ、Podcastが韓国社会における影響力のあるメディアとして機能するようになった決定的な原因であるといえる。厳密には「放送」ではなくiTunesのようなプラットフォームにアップロード・ダウンロードする「メディア・ファイル」であるため「放送通信審議」の対象にならないこと、資本や高価な設備、専門的知識や技術を必要としないため、コンテンツさえあれば誰でも簡単に制作して発信できること、スマートフォンの普及が2011年38.8％、2012年67.6％（世界1位）まで爆発的に増加したことなどが大きな要因であった。しかし同時にpodcastが「声」のメディアであることも看過できない重要な要因である。ウォルター・オングは、声の文化の特徴を次のようにまとめているが、podcastのブームはまさにこのような特徴に大衆が反応したことによって起きた現象であったからである。

　　①累加的であり、従属的ではない、②累積的であり、分析的ではない、③冗長ないし「多弁的」、④保守的ないし伝統主義的、⑤人間的な生活世界への密着、⑥格闘的なトーン、⑦感情移入的あるいは参加型であり、客観的に距離をとるのではない、⑧恒常性維持的、⑨状況依存的であって、抽象的ではない。[23]

　実際、Podcastを社会的現象にまで導き、影響力のあるメディアとして定着させたのは、2011年4月、4人の若手ジャーナリストや政治家が、李明博政権に対する批判や風刺を目的に立ち上げた小規模のトークショー番組、『ナヌン・コムスダ（以下「ナコムス」）』（あえて日本語に訳すと「俺はけちないかさま師だ」程度の皮肉な意味で、李明博大統領を風刺するものである）で

あった。政権と与党、とりわけ李大統領に対する辛辣な批判を主なコンテンツにしながらも、さまざまなパロディや風刺を同時に搭載したこの「ナコムス」ブームは、政権の独善的運営に不満を抱いていた人びと、とりわけ若者を中心に、国内はもちろん海外の韓国人社会にまで爆発的に広まった。『New York Times』誌が注目し、「政権に対する若者の怒りが現れた現象」として大きく取り上げたのが放送開始からわずか半年も経っていない11月であることをみても、その影響力が想像できるだろう。

　　〈ナコムス（I'm a Petty-Minded Creep）〉のホストであるキム・オジュンは、番組で話す多くの情報が推測の段階であることを認めたうえでこういった。"そう、ぼくらは偏っています。しかし主流メディアが、報道しない権力をもっていると思っているあまりにも多くの情報がある。わたしはそれらを流したいと思っています"（『New York Times』2011年11月1日）

　毎回平均600万件以上のダウンロード数を記録したこのPodcastが、単なる若者だけの風刺文化ではなく、2011年の韓国社会のあり方を表す重要な現象となった理由は、ソウル市長選挙など現実世界で、その多大な影響力が確認されたからである。地上波放送やポータルサイト、個々の言論活動など、さまざまな公的・私的メディアが統制されていくなかで、「放送」のカテゴリーに当てはまらない法制度的特徴やスマートフォンの爆発的普及を背景に背負ったPodcastが、ソーシャルメディアなどのオンライン上はもちろん、オフラインの社会においても代案的力を発揮し、一つのオルタナティブ・メディアとして浮上したのである。つまり視覚化されるあらゆるものが政治的抑圧の対象となるなかで、伝統的な声の文化の特徴と新たなテクノロジーが接合したこの「声」のメディアが、人びとの感情移入や参加、生活の変化を呼び起こしていったのである。

　「ナコムス」ブームによってPodcastの可能性が確認されたのが現実の

政治空間であるというなら、その限界が訪れたのも現実の政治空間であった。2012年に行われ、いずれも野党が敗北した総選挙と大統領選挙において、「ナコムス」は、政治言説の中心に置かれていながらも同時にさまざまな批判と牽制の対象となった。その影響力が拡大するにつれ、批判を許さない内側だけの妄信的支持がその限界を生みだしたという批判が出される一方で、保守派からは「アンチ政治の限界」[24]という声が上がった。もちろんそれらの批判は、一Podcastに過ぎなかった「ナコムス」の政治的影響力を逆説的に示すものでもあった。そして2012年大統領選挙の前日を最後に、「ナコムス」は幕を閉じた。

　しかし、皮肉にも、「ナコムス」の退場は、そのブームを追い風に相次いで登場していながらも「ナコムス」の影に隠れていた多くのPodcastが、その多様性を獲得する契機となったといえよう。また「ナコムス」がつくり出した政治中心のコミュニティーが解体され、オフラインとオンラインをつなぐ新たなPodcast文化を生みだしながら、現実政治に限らないさまざまな連帯を試みたことにも注目する必要がある。政府や主流メディア、アカデミズムなどのヘゲモニーに対する不満、言論・表現の自由が制約されるなかで自らの声を出したいという欲望、誰もが手軽に制作し発信できるという技術的特徴、そして「ナコムス」をつうじて確認された連帯の可能性などが、Podcastの量的・質的成長をさらに加速化させたのである。

　2013年の一年間、1601本のPodcast番組が新たに放送を開始し、約6700本のPodcast番組が放送された[25]という量的成長とともに、注目せねばならないのは、その質的変化である。政治的運動が主な流れを占めていたPodcastが多様化し、政治・経済、ジャーナリズム、出版、文化、教育・歴史などの領域で、代案を求めるジャーナリストや作家、芸術家、運動家、学者、企業、政党などのさまざまなアクターが制作したPodcastが独自のリスナーを確保し、市民レベルにおける活発な動きをつくり出したのである。実際「ナコムス」の元メンバーたちが各自の番組を展開し、依然高い人気を維持しているし、多くの弱小新聞社や野党、出版社、協同組

表3　iTunesなどで上位を占めつづけるPodcast

ジャンル	Podcast
政治	「チョン・ボンの全国区」 「ノ・ユ・ジンの政治カフェ」 「キム・オジュンのパパイス」 「わたしは剰余だ」 「ツイッターマガジン―鳥が飛び込む」
時事	「時事通・キム・ジョンベです」 「ニュース打破」（Youtubeなどで動画発信） 「チャン・ユンソンのパッチャン」 「チョ・サンウン　キム・ヨンミンの朝刊ブリーフィング」 「Goバル・ニュース」（Youtubeなどで動画発信） 「ファクト　TV」Youtubeなどで動画発信
出版	「イ・ドンジンの赤い本屋」 「ラジオ本喫茶」 「文学トンネ　チャンネル1」「メビウスの帯」
文化	「チン・ジュングォンの文化喫茶」 「チョンヨンジンの不金ショー」 「シネタウン90―風聞で聴く放送」
教育・歴史	「李作家・李博士の似夷制夷」 「Bunker1」

合などが制作し、発信する番組は、若い世代を中心に主流メディアに劣らない影響力を発揮している。例えば第二野党である正義党が制作、発信した政治・時事番組「ノ・ユ・ジンの政治カフェ」の総99回番組のダウンロード数は、2016年4月の時点で1億2000万ダウンロードを超えている[26]。番組平均ダウンロード数100万回以上というこの数字は、podcastが韓国社会でもつ位置を示すものであった。つまり、「ナコムス」ブームによって主流の公共圏と対立する「対抗的公共圏（oppositional public sphere）」の可能性が発見されたとするなら[27]、2013年からは、その「対抗的公共圏」がさらに小さなファクターやアクターの連携によって、より強固に構築され、定着したのである。またこのような動きは、たんなるジャンルの多様化だけではなく、韓国のPodcast文化の可能性を新たに生みだしたともいえよう。それまでPodcastが「政治的運動のメディア」として、格闘的なトーンとともに感情移入や参加を促したというなら、定着期のPodcastは、SNSのような他のメディア空間はもちろん、市民教育や

協同組合などによるオフラインとも融合・連携し、「日常的連帯のメディア」として機能し始めたのである。

　しかし本稿が注目したいのは、これらの多様化が浮上させたもう一つの可能性である。それは「声の記憶」を蓄積する「口述記録のメディア」としてのPodcastの役割である。実際、表3で紹介した諸Podcastには、毎日のようにさまざまなジャンルの専門家や文化人が出演し、個人の歴史や専門知識について、長くは数時間にわたって述べ、各領域のうえで蓄積されている。その近現代史がつねに熾烈なイデオロギー闘争の対象となる韓国社会で、このような口述の公的交流は、これまでの言説空間では経験することのできないものであった。それは、上述した国家や資本による検閲から比較的自由である法制度的特徴や容易い制作や発信、iTunesなど自由なプラットフォームの存在などの技術的特徴以外に、さまざまな連帯による相互信頼といったこれまで韓国のPodcastが蓄積してきた文化的特徴を背景にするものであるといえよう。

4.「セウォル号」とPodcast

　「政治的運動のメディア」「日常的連帯のメディア」「口述記録のメディア」といった特徴をもつ韓国Podcastの「対抗的公共圏」としての性格をさらに明確にしたのは、いうまでもなく「セウォル号」事件であった。Podcastは、政府機関や主流ジャーナリズムが信頼を失っていくなかで、「セウォル号」をめぐる情報共有や記憶闘争において重要な役割を担っていった。「従北主義者による煽動だ」という「従北論」や「セウォル号問題が国家経済に悪影響を与える」という「国益論」など、解明されていない数々の疑惑や問題をそのまま忘却させようとする試みが蔓延していくなかで、Podcastは、政府・与党、主流メディア、主流学界、保守団体など、いわばヘゲモニーへの対抗を試みる人びとの主なメディアとして活用され始めた。その役割は次の三つにまとめることができよう。

①主流メディアに対抗する報道機能

　救助過程や真相究明過程における相次ぐ誤報や犠牲者に関する刺激的報道をめぐる批判が高まるなか、「記者」と「ゴミ」の合成語が流行するほど、主流メディアに対する不信感は強まっていった。実際公営放送であるKBSの信頼度は「セウォル号」事件の前年の38.7%（2013年）から26.7%（2015年）に、MBCの視聴率は27.4%（2013）から18.8%（2015年）に急落している。そのなかで、「ニュース打破」「ジャン・ユンソンのパッチャン」「Goバル・ニュース」「ファクトTV」「時事通・キム・ジョンベです」などの報道中心Podcastが「セウォル号」をめぐる報道機能を担い始めた。これらのPodcastは、主流メディアの誤報を指摘するだけではなく、主流メディアでは伝えられない、救助活動や政府の対応をめぐるさまざまな問題を提起した。その内容は、ツイッターやフェイスブックなどのSNSをつうじて公論化されていった。

　質的にも、Podcastの報道は、決して主流メディアに劣らないものであった。2008年以降国内メディアの言論・表現の自由が悪化していくなかで、主流メディアから追い出され、podcastを含む対案ジャーナリズムに進出した多くのジャーナリストが調査報道の専門家であったことや、ここ数年間オルタナティブ・メディアの報道機能に対する信頼が蓄積されてきたことも、Podcastの機能や役割を強化する重要な要因であったといえよう。その後も、公聴会を含む調査委員会の活動や裁判、沈没船の引き上げなど、主流メディアが消極的な姿勢を保っている諸問題について、podcastが報道機能を担い続けている。

②口述記録の蓄積

　「口述記録のメディア」としてのPodcastの機能は、「セウォル号」の記憶を蓄積する有効な手段となった。制作をめぐる技術的かつ法制度的制限を受けないため「セウォル号」をめぐる人びとのさまざまな声を集めるこ

とができたのである。作家、芸術家、市民運動家、ジャーナリスト、学者、政治家など、多くの人がPodcastをつうじて「セウォル号」をめぐる自分の経験を語り、主流メディアによって歪曲された遺族の声を積極的に拾い上げた。

> 真実を、子どもたちがなぜ死ななければならなかったのかを教えてくれと言っているのに、政府はわれわれを罵倒するばかりです。何も解決されていないのに。遺族のなかには会社に辞表を出して活動している方もたくさんいます。(キム・ヨンオ〔遺族代表〕「時事通・キム・ジョンベです」2014年12月26日)

とくに遺族のさまざまな声がオーラル・ヒストリーとして残されるようになったのは、「セウォル号」が記憶闘争であることを示している。そのなかでも遺族や生存した学生、現場でボランティア救助活動を行い、さまざまな困難に陥った潜水士など、さまざまな被害者のインタビューをライフ・ヒストリーの形式で残した番組「416の声」は、声を記録することだけを目的とした、Podcastだからこそできる試みであった。2016年1月から第二周忌に合わせて14人のインタビューを実施した「416記憶置き場」側は、その試みについて次のように述べている。

> 国会も、青瓦台(大統領官邸)も、結局心を焦がすお母さん、お父さんの要求を無視した。メディアも同じで、セウォル号惨事が起きて2年近くなるのに、苦痛の当事者の声に耳を傾ける流れはだんだん小さくなり、政治家や知識人の声だけを追っている状況である。このような状況で、家族の痛みを、また痛みを克服する声を世の中とつなげてあげたいという気持ちで制作することになった。[29]

実際「416記憶置き場」は、ダンウォン高校遺族と多くの市民団体が中

図2 「記憶置き場」でオンライン展示されているハン・ヒョンジュ作家の写真。写真は犠牲になった学生たちの教室を保存した「記憶教室」[31]

心になって立ち上げられた組織で「416家族協議会」傘下の組織で、組織名が顕著に表しているように、真相究明や責任者処罰のような可視的な問題解決だけではなく、次の四つのミッションでわかるように、「記憶闘争」を組織の主な目的としている。

　①304名のすべての記録を整理・保存する。
　②304名の親、兄弟、知人の人生を記録し、整理・保存する。
　③304名と共にした市民の愛と真実の努力を記録し、整理・保存する。
　④304名の夢を壊した人びとの行跡を記録し、整理・保存する。[30]

こういった試みは、「セウォル号」を「事故」として記憶しようとする側との闘争であり、マジョリティによって構築された記憶を解体し、304名の被害をめぐる「短い記憶」を「社会の記憶」として公式化しようとする作業であり、韓国社会という次元からすれば、歴史を再構築していく活動の一つと捉えることができるだろう。

③感情の共有
　「セウォル号」をめぐる闘争が長期化することによって、社会にさまざまな乖離が生じ、逆説的にも「セウォル号」をめぐる忘却が加速化しているのも事実である。しかしそれはイデオロギー化した社会的葛藤による政治的忘却だけではない。むしろ多くの場合は、日常生活の次元で広まった「凡庸な」忘却でもある。Podcastは、そういった乖離を埋め、「社会的」記憶喪失状態から脱却するための機能を担おうとしてきた。その方法を、「感情の共有」としてとらえることができよう。

> 天国から子どもたちが聞いています。何か、わかったの？　明かされたの？　って。子どもたちのあの質問に、答えなければなりません。われわれには答える義務があります。(……)　生き残った友達の子が感じている不在の苦しみを、われわれはいつまでも共にしなければなりません。その心で、犠牲者たちを愛し、遺族の心を共有してください。ここにいる、四十歳以上の大人たちは、みんな罪をつぐないながら生きなければなりません。死ぬまでです。(キム・ジェドン〔芸能人〕「Goバル・ニュース」2014年10月8日)

　「セオゥル号」事件を語るPodcastを聞いていると、「忘れません」という言葉が繰り返して出てくる。「儀礼の言葉」[32]ともいえるこの言葉が意味するのは、それをめぐる感情を伝え合い、共有すること、それによって問題そのものを喚起させ、忘却から救い出すということであろう。それは、

真相究明や沈没船の引き上げ問題など、実質的に解決せねばならない諸問題の次元とは別に、「セウォル号」をいかに記憶するかに関わる次元でのことである。つまり、事件のプロセスの不条理や遺族の苦痛に共感することは、被害者側の記憶を公式化し、儀礼化することで、「セウォル号」という「長い記憶」を創り出すための闘争に力を合わせることに他ならないのだ。そしてpodcastだけではなく、エッセイと小説、ドキュメンタリー映画、演劇など、さまざまな形式の「記憶闘争」がいまも続いている。

おわりに

　2014年に開催された「光州ビエンナーレ」は、「セウォル号」に対する韓国社会の態度とまなざしの複雑さを象徴的に示す場であった。光州ビエンナーレ20周年特別展に出品されたホン・ソンダム氏の絵画「セウォル、オウォル（五月）」の展示が、朴槿惠大統領を風刺したことを理由に拒否されたのである。この作品は、そのタイトルが示しているように、「セウォル号」を、1980年の光州事件に結びつけ、韓国現代史のもっとも大きな悲劇の一つとして規定し、政権の責任を風刺絵として表現している[33]。これに、政権側はもちろん、保守団体がホン作家を名誉毀損罪で告発するなど、保守側は激しく反発した。「セウォル号」を描くという行為がある権力者の名誉と結びつくと思われるということが逆説的に示しているように、この「光州ビエンナーレ」事件は、「セウォル号」をめぐる社会の対立を顕著に表している。

　ならば、「セウォル号」という国家的災難を前にして、なぜ韓国社会はここまで分裂しなければならなかったのか。なぜその記憶をめぐって、ここまで闘争しなければならないのだろうか。

　それは、「セウォル号をいかに記憶するか」が、セオウル号をめぐる個人の記憶を専有する「社会の記憶」をつくりあげ、韓国社会の歴史を再構築していく過程だからである。つまり「セウォル号」をめぐってこの2年

間韓国社会で起きていることは、「セウォル号」を「事故としてとらえる側」と「事件としてとらえる側」による記憶闘争であり、その闘争がたどりつくのは、「セウォル号」をめぐる「社会の記憶」、つまり韓国社会の歴史がいかなるかたちで構築されるかというところである。

　同時にそれは、仮にいま行われている法制度的かつ政治的闘争が解決されるとしても、「セウォル号」をめぐる「長い記憶」は、韓国現代史における多くの出来事がそうであったように、今後長い間、国家のあり方をめぐるさまざまな闘争の場として残り続けるということを意味する。ヘーゲルがいうように、国家の結合を保つのが「万人の持っている秩序についての基礎感情」[34]であるならば、「セウォル号」事件は、その韓国社会を保ってきた「基礎感情」を根底から揺るがす出来事であるからだ。

註

1　パク・ミンギュ「ブラインドネスたちの国家」『ブラインドネスたちの国家』文学トンネ、2014年、47-65頁：56頁。

2　酒井隆史「現代日本の「反・反知性主義？」『現代思想』2015年、第43巻第3号、34頁。

3　E.ホブズボウム・T.レンジャー（編）、前川啓治・梶原景昭他訳『創られた伝統』紀伊國屋書店、1992年。

4　P.コナトン著、芦刈美紀子訳、『社会はいかに記憶するか――個人と社会の関係』新曜社、2011年。M.アルヴァックス著、小関藤一郎訳『集合的記憶』行路社、1989年。

5　E.デュルケム著、麻生誠・山村健訳『道徳教育論』講談社、2000年、32、208-209頁。

6　E.デュルケム著、古野清人訳『宗教生活の原初形態2』岩波文庫、1942年、162頁。

7　E.デュルケム著、麻生　誠・山村健訳『道徳教育論』講談社、2000年、27-28頁。

8　M.アルヴァックス著、小関藤一郎訳『集合的記憶』行路社、1989年、2-30頁。

9　E.デュルケム著、麻生　誠・山村健訳『道徳教育論』講談社、2000年、

27-28頁。

10　S.フロイト著、小此木啓吾訳「集団心理学と自我の分析」『フロイト著作集6』人文書院、1970年、195-253頁：207頁。

11　M.フーコー［ほか］著、田村俶・雲和子訳「フーコー、フロイト、自己のテクノロジー」『自己のテクノロジー——フーコー・セミナーの記録』岩波書店、2004年、196-233頁：200頁。

12　P.コナトン 著、芦刈美紀子訳、『社会はいかに記憶するか——個人と社会の関係』新曜社、2011年、26頁。

13　G.ドゥルーズ／F.ガタリ著、宇野邦一・小沢秋広・田中俊彦・豊崎光一・宮林寛・守中高明訳『千のプラトー——資本主義と分裂症』河出書房新社、1994年、28-29頁。

14　『Huffington Post Korea』2014年5月14日。

15　チョン・スヨン「セウォル号世論報道大惨事は復旧できるか——ジャーナリズム規範のパラダイム転換のための理論的省察」『コミュニケーション理論』11(2)、2015年、56-103頁。

16　キム・ソジュン「セウォル号報道惨事と根本原因」『歴史批評』2015年、37-64頁：38頁。

17　キム・エラン「傾く春、私たちが見たもの」『ブラインドネスたちの国家』ムナクトンネ、2014年、10頁。

18　ホン・ジュヒョン／ナ・ウンギョン「セウォル号事件報道の被害者批難傾向研究——保守総編チャンネルニュースの被害者範疇化及び単語ネットワークフレーム分析」『韓国言論学報』2015年、59(6)、69-106頁：81頁。

19　キム・ソジュン「セウォル号報道惨事と根本原因」『歴史批評』2015年、37-64頁：49-51頁。

20　韓国ABC報道資料2015年11月27日。

21　ユン・テジン「放送社のセウォル号惨事報道」『文化科学』2014年、192-212頁。

22　『ハンギョレ新聞』2010年3月1日。

23　W.オング著、桜井直文・林正寛・糟谷啓介訳『声の文化と文字の文化』藤原書店、1991年、82-124頁。

24　『中央日報』2012年12月25日。

25　『ハンギョレ新聞』2014年3月7日。

26　『メディア・オヌル』2016年5月1日。

27　ウォン・スクギョン／ユン・ヨンテ「対抗公共圏の変化に関する研究——

〈ナヌン・コムスダ〉を中心に」『サイバーコミュニケーション学報』2012年、29（3）、49〜81。イ・ギヒョン／イ・ヨンジュ／ファン・ギョンア／チェ・ジヨン／チョン・ヘヨン、クォン・スクヨン「〈ナコムス現象〉が描く文化政治の明暗——権力対抗的政治時事コンテンツの含意を脈略化」『韓国言論情報学報』2012年、58、74〜105。イ・ドンヒ、ファン・ソンオク「政治Podcastコンテンツ〈ナヌン・コムスダ〉の利用動機とon/offlineの政治参与」『メディア、ジェンダー＆文化』2013年、26、141-175頁。

28 『時事ジャーナル』2015年9月21日。
29 『オーマイニュース』2016年1月14日。
30 「416記憶置き場」ホームページはhttp://416memory.org/。
31 http://416memory.org/bbs/board.php?bo_table=photonews&wr_id=24
32 P・コナトン 著、芦刈美紀子訳、『社会はいかに記憶するか——個人と社会の関係』新曜社、2011年、101-109頁。
33 画家ホン・ソンダムのホームページはhttp://www.damibox.com/。
34 G.ヘーゲル著、藤野渉、赤沢正敏訳『法の哲学Ⅱ』中公公論新社、2001年、251頁。

特別寄稿論文
アジア太平洋戦争における日本軍と連合国軍の「慰安婦」

テッサ・モーリス＝スズキ
（日本語翻訳協力：浜井祐三子）

はじめに
問われないままの問い

　日本軍占領下の地域で、そのうちのかなりの割合が騙され、あるいは強制されて性労働に従事させられた「慰安婦」と呼ばれる女性たちの存在およびその歴史は、これまで日本と韓国の関係において激しい摩擦を生じさせる事案となってきた。しかし、このいわゆる「慰安婦」問題とは、単に日韓関係に摩擦を生じさせるだけのものではない。日本を含む多くの国の女性たちが経験してきたことは、広く世界的な規模をもつ戦時の性暴力という人権にかかわるイシューの一部でもあり、悲しいことに、今日わたしたちが暮らす世界においても継続して発生している。

　「慰安婦」の歴史にかかわる、これまで顧みられることの少なかった側面に焦点を当てる調査を、ここ数年間わたしはしてきた。それは当時の連合国の国々、とりわけ連合王国（イギリス）とオーストラリアにある戦争資料館に存在する文書史料や証言史料の調査である。これらの史料が詳細に検証されたことは、わたしが知る限り、これまでなかった。その文書史料や証言の多くはアジア太平洋戦争末期のものであり、それは日本軍が東南アジア諸地域において連合国軍側に投降しつつあった時期に当たる。その地域に進軍してきた連合国軍将兵は、「慰安婦」や「慰安所」から逃亡

してきた女性たちを目撃している。またそれらの史料には、日本軍の捕虜とされた連合国軍将兵による証言も含まれている。捕虜とされた一部の将兵たちには、実際に「慰安婦」に遭遇したことがある者、また中には、「慰安所」の修理修繕やその維持のための使役を命じられた者もいた。

　1980年代から2010年ごろにかけて、イギリスとオーストラリアの戦史研究者たちは、第二次世界大戦にかかわった数千人にもおよぶ連合国軍将兵と民間人にインタヴューするという大規模なプロジェクトをおこなった。これらのインタヴューは、20世紀中期の歴史でこれまで長く顧みられることのなかった側面にも光を当て、歴史記録としての実りある成果を残した。これらのインタヴューの一部は、現在オンラインで閲覧可能だ[1]。戦時下や戦後すぐに行われたものに加えて、上記のインタヴューの記録は、新たな問題の存在を提示した。そこには「慰安婦」についての重要な発言がいくつもあるにもかかわらず、インタヴューをする側にはそれらの重大性についての認識が不足していることが目立つ点である。たとえインタヴューされる側が「慰安婦」について触れても、インタヴューする側がそれを追及することはまれなのだ。これは連合国側がおこなったインタヴュー全般に見られる傾向であり、戦時下においても終戦直後においても同様であった。中国大陸にせよ東南アジアにせよ、日本軍が占領した地域において「慰安所」が広く存在したことは、批判の対象となるとともに、好奇心の対象ともなった。しかし、インタヴューする側にとっては、捕虜となった連合国軍将兵の処遇問題であるとか、日本軍の戦略とかいったものに比べれば、「慰安婦」問題は重要度の低い問題とみなされた。

　一例を挙げる。ロンドンにある帝国戦争博物館のオーラル・ヒストリー・コレクションには、イギリス人の宣教集団の一員だったノラ・インジ（Norah Inge）への終戦直後におこなわれたインタヴューの記録が残されている。彼女は、インドのデオリにあった日本人民間人収容所のセクション責任者だった。

　そもそも、なぜインドのデオリに日本人収容所があったのか？　これも

あまり知られていない悲劇的な物語である。1941年、日本軍による真珠湾奇襲攻撃の直後に、シンガポールやマラヤに在住していた日本人民間人は、「敵性国人」として英国軍によって各地の収容所に連行された。東南アジアの広範囲が日本軍の支配下に置かれるであろうことが明らかになると、収容されていたこれらの日本人の一部は、各地の収容所からインドのデオリにつくられた収容所に移送されたのである。日本が敗戦した直後、ここで暴動が発生し、監視に当たっていたインド兵とイギリス兵たちによって多くの日本人民間人が殺害されている。

インジの証言によれば、戦争末期段階になると、デオリ収容所には、東南アジア各地で英軍によって保護された日本軍「慰安婦」たちも移送され、別区画の棟に収容されていた[2]。この女性たちが、日本人であったのか朝鮮人であったのか、はたまたそれらとは違う地域の出身者であったのかは、明らかではない。また、戦後、彼女たちがどのような運命をたどったのかも定かではない。なぜなら、この長時間にわたる興味深いインタヴューで、インタヴューする側が、この問題について追及しなかったからである。そしてノラ・インジは、1995年に他界した。

このようにインタヴューする側のもつ問題点はあるものの、これらアーカイヴに収蔵された史料は、「慰安婦」の歴史に貴重な光を当てる。本稿で取り上げるのは、その中のほんの一部だ。まずは、これから検証する歴史史料・資料のもつ性質、およびそれらをわたしたちはどう解釈すべきかについて述べておきたい。

1. 史料の問題

歴史史料の解釈という問題は、現在おこなわれている「慰安婦」にかかわる論争の中心に位置する。日本軍が占領下の地域から年若い女性たちを強制的ないしはほぼ強制的に徴用し「慰安所」に送り込んだ歴史を否定する者たちは、ほとんどの場合、「公的文書」と「口述証言」とのあいだに

明確な線を引く。この人たちを、本稿では「否定論者 (denialists)」と呼ぶ。これまで否定論者たちは、「慰安婦」の強制的徴用および彼女らの監禁に、日本軍が関与していたことを示す公的な文書は存在しない、と主張してきた。この場合、否定論者たちの主張の重点は、日本軍および政府関係機関によって「作成された公的な書類は存在しない」という部分におかれる。日本軍「慰安所」に強制的あるいはほぼ強制的に連行された女性たちの証言が多数あるにもかかわらず、否定論者たちは、それらは「公的な書類」ではないがゆえに、信憑性の低いもの、ないしは信頼できる歴史的な証拠として採用できないもの、として葬り去る。否定論者たちのとるこの方法は、歴史とはどのように研究され、そして書かれるものであるのか、という根源的な理解の部分で誤りを犯したものであろう。

　公的なものにせよまた非公的なものにせよ、「記述された記録」も「口述の証言」も、強さも弱さも併せ持つ人間によってなされたものである。そうであるなら、なにゆえ公的な立場の人間によって書かれたものは信ずるに足り、市井の人々によって口述された証言は信憑性がないと断ぜられるのか？　公的な立場の人間が書いたものにも間違いは存在するし、また意図的に事実を歪曲したり部分的に隠蔽したりした記録が数多く残されていることを、歴史研究者たちは知っている。わたしは歴史記録を掘り起こす作業を40年ほどつづけてきたのだが、実際、口述の証言の方が公的史料よりもよりはるかに事実に沿っていたという例には、何回も遭遇している。歴史研究者あるいは歴史に興味をもつ人間は、あらゆる歴史的記録が生み出された状況を考慮に入れて、その文脈の中でそれらの正確さを評価する必要があるのである。

　次に、わたしたちが歴史的出来事を検証しようとする際に、その出来事を「十全」に説明してくれる「公的記録」に出くわすことは極めてまれであるという点を強調しておきたい。代わりにわたしたちの前に現れるのは、公的なものにせよ非公的なものにせよ、様々な文書記録や口述の証言であり、そして時として写真や映像や物証といった、その出来事が起こったこ

とを示す「十全」ではない断片である。歴史研究者は、これらの断片を検証し、つなぎ合わせて、歴史的出来事を理解していく。言葉を換えれば、歴史研究とは、巨大で複雑なジグソー・パズルの組み立てを試みる作業のようなものである。

ジグソー・パズルにおいて、一つか二つのピースだけを抽出し、全体図を構想することができないように、歴史研究でも、一つか二つの公的史料や口述証言だけを取り上げて、歴史的出来事を構成することはできない。様々なピースたる証拠史料・資料を、総合的に検証・精査し、全体図を探る。

「慰安婦」の歴史の全体図を得るためのプロセスの一つは、互いに情報を共有できなかった者たちがおこなった証言の比較検証であろう。たとえば、日本軍兵士たち、あるいは連合国軍兵士たちの証言と「慰安婦」の証言の一致・不一致は、歴史的証拠としての信憑性を担保するためには、きわめて重要となる。日本軍「慰安婦」の歴史に関し、わたしたちがアクセスできる史料は、公的な文書、口述の証言、写真、フィルム等がある。それにかかわる日本国家の公文書のほとんどは残されていないにもかかわらず、「慰安所」の運営および管理、女性徴募の委託に、日本軍が関与していたことを示す文書と証言は数多く残されている[3]。

日本国内のみならず、日本軍「慰安婦」関連史料は、世界各地に存在する。たとえば1994年、オランダ議会は「日本占領下の蘭領インドにおけるオランダ人女性に対する売春強要」と題した調査をおこなった。その報告書では、いわゆる「スマラン事件」だけではなく、マゲランとフロレスでの「帝国陸軍と憲兵隊による直接的暴力使用を含む（ヨーロッパ系女性の）『強制連行』」が実証された。その報告書ではまた、ニューギニア西部において「反日活動」の疑いで夫は日本軍によって処刑され、残された妻であるパプア人の女性が「慰安所」に連行された、といった、きわめて残酷なケースも証言されている[4]。

日本軍「慰安婦」制度の被害者となった数名の女性の証言は、日本ある

いはフィリピンなどの法廷で審議の対象となり、その信憑性は法廷で実証された。これらの法廷のケースでは、様々な法的根拠により日本の国家賠償は認められなかったのだが、少なくとも女性たちが日本軍によって「強制連行」されたという事実認定はなされた司法判断だった[5]。

これまでにわたしが調査した連合国側の戦争資料館にも、「慰安婦」にかかわる公文書、口述証言、映像等の史料は存在する。これらの文書および証言をおこなった者たちのほとんどは連合国軍側の将兵であり（少数の民間人も含まれていた）、アジア人に対する偏見、および女性蔑視的思考をもっていたことが、残された史料から明らかな者たちもいた。また、一部ながら、彼ら彼女らが出会った日本人に対し称賛の念を抱く者たちも存在した。前述したノラ・インジの証言では、彼女が管理していた収容所の日本人たちについて、あきらかに親愛の情をこめて語っている。インジは被収容者の何人かを、戦争が起こる前から知っていて、第二次世界大戦が終わった後もその日本人たちとの友情を維持しつづけた[6]。

「慰安婦」の歴史にかかわる証言を検証するには、その証言者が歩んできた人生やその人のパーソナリティといったコンテクストも忘れてはならないだろう。また、写真やフィルムといった一見「客観的なもの」ですら、撮影者個人の視点を表現するものである。

2. 広範な地域における「慰安所」ネットワーク

複数の記録を同時並行的に検証してみれば、多くの貴重な情報が提供される。

まず、アジアにおける日本軍「慰安所」のネットワークは、あまりにも巨大なものであったゆえに、占領下の現地住民たちにまで「慰安婦」は可視化された存在であったことに気付く。

中国にいたイギリス人宣教師レスリー・ライアル（Leslie Lyall）が最初

に日本軍「慰安婦」に遭遇したのは、1938年のことだった。それは河北省にある彼の所属する教会が、帝国陸軍が新たに占領した地域の「慰安所」としての接収命令を軍司令官から出されたときのことだった。ライアルの抗議に、日本軍士官は教会ではない「他の施設」に女性たちを移動させることを約束した。このことから、この日本軍士官が「慰安所」の管轄・管理に責任を負っていることは明らかだ、とライアルは理解した。「市を占領すると、日本軍は即座に朝鮮人売春婦を運び入れた」とライアルは証言している。ただし不思議なことに、ライアルはこの「朝鮮人売春婦」たちの運命は一顧だにもせず、彼が興味を示したのは教会の建物の運命だけだった[7]。

エレノア・メイ・クラーク（Eleanor May Clarke）の証言も、とても興味深い。彼女は大英帝国植民地判事を父に、シャン族系ビルマ人の王女を母に持ち、日本軍のビルマ占領の際には、ラングーン（現ヤンゴン）で高校生活をおくっていた。ラングーンには朝鮮人の「慰安婦」が「たくさん」いた、と彼女は証言している。「慰安婦」たちは、現地のビルマ人に「メイ・チョーセン（朝鮮人女性）」と呼ばれていた。「慰安所」はラングーンの街の端にあり、学校の遠足の際にその近くを通ると、多くの兵士たちが建物に出入りしていた、とクラークは回想する[8]。

イギリスの帝国戦争資料館に収蔵された記録によって、「慰安所」ネットワークの広がり、そして、その中で多くの女性たちが非常に長い距離を移送されたという事実を、わたしたちは知ることができる。戦争末期にベンガル湾のアンダマン諸島でイギリス軍によって撮られた一枚の写真には、「日本軍兵士のための『慰安婦』としてペナンから強制連行されてきた中国人やマラヤ人の少女たち」との説明がつけてある。また、（東南アジアでアンダマン諸島の逆側に位置する）西ティモールのクパンで、連合国軍は、「慰安所」で働くためにジャワから連れてこられた26人の女性たちを発見した。日本軍降伏の際には、おそらく建物の中で何がおこなわれていたかを隠蔽する目的であったのだろうが、女性たちは看護婦のような格好をさ

せられていたという。

　これらの証言から自明なように、「慰安婦」の歴史は、単に「日本vs韓国」という問題ではなくて、国境をまたぐ広範な地域を網羅した歴史でもある。女性たちは、様々な国・地域から集められた。その様々な国には、日本も含まれていた。日本に残る帝国陸軍文書で、強制的あるいは詐欺的な方法で「内地」の女性をその意思に反し「慰安婦」として送り込むことを禁ずる令がでていたのを知ることができる[9]。しかしこの禁令が、どの程度の効果をもっていたかをわたしたちは知ることができない。同様に、この禁令以前に誘拐されたり騙されたりして「内地」から「慰安婦」として日本軍占領地域に送り込まれた女性たちが、その後どうなったかもわからない。実際、「内地」から集められた占領地域「慰安婦」たちの物語を、わたしたちはほとんど知らない。中国や東南アジア諸地域で亡くなった女性たちも多かったことだろう。戦後日本に帰国しても、その体験を自分の胸に秘め続けた（あるいは秘め続けている）女性も、また多いことだろう。「慰安婦」の歴史において、もっとも顧みられることのない、とても悲劇的な物語のひとつがここにある。

　現代であろうとも過去の戦時であろうとも、人身売買では、遠隔の地に連れて行く者と連れていかれる者の力の差は、遠ければ遠いほど顕著となる。生まれ育った地の売春宿で働く女性たちも、搾取と性的暴力にさらされるのだが、すくなくとも彼女らには、知っている人の助けを借りたり、身を隠せる場所に避難したりできる可能性が残されている。しかし、大陸の半分ほどの距離、それも未知の場所に連れ去られた女性には、そのささやかな可能性さえ否定されているのである。その場所の地理も、そこで人々が話す言葉もわからない所で性労働に従事させられる女性たちにとって、たとえ鉄条網で覆われていなくとも、そこは一種の監獄となる。そして戦争末期に、彼女たちは新たな危険に直面したのだが、それについては後述する。

3. 前線における生活と状況

　英連邦軍兵士や民間人の証言の記録は、「慰安婦」の歴史にかかわる研究に重要な示唆を与える。すなわち、女性たちが募集あるいは徴用され、移送され、監禁された状態は同一ではなく、一つのケースを一般化して「慰安婦」制度の全体像を説明することはできない、という点だ。いくつかのケースでは、日本軍の捕虜となった連合国軍兵士たちが、「慰安所」の建設やその維持のために使役された。イギリス人士官ジェフリー・ファラオ・アダムス（Geoffrey Pharaoh Adams）は、彼と彼の捕虜仲間が、タイのヒンダートの温泉リゾート地で掃除や庭の手入れの使役に駆り出されたときのことを証言している。捕虜たちは、そこが日本軍の大きな「慰安所」施設であることを知った。「慰安所」は士官用とそれ以外の者の施設とに分けられていた。アダムスはそこで働く「慰安婦」たちが捕虜に示した親切について述べた。彼女たちは捕虜に「食べ物、たばこ、飲みたいだけの水、そして時にはビール」を与えてくれた、という[10]。

　フランシス・マグワイア（Francis McGuire）は、泰緬（タイービルマ）鉄道建設の使役のため連行されてきたスコットランド人の捕虜であったが、彼は、日本軍上級士官が建設現場に物見遊山で帯同してきたらしい「慰安婦」に遭遇した。タイやビルマで彼に優しくしてくれた日本人は居たか、とマグワイアはインタヴューで問われ、「居なかった」と答えてから、彼はすぐにそれを訂正した。そして、マグワイアがタイの戦争捕虜キャンプに収容されていたころに起きた、たった一度だけ優しさを示された出来事について語った。

　　数車両が連結された汽車がビルマの国境に向けてやってきて、我々のキャンプで停車した。日本軍の上級士官たち――将軍とか、大佐とか、中佐とか――が乗っている車両の前で、捕虜たちは行進をしろと命じられた。その列車には「慰安婦」として知られている女性

たちも乗っていた。どういう女性たちだかわかるよね？　彼女たちは車窓から身を乗り出して、タバコとか、菓子とか、お金とか持っているものをくれたよ。日本の兵士たちは何も言わずに、彼女たちの好きにさせていた。[11]

　ヒンダートのようなリゾート地にあった「慰安所」は、同じタイ国内にあった別の「慰安所」などとは、その環境がずいぶんと異なっていたと思われる。イギリス人捕虜たちによって建設された、ある「慰安所」の様子は、イギリス人士官の証言によれば、次のようなものだった。「竹でできた小部屋が並ぶ長屋を建てた。[完成後]ほどなくして、何人かの日本人『慰安婦』が、汽車に乗せられてやって来た」[12]。また別のイギリス人捕虜であるトーマス・コールズ（Thomas Coles）は、インドネシアのハルク島に囚われていた「慰安婦」たちの悲惨な状態について語っている。コールズと他の捕虜たちは、連合国軍の爆撃で損壊した「慰安所」の修理のため、ハルク島に移送された。ハルク島での生活は、衛生面も含め、きわめて劣悪な環境だった。コールズは、そこで遭遇した「慰安婦」たちについて、たいへん性差別的な言葉を使っているのだが、同時にまた彼がそこで受けた「慰安婦」たちの優しさについても述べている。一人の「慰安婦」は、彼にタバコを一本与えてくれた。それが彼にとって、どれほどありがたいことだったか。言葉の障壁にもかかわらず、「慰安所」の女性たちもまた、戦争捕虜と同様にきわめて悲惨な状況にあるのだと理解できた、とコールズは証言した[13]。

　日本軍占領下の広範な地域につくられた「慰安所」の環境、および「慰安婦」たちに与えられた給与等は、場所によってそれぞれ異なる。ある女性たちは、給金のほかに現物支給も受けた。しかしほとんどのケースでは、彼女たちへの給与は日本軍票で支払われており、これは戦争終結期には限りなく無価値となっていく。また人身売買の結果として連れてこられた女性たちは、借金の支払いと法外な値段で販売された食料品・生活用品等の

ため、その報酬のほとんどは手元に残らない仕組みであった。

　終戦時タイのウボンにあった「慰安所」から逃れ、イギリス軍の諜報士官デイヴィッド・スマイリー（David Smiley）に保護された15人の朝鮮人女性の物語は、とても象徴的である。スマイリーは、その地域における日本軍の降伏を管理する任務についていた。これらの朝鮮人女性たちに助けを求められたとき、スマイリーが最初におこなったのは、その時点で彼の捕虜となっていた日本軍士官たちの意見を聴取したことだった。日本軍士官は

> 彼女らには一人１万ティカル（＝バーツ）を支払っており、それに見合うサーヴィスを我々はまだ受けていない。したがって、彼女たちを解放するのに、我々は納得できない。

と述べた、とスマイリーは証言している。

　その後スマイリーは、女性たちの借金（平均すると当時の為替交換率で一人当たり32アメリカドルだった）を帳消しにする「公的」書類を作成し、女性たちに家を与え、その家を「彼女たちの安全を守るため」タイの警察官によって警備させた。保護された女性たちは、「自分たちがいかに自由意志に反し連れてこられたか」を説明したのだが、スマイリーは女性たちに侮蔑的に接し、また彼女らの訴えにほとんど注意を払わなかった[14]。

　日本の右派の一部には、「もし慰安婦たちに報酬が支払われていたなら、それは『強制』などではなく、他の誰もがおこなう職業としての『労働』である」との説が存在する。それは間違っている。なぜなら給与の支払いと強制は、まったく別の問題だからだ。アメリカ南部の農園で働かされた黒人奴隷の一部にも給金の制度があった（とりわけ特定の技能をもつ奴隷に対して）。だからといって、当時の黒人奴隷たちを「自由労働者」と呼ぶ者は居ないだろう[15]。同じように、「慰安婦」たちに賃金が支払われていたから、また時としてタバコなどの現物支給を受けていたからということ

で、彼女たちへの「強制」性を否定することはできない。移動も選択の自由も極端に制限された状態で性労働に従事させられる者を、「性奴隷」と呼ぶのである。

4. 徴用と移送の問題

　これらのアーカイヴに収蔵された史料は、「慰安婦」の徴用、また前線への移送について、わたしたちに何を教えるのか。「慰安婦」徴用の方法についての記録は、連合国軍側の資料であることもあって、ほとんど残されていない。しかし残された記録が示すのは、強制的ないしは虚偽による募集方法によって「慰安婦」徴用がおこなわれていた点である。一例を挙げよう。著名なオーストラリア人従軍画家ドナルド・フレンド（Donald Friend）は、日本軍部隊の投降を記録する目的で、ボルネオのラブアンに派遣された。フレンドの記録は、日本軍が占領地でおこなった暴虐のみならず、オーストラリア軍兵士の所業（たとえば、敵兵からの略奪や、敵兵の死体損傷等）をも批判的に記録している点で、非常に興味深い。フレンドは、ラブアンの病院を視察し、その記録画を描いた。この病院は、日本軍によってジャワからボルネオに移送された悲惨な状態のインドネシア人たちで溢れかえっていた。これらの人々は、戦争末期に日本軍によって置き去りにされ、ほとんどが重度の栄養失調で瀕死の状態にあった。

> よい仕事と賃金を約束されて連れてこられたのだが、男たちは滑走路建設のため働かされ、そして事務職を約束されていた女性たちは、ラブアンの売春宿に入れられた。

とフレンドは記録している[16]。

　戦争も最終段階の混乱期に、「慰安婦」の女性たちはしばしば「慰安所」から逃走し、連合国軍の保護を求めた。その決断が非常な勇気を必要とし

たであろうことに疑いはない。アメリカ人・イギリス人・中国人等は敵であると教化されていたのみならず、連合国側にとって自分たちは日本軍軍従属者の協力者である（「慰安婦」が「軍従属者」であるとする日本の公文書は、京都大学の永井和教授によって発見された）。また、言葉も通じない状態での自分たちの処遇についても、おおいに不安があったことも想像に難くない。

彼女たちが抱いたであろう恐怖を、ロンドンの帝国戦争博物館所蔵のイギリス軍中佐ジョージ・マイラー＝ホワット（George Mailer-Howatt）の回顧録を用いて説明してみよう。

マイラー＝ホワットが属する部隊は、終戦直前にビルマのシリアム（現在の地名はタンリン）という石油精製基地がある町に進軍した。そこで彼は「怯えおののく朝鮮人少女たちの集団」に遭遇している。少女たちは日本軍「慰安所」から逃げ出してきたという。

> 彼女たちは誘拐され、意志に反して、実質上［日本軍の］奴隷となるよう強要されていた。恐怖に怯えていたが、食事とお茶が与えられると、少女たちは驚きかつ喜んだ。我々は、少女たちを憲兵隊に引き継がせた。通訳を通し、身の安全は保証され［誘拐される前の］以前の生活に戻れると伝えたら、少女たちは深く感謝した。[17]

とマイラー＝ホワットは回想録に記している。

タイとマラヤで日本軍のために働いたため、連合国軍側の捕虜となった中国人男性の証言も記録されている。

> 若い日本軍将兵が、若い娘が居そうな家を急襲し、そこで少女たちを捕獲しているのをこの目で見た。

とこの中国人は連合国軍に捕虜にされたときに証言した[18]。

同様に、騙されて「慰安婦」とされた、とする記録も数多く存在する。

1945年5月、アメリカ合衆国戦略諜報局（＝OSS。現在のCIAの前身にあたる）は、中国の昆明でなされた尋問で、中国側が収容している捕虜には25人の朝鮮人がいて、そのうちの23人は「慰安婦」であることが判明した、と報告している。残る二人のうちの一人は、彼女たちの通訳兼世話人で、もう一人は「慰安婦」の子どもだった。これらの人々は、中国南部の日本軍「慰安所」から逃亡し、中国軍に投降した。女性たちのうち一人を除くと、全員が「強制か詐欺によって」徴用された者である。15名は、シンガポールの工場勤務という日本語の新聞広告を見て応募した。船に乗せられると、そこには同じような広告に応募した300人ほどの年若い女性たちがいて、彼女たちは日本軍の「慰安所」に連れていかれたと記録されている[19]。

　少女たちが前線に連行される様子に触れた文書や証言も存在する。

　オーストラリア軍兵士アンガス・マクドゥーガル（Angus McDougall）は、戦争初期に日本軍の捕虜となり、シンガポールのチャンギ捕虜収容所に送られた。そこから彼は他の4万人以上の捕虜と同様に、泰緬鉄道建設の使役につかされるためタイのバンポンに移送された。戦争捕虜たちは28人以上が一団として貨車に積み込まれた。貨車はそれだけの人数を運ぶにはあまりにも小さく、貨車内はきわめて高温となって、水も食料も不足した。マクドゥーガルは、他の生き残った捕虜たちと同様に、あれは「地獄の旅だった」と回想している[20]。

　マクドゥーガルへのインタヴューは、オーストラリア戦争記念館のウェブ・サイトで現在聞くことができる。マクドゥーガルはこのインタヴューで、インタヴューする者を戸惑わせた。

　　　列車に乗っていた女の子たちについてとか、そういったことは聞きたくないかい？

これに対して「列車に乗っていた女の子たちって？」とインタヴュアー

が応じる。そこでマクドゥーガルは説明した。一車輌に25人から30人の「慰安婦」が乗り、彼女たちも捕虜同様に日本軍の兵士によって監視されていた。マクドゥーガルによれば、少女たちは日本人ではなく、彼の推察では、「マレー人、インド人、中国人、その他さまざまな人種・民族」で構成されていた。彼女たちも、軍用列車で戦争捕虜たちと同様の扱いを受け、タイやビルマにある日本軍「慰安所」に移送されるところだった[21]。

　これらマクドゥーガルやコールの証言――彼女たちは戦争捕虜たちとほぼ同様な処遇を受けていた、とするもの――は、「慰安婦」たちが「自由意思」とは程遠い状態に置かれていたことを示す。これは、「慰安婦」の徴用方式に関する議論は多く存在しても、これまでの「慰安婦」関連の議論でほとんど取り上げられることがなかった点である。歴史的責任は、彼女らの徴用方法にだけあるのではなく、それよりはるかに広く存在する。日本軍の降伏後、これらの女性たちは、いったいどうなってしまったのか？　数多くの証拠は、これらの女性たちは戦時下、東アジア・東南アジア各方面に移送されたことを明らかに示しているのだが、その消息は日本軍敗戦とともに、ほとんど途絶えてしまった。英連邦諸国にある資料は、これまでほとんど顧みられることのなかったその部分に光を当てる。

　イギリス人兵士ウイリアム・ウィルソン（William Wilson）は、戦時下インドからビルマに派兵されたが、そこのジャングルで撃ち殺された二人の「慰安婦」の死体を発見したことを語っている。彼女たちが射殺されジャングルにうち捨てられたのは、日本軍が敗走する際の足手まといとなったからではないか、とウィルソンは推察している。終戦前後の時期にラブアンの病院で、従軍画家のドナルド・フレンドは、極度の栄養失調状態にある女性たちを発見した。帝国戦争博物館には、英連邦軍東南アジア司令部映像記録部に所属する二人の記録者によって撮影されたフィルムが収蔵されている。そのフィルムには、負傷し悲惨な状態の投降日本軍兵士たちが手続きを受けている様子とともに、到着した五名の中国人「慰安婦」の様子が映されている[22]。女性たちは裸足で、身にまとった衣服と首

に巻いたタオル以外の持ち物はない。映像はサイレントであり、わたしたちは彼女たちの声を聴くことはできない。イギリス軍兵士によって質問を受け、また書類にサインしている映像があるにもかかわらず、彼女たちが経験したことに関する文書史料をわたしたちは見つけることができないのである。

5．連合国軍と「慰安婦」

　「慰安婦」をアジア各地に移送した責任は、もちろん日本軍が負うものである。しかし連合国側も、これらの保護された女性たちをどう出身地に送り返すかについて、なんら明確な方針を持っていなかった点は批判されてしかるべきであろう。これについては一貫した計画が不在で、どうやら現地部隊がその場しのぎの対処をしたと思われる記録が残る。タイやビルマにいた日本人および朝鮮人の「慰安婦」がバンコクに集められ、そこから連合国側の船で帰国させられたという記録は残されている。またオーストラリア戦争記念館には、1945年10月にマニラで撮影された短い映像がある。帰国・復員のため連合国軍に接収された日本の船に、日本人（おそらく朝鮮人や台湾人も含まれた）「慰安婦」たちが、民間人とともに乗り込むところが映されている[23]。戦争末期、インドネシア各地で置き去りにされた日本人「慰安婦」の生き残りを帰国させるために、オーストラリア海軍の船が使用されたとする記録もある。前述したプロジェクトで、2002年にインタヴューされたオーストラリア軍の元海軍兵は、彼の船はさまざまな島を巡り「慰安婦」をジャワに集合させた、と証言した。

　　　最近になって元「慰安婦」たちが証言しはじめたことは、まったくの真実なんだ。彼女たちは、島々にあった売春所に閉じ込められていた。[24]

次の点は、困難ながらも検証しなければならない問題である。彼女たちを解放する側にあった連合国軍兵士たちによる「慰安婦」への性的虐待はあったのだろうか？　日本軍捕虜であった連合国軍兵士たちが、戦時下に「慰安婦」と性的関係を結ぶことがあった、とする証言はある。イギリス軍信号兵ジャック・キャプラン（Jack Caplan）は、泰緬鉄道建設で使役された戦争捕虜だったが、彼の仲間の一人が日本軍の監視兵と懇意となった話を語る。監視兵は、定期的に送り込まれる「慰安婦」とその捕虜が性行為できるよう手配した、という。キャプランの証言では、この地域の「慰安婦」は必ずしも一箇所の「慰安所」に閉じ込められていたのではなく、キャンプ地をトラックで巡回させられていたことを示唆している。「慰安婦」と性的関係をもったこの捕虜は梅毒に感染し、おそらく感染の経緯が露見することを恐れて、列車に投身自殺したそうだ[25]。

　戦争末期に広島の近くにあった捕虜収容所に囚われたアーサー・ハドソン（Arthur Hudson）は、日本国内の「慰安所」について語っている。降伏から連合国軍側占領部隊が到着するまでの間、日本軍はそれまでの戦争捕虜たちのために、「慰安所」を開設した。捕虜たちは、体力的にも非常に弱っており、また性病感染を恐れ、実際にこの「慰安所」を使用したのは、この収容所の元捕虜たちの中でたったの一名だけだったという[26]。

　占領軍が進駐する前に、日本軍が旧捕虜のための「慰安所」を設立したとする証言は、日本軍「慰安婦」制度の比較史的な研究に、新たな観点を提供する。もちろん連合国軍将兵たちは、東南アジアのみならず世界各地で売春施設を利用した。また戦時下のどちらの側においても、女性に対する性暴力が行使されたことに疑いを挟む余地はなかろう。それでも、日本軍「慰安婦」制度の歴史は、より広い文脈から注意深く検証される必要がある。なぜならアジア太平洋戦争で、将兵たちと占領地の女性たちとの性的関係については、それぞれ軍によって異なった形で扱われているのだから。

　アメリカ、英国、オーストラリアの各軍は、日本軍占領地域でおこな

われたような制度としての「慰安婦」「慰安所」を運営していない。しかしそれらの軍は（程度の差こそあれ）将兵たちが売春施設を利用することを禁じなかったし、場合によっては「立ち入り可能な地域」「立ち入り禁止の地域」を指定し、それらの施設での衛生上の検査をおこなったりもした。またきわめて少数ながら、売春施設の設営に「公式的」にではないながらも協力した例も存在する[27]。英語圏において、この側面の歴史の研究は、まったく十分でない、とわたしは考える。第二次世界大戦で連合国軍将兵による性暴力の被害者となった者たちの体験や人生を、わたしたちはほとんど知らされていないのである（ただし、戦争末期のヨーロッパにおけるソヴィエト軍によっておこなわれた性暴力に関しては、多くの記録がある）。

　したがって「慰安婦」への謝罪を求める声に対し、日本の右派論壇の論客たちが、「日本だけがやったことではない」と反応するのは、部分的には間違っていない。各国は、自国がおこなったことを隠さずに検証する必要がある。同時に、（日本だけではなく）「戦時下のすべての国が同様なことをおこなった」とする主張は、まったく正しくない。なぜなら戦時下の性暴力にどう対処するかは、国によってその扱いに重大な差があるからである。

　たとえば、アメリカ軍関係者たちが、戦後日本および沖縄、韓国やインドシナ半島で、現地の女性たちにおこなった性暴力については、アメリカ政府が責任を負うことは自明であり、またアメリカ軍基地の周辺に大きな民間の売春施設がつくられることを、わたしたちは知っている。これらのイシューは、在米の研究者たちによっても研究はされているのだが、アメリカ合衆国で一般に広く知られているとは言い難いだろう。世界が軍による性暴力という悪を排除するためには、この問題にかかわる、より真摯かつ徹底した取り組みが望まれる。

　現実に起こった歴史とは別の状況を仮定してみよう。戦後の日本占領期に、アメリカ軍が何万人もの沖縄人・日本人女性をその自由意思とは無関係に、東南アジアや他の地域のアメリカ軍基地に連れ去り、たとえばヴェ

トナムでの撤退時のような状況で、そこで彼女らを置き去りにしてきた、とする。その時、沖縄や日本の人は、どう感じるのだろうか？　沖縄や日本の人たちがアメリカ軍に対して抱く怒りは、現在よりもっとずっと大きなものとなっているのに違いない。もちろんこれは、歴史的事実とは異なるのだが、こういった想像力を持つことで、わたしたちは、韓国・台湾・中国・フィリピン・インドネシア等で「慰安婦」の歴史認識にかかわって、残り続ける憤りのいくばくかを理解できるはずだ。

　まだ研究がそれほど進んでいない局面もある。ロンドンの帝国戦争博物館には、戦時および戦後の中国における軍と売春の問題を扱ったオーラル・ヒストリーの史料がいくつか収録されている。イギリスの良心的兵役拒否者の中には、戦時中の中国に渡り、教師や救急車運転手などとして働いた者たちがいた。彼らは、国民党支配地域には、中国兵あるいはアメリカ兵等が通う売春施設が広範囲に存在した、と証言している[28]。同時に共産党軍支配下の地域では、内戦期および中華人民共和国建国初期の段階で、軍関係ないしはその他の形でおこなわれていた売春を撲滅する熱心な努力が払われた、とも証言する[29]。同じような証言が、元日本帝国軍の兵士によってもなされている。彼は、日本の敗戦後も中国に残り、人民解放軍の義勇兵として朝鮮戦争に参戦した。日本に帰国した後に受けたインタヴューで、民間女性にたいする人民解放軍の規律ある行動を、彼は証言した[30]。

　どこまでこれらの証言を一般化していいのかは、今後の残された研究課題であろう。しかし、これらの断片的な証拠は、重要な点を示唆する。それは、軍による戦時下の女性に対する扱いは、国や民族や文化的属性によって決定されるものではなく、軍の構造と制度によって決定される。すなわち、それらは可変である、という点にわたしたちの希望が残されている。

おわりに
別の未来を目指して

　第二次世界大戦終結から70年以上も経ちながら、戦時における女性への暴力という問題を乗り越える第一歩すら、わたしたちはまだ踏み出せていない。今日においても、戦時性暴力は中東やアフリカで、そして世界各地で繰り返されているのが恐ろしい現実だ。世界がよりよい未来を構築するための緊急の課題のひとつは、この問題の解決に各国が貢献することである。多くの軍隊がこれまでおこなってきた性暴力の歴史に眼を逸らさず、その教訓を学び心に刻みつける作業によって、その貢献は可能となる、とわたしは信じる。もちろん日本軍のみがアジア太平洋戦争で女性に対する性暴力をおこなった唯一の存在ではない。しかし日本軍の「慰安所」「慰安婦」は、制度として過去に例を見ないほど広範にそして大規模に実施された。そして、数多くの女性たちが被害にあっている。その中には、朝鮮・中国・東南アジアの国々の女性たちのみならず、日本人女性も多数含まれていた。
　それゆえ戦時性暴力の防止をはかる上で、日本は重要な役割を担える国である、とわたしは考える。「慰安婦」の歴史を含め、日本は戦争の歴史と正面から向き合い、真実を認め、その真実を現在のそして未来の世代へと伝えることによって、その役割を果たせるのである。
　このことがまさに、

　　われわれはこのような歴史の真実を回避することなく、むしろこれを歴史の教訓として直視していきたい。われわれは、歴史研究、歴史教育を通じて、このような問題を永く記憶にとどめ、同じ過ちを決して繰り返さない。

とする1993年の「河野談話」の趣旨だったと言える。

註

1 帝国戦争博物館のホームページ（http://www.iwm.org.uk/collections）および、オーストラリア戦争記念館のホームページ（https://www.awm.gov.au/）を参照。

2 Norah Newbury Inge (British civilian missionary with Japanese civilian internees in Singapore and India, 1941-1946), oral history interview, 5 November 1984, IWM, 8636, reel 3. デオリでの出来事は、イギリスではほぼ知られていないが、重要でそして悲しい物語である。インジの回想によれば、20人ほどの日本人の民間人収容者が、日本の降伏の後の起きた暴動の中で監視兵によって殺害された。インジはキャンプの司令官のこの事件への対処の仕方、そしてその悲惨な結果について非常に批判的であった。元慰安婦の女性たちの中に、この出来事に関わった者がいたかは不明である。

3 女性のためのアジア平和国民基金編『「従軍慰安婦」関係資料集成』（http://www.awf.or.jp/pdf/0051_1.pdfおよび http://www.awf.or.jp/pdf/0051_2.pdf）を参照。

4 Bart van Poelgeest, *Gedwongen Prostitutie van Nederlandse Vrouwen in Voormalig Nederlands-Indië*, report to the Second Chamber of the States General, 24 October 1994, p. 16（http://resourcessgd.kb.nl/SGD/19931994/PDF/SGD_19931994_0006526.pdf、2014年7月10日アクセス）

5 Decision of the Republic of the Philippines Supreme Court, 28 April 2010（https://www.legal-tools.org/doc/751efd/、2014年10月25日アクセス）．1998年4月27日山口地裁下関支部の釜山従軍慰安婦・女子勤労挺身隊公式謝罪等請求訴訟の判決も参照（http://www.gwu.edu/~memory/data/judicial/comfortwomen_japan/pusan.html、2014年11月15日アクセス）。この判決は覆されたが、原告が日本政府を訴える権利が否定されたのであって、訴えの事実関係ではなかった。

6 Inge 1984.

7 Leslie Theodore Lyall (British civilian missionary in China, 1929-1944), oral history interview 1986, IWM 9242, reel 3.

8 Eleanor May Clark (Burmese civilian during Japanese occupation of Burma, 1942-1945), oral history interview, 16 May 1995, IWM, 16671, reel 3.

9 女性のためのアジア平和国民基金編『「従軍慰安婦」関係資料集成』（http://www.awf.or.jp/pdf/0051_2.pdf）、pp. 5-9を参照。

10   Geoffrey Pharaoh Adams (British officer with Royal Army Service Corps in Singapore, Malaya, 1941-1942; POW in Changi and Sime Road POW Camps, on the Burma-Thailand Railway, in Fukuoka 17 POW Camp, Omuta, Japan and Hoten POW Camp, Manchuria, 1942-1945), oral history interview 1 March 1982, IWM, 6042, reel 6.

11   Francis McGuire (British NCO served with Malaya Command Signals in Singapore, Malaya, 1942; POW in Changi POW Camp, Singapore, Malaya, on Burma-Thailand Railway and Ube POW Camp, Japan, 1942-1945), oral history interview, 1 November 1982, IWM, 6374, reel 2.

12   John Allan Legh Barratt, *His Majesty's Service*, 1939-1945, Manningtree, Status, 1983, p. 22.

13   Thomas Robert John Coles (British airman, served with RAF off Singapore and in Java,1942; POW in Java, the Moluccas and the Celebes, Dutch East Indies, 1942-1945), oral history interview, 21 May 1996, IWM, 16660, reel 2.

14   David Smiley, *Irregular Regular*, Wilby, Michael Russell Publishing Ltd., 1994, p. 167.

15   Charlotte Hodgman, "Slave Labour", History Extra, 4 April 2011, http://www.historyextra.com/qa/slave-labourを参照。

16   Australian War Memorial (hereafter AWM) art collection, item ART23229.

17   George Mailer-Howat, "Extract from George Mailer-Howat's Memoirs (1942-45)", n.d., unpublished, IWM, Documents.22637, p. 15.

18   South-East Asia Translation and Interrogation Center, Psychological Warfare Bulletin no. 182, 1945, 女性のためのアジア平和国民基金編『「従軍慰安婦」関係資料集成』(http://www.awf.or.jp/pdf/0051_5.pdf), p. 38.

19   Office of Strategic Services, "Field Station Files, Kunming Reg-Op-3, records group 226, entry 154, box 185, National Records and Archives Administration, College Park.

20   Angus McDougall (Private, 2/20 Battalion and prisoner of the Japanese, 1941-1945), oral history interview, 18 July 1984, AWM, S04083, reel 3.

21   McDougall 1984.

22   South East Asia Command Film Unit, "Japanese Prisoners of War at Penwegon, 30 July 1945, (cameraman: J. Abbott), IWM, JFU 284; and South East Asia Command Film Unit, "Japanese Prisoners of War at Penwegon,

	30 July 1945, (cameraman: J. A. Hewit), IWM, JFU 285.
23	"Evacuation Japanese civilians, Manila", 13 October 1945, (cameraman: Roy Driver), AWM F01352.
24	Francis Stanley Terry (cook; minesweeper HMAS Mercedes and corvette HMAS Warrnambool; Australian western approaches and northern and eastern waters; 1941-1946), oral history interview, 27 July 1995, AWM, S01794.
25	Jack Israel Caplan (British signalman served with Royal Corps of Signals in Singapore, Malaya, 1942; POW in Changi POW Camp, Singapore, Malaya, on Burma-Thailand Railway and Saigon POW Camp, French Indo-China, 1942-1945), oral history interview 11 May 1981, IWM, 4884, reel 5.
26	Arthur Hudson (British air photographer, served as armourer with 605 Sqdn, RAF in GB and Dutch East Indies, 1939-1942; POW in Java and Sumatra, Dutch East Indies and in Japan, 1942-1945), oral history interview, 16 March 1994, IWM, 13923, reel 4.
27	例えば、彼の回顧録の中で、デイヴィッド・スマイリーは戦争の末期、タイで地域の警察署長と協力し、イギリス軍のための売春宿を設置したと述べている。Smiley, *Irregular Regular*, pp. 160-161.
28	Gordon Douglas Turner (British civilian pacifist in GB, 1938-1944; served with Friends Ambulance Unit in China, 1944-1947), oral history interview, 24 June 1984, IWM, 9338, reel 11.
29	Anthony Curwen (British civilian conscientious objector served with Friends Ambulance Unit in GB, Syria and China, 1943-1951; aid worker in China, 1951-1954), oral history interview, 18 May 1987, IWM, 9810, reel 7.
30	『日向日日新聞』1954年8月4日。

あとがき

　本書の編集・校正作業が最終段階を迎えつつあった2016年末、一年を振り返ってしばしば「激動の年」と評する声を聞いた。イギリスのEU離脱を決める国民投票の結果や、アメリカ大統領選挙でのドナルド・トランプ候補の選出など世界的に大きな衝撃を与えたニュースの数々。そのような出来事や他にも世界中で2016年にくすぶり続けていた様々な火種が、新しい年に入ってからも、より一層の混乱を引き起こしそうな不安感を抱えて、我々は2017年を迎えることになるであろう、と。百年後の世界で、2016年は歴史的節目の年として語られるのではないか、と語るテレビのコメンテーターもいた。

　しかし思うに、2016年に起きた出来事はどれも、何も宇宙から突然飛び込んできた隕石のようなものではない。歴史の流れというものは、連綿と複雑に織り込まれた織物のようなもので、「綾」として各所に浮かび出る模様は、過去の複雑な成り行き、そして、未来の同様に複雑な行く末として織り込まれる（であろう）ものと結局のところは結びついている。

　少なくとも、本書でも見てきたとおり、「現在」は過去、少なくとも我々が「過去」として認識するものに大きく依拠する。上記二つの出来事にしても、各国の有権者が下した判断は、イギリスやアメリカといった国で、その国の「過去」がいかなるものであったかをめぐる認識、そして「過去」に向けて異なる認識を持つ者同士の譲らぬ争いといったものと否定し難く結びついていた。

　その意味で、私たちは「過去」をどう受け止め、それを「現在」の判断にどう反映させ、どのような「未来」を選び取るのか、を常に問われている。新しい年に入って、メディアを賑わす「慰安婦」をめぐる日韓合意のゆくえと「慰安婦像」をめぐるニュースを見ながら、毎日それを再確認させられる。

本書の目的は、過去を選択的に想起する形式としての「記憶」、そしてその想起と忘却の社会的プロセスにおいて、メディアの果たす役割を明らかにすることであると序章で述べたが、様々な時代、地域、事例を扱った10の章をこうやって並べて見ても、その課題に明確な答えが出せたかどうか編者として自信はない。むしろ、多様な「想起と忘却のかたち」があることを確認したにすぎないのかもしれない。メディアによる記憶の媒介や編成のプロセスといったものも、そこで扱われるメディアの多様な形態とともに、時に支配的な「記憶」のあり方を強化することもあれば、主流の「記憶」に抵抗する手段として働くこともあるというように、多様な作用・役割があるのだということを指し示すに留まってしまったようにも思う。

　本書の成立過程については序章にも書いたので、ここでは繰り返さないが、同じ部局で研究に従事する者の共同研究として生じたプロジェクトの成果を記録するものとして、単に個別の研究の集積以上のものを、より明確な形でお示しできればよかったのかもしれない。しかし、本書がまとまるまでの過程においては、多くの研究会（外部の研究者を招いての講演会、ワークショップ、シンポジウムなども含む）が行われ、その過程で、個々の参加者が自らの関心とする分野と「記憶」というテーマの結びつき、また互いの研究テーマの関連を模索する中で生まれてきた論考が各章を構成しているとご理解いただきたい。よって、先程の課題への答えが多少なりとも出せているか否かは、本書全体を読んだ上で、読者の方にご判断いただくしかないとも言える。

　また、そこに個別の研究の単純な総和以上のもの（今風に言えば「シナジー」であろうか）が生じるには、私たちが本書での論考を今後の研究へとつなげていくことはもちろんであるが、他ならぬ読者の方々にも、私たちと同様、この「記憶」とメディアをめぐる問題群への関心を持ち続けていただくことこそ重要ではないかと（手前勝手で申し訳ないが）考えている。

共同研究を続ける上で、北海道大学メディア・コミュニケーション研究院で提供される院内共同研究資金を2011年度から2016年度にかけて獲得できたことが重要であったことは言うまでもない。研究資金は主に外部からの研究者（および少数ではあるが実務者）の招聘に用いられ、本書に特別寄稿してくださったテッサ・モーリス＝スズキ先生と、このプロジェクトのご縁もそこで生まれた。この書籍の出版にも2016年度の研究資金が使用されていることも付け加え、まず感謝の意を表したい。

　今回の執筆には加わらなかったがプロジェクトを支えてくれたメンバー（長井裕子氏、宇佐見森吉氏、竹中のぞみ氏、田邉鉄氏、ジェフリー・ゲイマン氏）はもちろん、研究会、ワークショップ、シンポジウムへ参加してくれた学内外の研究者、実務者、学生、一般の参加者へもお礼を申し上げたい。特に発表や議論に関わってくださった方々のお名前をここでは逐一列挙しないが（その一部は部局のホームページにも記載されている）、それぞれの方に、深い感謝の気持ちを抱いている。

　表紙に、彼女の素晴らしい作品の画像の使用を快く許可してくださったアジア系カナダ人アーティスト、シンディ・モチズキ氏も、執筆者の西村龍一・美幸両氏との縁で来日中に札幌での発表を引き受けてくださった方のお一人であった。ここに改めて感謝の言葉を述べる。

　最後に、三元社の石田俊二さんには、2016年2月に雪降る札幌まで足をお運びいただき、出版計画に率直なご意見をいただいてから、本当にお世話になった。記してお礼としたい。

2017年1月、例年より雪深い札幌にて

編者

編著者紹介

編者

浜井 祐三子（はまい　ゆみこ）
現職：北海道大学大学院メディア・コミュニケーション研究院准教授（メディア文化論）
専門分野：イギリス現代史、イギリス地域研究
主要業績：［著書］『イギリスにおけるマイノリティの表象——「人種」・多文化主義とメディア』（三元社、2004年）、『帝国の長い影——20世紀国際秩序の変容』（共著、ミネルヴァ書房、2010年）、［翻訳］パニコス・パナイー著『近現代イギリス移民の歴史——寛容と排除に揺れた200年の歩み』（共訳、人文書院、2016年）など

執筆者（掲載順）

玄 武岩（ひょん　むあん）
現職：北海道大学大学院メディア・コミュニケーション研究院准教授（メディア文化論）
専門分野：メディア文化研究、日韓関係論
主要業績：［著書］『韓国のデジタル・デモクラシー』（集英社新書、2005年）、『統一コリア—東アジアの新秩序を展望する』（光文社新書、2007年）、『大日本・満州帝国の遺産』（共著、講談社、2010年）、『コリアン・ネットワーク——メディア・移動の歴史と空間』（北海道大学出版会、2013年）、『越境するメディアと東アジア——リージョナル放送の構築に向けて』（編著、勉誠出版、2015年）、『「反日」と「嫌韓」の同時代史』（勉誠出版、2016年）、『サハリン残留——日韓ロ 百年にわたる家族の物語』（共著、高文研、2016年）など

原田 真見（はらだ　まみ）
現職：北海道大学大学院メディア・コミュニケーション研究院准教授（メディア文化論）
専門分野：ニュージーランド地域研究、女性史
主要業績：［論文］「メディアと女性——1960年代ニュージーランドの『揺れる』女性像」（『歴史学研究』第794号、2004年）、［著書］『帝国の長い影——20世紀国際秩序の変容』（共著、ミネルヴァ書房、2010年）、［翻訳］エリック・ホブズボーム『破断の時代——20世紀の文化と社会』（共訳、慶應義塾大学出版会、2015年）など

増田 哲子（ますだ　のりこ）
現職：北海道大学大学院メディア・コミュニケーション研究院准教授（メディア文化論）
専門分野：西欧（スペイン）近代美術史、視覚文化研究
主要業績：「フランシスコ・ゴヤの『戦争の惨禍』における傷ついた身体とアブジェクトな身体」『論叢 現代語・現代文化』第4号（筑波大学人文社会科学研究科、2010年）、「ゴヤの《わが子を食べるサトゥルヌス》における「食べること」のイメージ」『美学』239号（美学会、2011年）など

西村 龍一（にしむら　りゅういち）
現職：北海道大学大学院メディア・コミュニケーション研究院教授（メディア文化論）
専門分野：現代メディア文化論、ドイツ文学
主要業績：［論文］「隣接性の暴力——ハイナー・ミュラーの喩」『ユリイカ増頁特集ハイナー・ミュラー』（青土社、1996年）、「情報の『人形』の形而上学——押井守のゴースト連作について」『表象03』（月曜社、2009年）、［翻訳］『ベンヤミン・コレクション2』（共訳、ちくま学芸文庫、1996年）など

西村 美幸（にしむら　みゆき）
専門分野：アジア系カナダ文化
主要業績：［論文］「『呼びかけと応答』——日系カナダ人アーティスト、シンディ・モチヅキのアート・アニメーションにおける『記憶』の表現」（共著、『国際広報メディア・観光学ジャーナルNo.19』、2014年）

周 倩（しゅう　せい）
現職：北海道大学大学院メディア・コミュニケーション研究院准教授（メディア文化論）
専門分野：メディア社会学、日中比較社会学
主要業績：著書に『勃興する東アジアの中産階級』（共著・勁草書房、2012年）、主な論文に、「住宅広告における階層イメージ——現代中国の事例を中心に」（『中国研究月報』2016年6月号）、"Foreign Travels of the Chinese Middle Class and Self Construction in Social Media"（*Asia Review* 2016年 Vol.7 No.2）など

渡辺 浩平（わたなべ　こうへい）
現職：北海道大学大学院メディア・コミュニケーション研究院教授（国際広報論）
専門分野：中国メディア、広報広告論
主要業績：［著書］『変わる中国　変わるメディア』（講談社、2008年）、『中国ネット最前線──情報統制と民主化』（編著、蒼蒼社、2011年）、『中国メディアハンドブック』（共著、経済広報センター、2012年）など

藤野 陽平（ふじの　ようへい）
現職：北海道大学大学院メディア・コミュニケーション研究院准教授（メディア文化論）
専門分野：文化人類学、宗教人類学、東アジア地域研究
主要業績：『台湾における民衆キリスト教の人類学──社会的文脈と癒しの実践』（風響社、2013年）、『ホッピー文化論』（共著、ホッピー文化研究会編、ハーベスト社、2016）、「台湾における「日本語」によるキリスト教的高齢者ケア──社団法人台北市松年福祉会「玉蘭荘」の機関誌分析より」『帝国日本の記憶──台湾・旧南洋群島における外来政権の重層化と脱植民地化』（三尾裕子・遠藤央・植野弘子（編）、慶應義塾大学出版会、2016年）など

金成玟（きむ　そんみん）
現職：北海道大学大学院メディア・コミュニケーション研究院准教授（国際地域文化論）
専門分野：メディア・文化研究、都市・観光研究
主要業績：『戦後韓国と日本文化──「倭色」禁止から「韓流」まで』（岩波書店、2014年）、『文化社会学の条件──二〇世紀日本における知識人と大衆』（共著、日本図書センター、2014年）など

テッサ・モーリス＝スズキ（Tessa Morris-Suzuki）
現職：オーストラリア研究会議（ARC）特別フェロー。オーストラリア国立大学（ANU）特別栄誉教授。
専門分野：東アジア近現代史。日本思想史。
主要業績：『過去は死なない──メディア・記憶・歴史』（岩波現代文庫、2014年）、『北朝鮮へのエクソダス──「帰国事業」の影をたどる』（朝日文庫、2011年）、『辺境から眺める──アイヌが経験する近代』（みすず書房、2000年）など

想起と忘却のかたち
記憶のメディア文化研究

発行日	初版第 1 刷　2017 年 3 月 20 日	
編　者	浜井祐三子　2017©Hamai Yumiko	
装　幀	臼井新太郎	
発行所	株式会社 三元社	
	〒113-0033　東京都文京区本郷 1-28-36　鳳明ビル	
	電話／03-5803-4155　FAX／03-5803-4156	
印刷＋製本	モリモト印刷 株式会社	

カバー写真
表：Port of Dreams (from Koganecho Bazaar, 2014) © Cindy Mochizuki
裏：Shiro Yagi (2013) © Cindy Mochizuki

Printed in Japan
ISBN978-4-88303-419-2
http//www.sangensha.co.jp